從列女傳到婦女史

衣若蘭

近代中國女性史書寫的蜿蜒之路

人文·學術·思想

目次 *Contents*

自序

本書最早的發想，來自二〇〇三年博士後研究的構思。當時寫完博士論文《明史・列女傳》的研究之後，本著對時代延續的好奇，我想知道近代中國撰史者如何編寫女性史。而待著手進行《清史稿・列女傳》的研究時，才發現《清史稿》所涉及的檔案實在浩瀚，個別傳記的研究仍有待開發，我一時無力全盤處理，僅挑出傳中突出的特點論之，二〇〇八年發表了〈旌表制度、傳記體例與女性史傳——論《清史稿・列女傳》賢母傳記之復興〉，刊登於《臺大歷史學報》第四十一期。

接著，我探究第一本新型態的婦女史——《神州女子新史》一書，曾於二〇〇六年赴上海蒐集資料，並至常熟田野考察徐天嘯的故里；二〇〇九年再度至上海，訪問徐天嘯之子徐成治先生，後完成〈革命、女權與史學：《神州女子新史》論析〉一文，刊於《近代中國婦女史研究》第十七期（二〇〇九年十二月），亦收入沈愈編，《常熟與南社》（北京：團結出版社，二〇一四）。該文初稿曾宣讀於「第七屆史學與文獻學學術研討會——社會史研究之新視野」（臺北：東吳大學，二〇〇九年五月二十二至二十三日）。

其後，為了配合中央研究院近代史研究所「五四百年」的紀念活動，筆者完成〈《中國婦女生活史》與「五四婦女史觀」〉一文，刊於《近代中國婦女史研究》第三十四期（二〇一九年十二月）。該文部分初稿曾在中研院近史所「走過五四：反傳統風潮下的知識婦女與婦女知識」工作坊（二〇一七年十二月十三至十四日）與國際研討會（二〇一八年六月十九至二十日）上發表，感謝與會學者與評論人史學史專家劉龍心教授、婦女史專家林維紅教授的指點，她們的意見有助於本文重新構思改寫。早在二〇〇八年，寧波天一閣研討會後，有幸一睹方祖猷教授的藏書，意外發現《中國婦女生活史》原書略與臺灣商務印書館版本不同，激發我進一步探索的興趣。方教授畢生致力於史學史研究，二〇一七年也出版了《晚清女權史》一書，發表其對中國婦女史的看法。

本書的第二到第四章即是基於上述三篇期刊論文的基礎改寫而成，研究時間跨越十多年。第二章〈永恆的「列女傳」〉，舊稿名為：〈旌表制度、傳記體例與女性史傳——論

《清史稿‧列女傳》賢母傳記之復興〉，著述目的本在比較《明史‧列女傳》與《清史稿‧列女傳》之差異；本書中改為旨在強調清史館史家對傳統女性史書寫的堅持。筆者於本章中增添了官修清史的背景，諸如：為何一直是清史「稿」、《清史稿》未刊稿、關內本與關外本之間的差異，並補充近代賢妻良母的討論，以及在柏林國家圖書館所見鈴井正孝自行出版的《清史稿列女傳通釈》等相關研究。

第三章〈「女子新史」的出現〉，改變舊稿論述的邏輯順序，首論《神州女子新史》的特殊性，並將種族意識與倡導女權合併為一節，最後提示該書在寫作體例上「新瓶裝舊酒」的過渡性。第四章舊稿原名〈陳東原《中國婦女生活史》與「五四婦女史觀」再思〉，本章改為專論《中國婦女生活史》一書在一九二〇年代出版的意義及其思想文化的孕育養分，分論其寫作與婦女解放、學術革新之間的關係；而「五四婦女史觀」的部分，則融入本書第五章中。

改寫為專書，另外新添了第一章〈新舊史學碰撞中的婦女史著〉、第五章〈近代中國的「婦女史觀」〉與第六章〈結語：重讀近代中國婦女史〉。整體思考女性史書寫在近代中國的發展，鋪陳更多清代與民國史學史的背景，以及新、舊史學碰撞的面向，也補充近年來相關的研究成果；其次，重新梳理近代中國婦女史觀，並且思考婦女史著在中國史學「現代轉型」中的意義。

本研究在蒐集資料與寫作期間，承蒙臺灣、上海與常熟等地多位朋友的協助與建議，特別是周文曉先生、馮筱才教授、徐成治伉儷，以及游鑑明教授、連玲玲教授、許慧琦教授、秦方教授、陳建守教授，還有多年來研究助理蔡明純博士、吳家豪、陳文華、吳政龍、陳恬緣、魏駿達、許維安、馬銘汝等同學陸續的協助，十分感謝。三篇期刊論文稿的匿名審查專家提供了寶貴之修正建議，是本研究符合學術期待、更臻完善的莫大助力。另外，國科會／科技部補助研究經費，使筆者得以順利至北京國家圖書館、上海圖書館、常熟圖書館等地蒐集資料研究，在此特致謝忱。

我個人的學術養成是以明清時代性別史為主，向後段時間延伸的觀察，實有賴諸多師友長期的陪伴與指導。二十多年前擔任中研院近史所游鑑明教授的研究助理，學習查閱近代中國報刊，沒想到意外為日後「走叉路」撒下種子。其次，前輩林維紅教授在臺大歷史系對資淺女同事的溫暖照顧與提攜，是女性學者的典範；當年她主持婦女研究室，舉辦不少性別研究學術活動，是我在職進修的好處所。再者，《近代中國婦女史研究》刊物的滋養，也值得一提；我有幸從一九九五年擔任兼任編輯助理到其後擔任撰稿者、編輯委員，同儕之間的和樂互動，是學習向前的重要動力。

最後，感謝中央大學歷史所皮國立教授的引薦，時報文化出版胡金倫總編的抬愛，以及本書匿名審查教授的肯定與指點。審後修訂書稿時，不幸遇到多次電腦無法儲存檔案的狀況，多虧王育涵主編的耐心等候與協助，本書才得以付梓。拙著在中國近代史研究專家面前，不敢說是特別的研究「成果」，或許只能稱是花朵「初綻」吧。尚請方家不吝指正。

衣若蘭謹誌於法蘭德斯

二〇二二年十一月二十二日初稿／二〇二三年四月七日改寫

第一章 新舊史學碰撞中的婦女史著

一、婦女與近代中國史研究

本書討論的重心在民初中國婦女史如何編纂、述說，這樣的史著如何概括女性的生命故事，又呈現何種性別史觀，及其與中國（婦女）史學發展之間的關係。本書所選的文本主要在一九一〇至一九三〇年之間出版，然而筆者討論傳記傳統與體例等問題時，則涉及了十八至十九世紀的史料，甚至上溯中國紀傳體史學悠長的歷史。

「婦女」是近代中國史研究的重要議題，海內外從一九七〇年代以來已有長足的發展與豐富的研究成果：舉凡婦女運動、女子教育、女權與國族的角色、職業婦女、才女／女學生等等主題。臺灣從早期的《近代中國女權運動史料》（傳記文學出版社，一九七五），及至已發行十二本的《中國婦女史論文集》（臺灣商務，一九八八、一九九二；稻鄉出版社，一九九三－）和《近代中國婦女運動史》（近代中國出版社，二〇〇〇），還有學術期刊《近代中國婦女史研究》（中央研究院近代史研究所出版，一九九三－）均為這個研究領域奠下重要學術基礎。婦女史與性別史在臺灣曾有拉鋸但也互融，然而婦女運動史一直都是核心主題；[1]近年來學界更整合數位人文與社會網絡的研究方法，預期對我們解讀婦女史料有相當的突破。[2]

大陸方面，杜芳琴指出一九四九年以來婦女／性別史的發展如下：一九四九至一九八九年婦女史從沉寂到復興、一九八九至一九九九年則是從婦女史發展到社會性別史、一九九九至二〇〇九年為婦女性別史從研究到學科化理論、方法和議題之變化。[3]而近來學者對於近代中國婦女史研究的反思，讓我們對於史學領域跨界的研究路徑，亦有不同的觀照，例如婦女史與概念史、醫療史、科學史、情感史的合作、主體與結構的複雜性、研究者自身思維的現代性之指向，以及跳出中西、古今、傳統與現代的二元話語框架。[4]

英語學界在一九七〇至一九八〇年代受到第二波婦運的影響，研究上多少帶有中國婦女為受害者的論點；一九九〇年代產生了新的歷史解釋框架，其中一九四九年以前的民國婦女為學者主要興趣所在；二〇〇〇年以後，在各種新議題中，特別值得注意的則是階級、傳記、性文化與男性特質等主題。[5]

日文著作方面，除了上述常見課題，戰爭期間的性暴力議題，尤為醒目；[6] 最近小濱正子等編著《中国ジェンダー史研究入門》（中譯《被埋沒的足跡：中國性別史研究入門》），書中關於近代中國史的主題涉及了民族主義、婚姻、家庭、男性特質等，可見日本學界較新的研究趨勢。[7]

我們若從近代中國婦女運動的發展來看，清末以來的知識分子，無論是洋務派、維新派到革命派，都關心「婦女」這個主題，甚至試圖藉此找出中國積弱的原因。[8] 過去相關研究已為我們奠定近代中國婦女運動理解的相當基礎，柯惠鈴即以性別角度而非從國家政黨的立場，重新檢視婦女運動，補充了過往婦女與政治研究中較不受重視的女性主體問題，她認為近代中國女權及婦女運動的發展，其實是被政治權力所召喚出來。[9] 另外，諸位學者反思百年來的中國女權運動，例如重新解讀《女界鐘》（一九〇三）一書，發現本書實為從男性主體出發的「男界鐘」，顯現出中國男性面對帝國主義、國族變遷的焦慮。足見婦女在近代中國往往代表「衰弱」與中國的「問題」，或成為中國現代性的代表與象徵。[10]

其次，近代中國的「婦女」常與「現代性」相連結，也被塑造成傳統形象，回頭又挑戰其所代表的現代性；十九世紀末二十世紀初的傳媒論述中，即可見到婦女與現代性的可能性、對立、矛盾與模糊。[11]晚清國族的危難促使維新派男子興起探究「婦女問題」，季家珍（Joan Judge）曾利用世俗化、全球化與時間化這三個概念，呈現了一個「性別化」的中國現代性，她認為現代不是與傳統的斷然決裂，而可觀察的是新概念如何產生或轉化中國對婦女的歷史文化記憶。[12]無獨有偶，民初特別是五四時期中國文學的現代性建構過程中，女性（化）也常被貶低，或作為傳統與現代衝突的載體。[13]那種特意將婦女的柔弱、對儒家倫理順從與國勢聯繫在一起的性別化國族現代性話語，到毛澤東革命時仍在使用。[14]

迄今，大多數的研究關注在「婦女」與近代中國的發展，然而，本書更偏重在「婦女史」書寫與近代中國社會與學術文化的關聯。二十世紀初期不僅是中國婦女運動蓬勃發展的時代，也是新舊史學交纏的時代。本書試圖觀察中國婦女史著在新舊觀念衝突、交織的年代，如何雜陳交流、「無動於衷」或是拒絕改變，以及產生這樣著作的沃土為何。我想了解近代中國婦女史的編寫者如何選擇體例、如何概括類型化女性，書中的婦女／性別史觀點為何，該著作與過去和當代的史學氣氛、社會文化關聯性為何，又產生何種影響。

二、「五四話語」主宰的中國婦女史研究

學者認為，中國婦女史研究長期被「五四話語」所主宰；學者高彥頤（Dorothy Ko）在其《閨塾師：明末清初江南的才女文化》一書中，即強調傳統中國婦女的受害形象在民國以來被許多因素所強化，其中《中國婦女生活史》一書居重要地位，她認為：「對陳東原來說，只有能夠引導女性從過去中國封建的束縛中解放出來，婦女史才是值得寫的。」[15]五四時期對婦女的理解，她稱之為「五四史觀」；[16]但是高氏書中原未使用「五四婦女史觀」一詞，中譯本將導論原標題："Gender and the Politics of Chinese History" 改為「從五四婦女史觀出發」，[17]其後多數的討論沿用之，學界也多半將「五四史觀」與「五四婦女史觀」混用。然究竟何謂「五四史觀」？或嚴格言之，何謂「五四婦女史觀」？如何成形？

高彥頤認為，五四對傳統的批判是一種政治和意識形態的建構，與其說呈現的是「傳統社會」的本質，不如說是五四史家對二十世紀中國現代化的「定義」。她並覺得「五四史觀」將女性受迫看成是中國封建父權社會最明顯的缺點，這樣的論述「公式」，滲透於各處，不僅曲解了中國婦女的歷史，也曲解了十九世紀以前中國社會的本質，影響其後我們對

中國婦女史的想像。高彥頤的挑戰，帶有對西方第二波婦運的反思，書中導論提及西方女性主義視女性（特別是來自「第三世界」）為受害者的刻板印象。[18]對她而言，「五四遺產」帶來的是對「傳統」時期中國婦女史的錯誤認識，我們必須「走出五四」，才能真正建立中國婦女／性別史研究。

多年來婦女／性別史學界基本上沿用「五四（婦女）史觀」一詞，惜多半未加以定義。[19]部分研究甚至未能區別「婦女觀」與「婦女史觀」，以致論述無法開展，例如有學者試圖從趙五貞自殺事件探究「五四婦女史觀」，然惜討論卻仍限於該事件所引起的輿論，未探究所謂的「史觀」為何。[20]實則趙五貞自殺事件反映了婚姻制度、婦女解放等問題，然此事件若不涉及婦女「史」的敘述、反省與寫作，則非「婦女史」亦非「史觀」之討論範圍。

少數學者如宋少鵬針對高彥頤的論點做出回應，認為我們不應全然否定「五四婦女史觀」。她提醒注意作者論述時代脈絡之不同與訴求：以五四新文化運動論述中如趙五貞之死為例，重點原在批判制度之不良，而一九九〇年代的婦女史研究則在全球婦運的潮流下，轉移至婦女個人主體性的訴求。宋少鵬認為「五四婦女史觀，與其說是關於歷史的論述，不如說是面向未來的規範陳述。」她以為用主體性來對五四史觀批判與修正，是一種時代錯位的誤讀與經驗的錯位，質疑以「主體性」來解構「五四婦女史觀」之適性。[21]宋氏雖未涉及五四史學之探究，但將「五四婦女史觀」與修正觀點放在不同的歷史語境之下，實有助於學者重新思考「五四婦女史觀」論述的產生背景。

過去學界曾探討「婦女」這個詞語的發展，認為是一九二〇至一九三〇年代所創造發明，[22]但對於「婦女史」在當時的編纂與構想，則罕見梳理。實則各種專史的編寫，在此時相當流行，婦女史著作之出版亦見熱潮。從《中國婦女生活史》一書我們可以窺見民初婦女史的知識來源與背景，以及婦女史知識如何被再現、傳述，並進一步形成所謂的「史觀」。

然而，探究史觀實不得忽略史學背景，討論「婦女史觀」亦不能侷限在「婦女觀」而無「史」的視角。如果五四婦女史觀影響了當代對傳統中國婦女史的解釋框架，那麼晚清民國的婦女史觀又為何？有何轉變？這就必須細讀當時的婦女史著作來加以分析探討。

三、文本選擇

本研究選擇三部民初的重要史著來觀察民初婦女史的編寫：一為目前所知第一部新式的

中國婦女史——《神州女子新史》（一九一二—一九一三年出版）；這是一本塵封已久，後來再度「出土」的作品，記述從古至清末的中國婦女通史。二為當代大概罕為人閱讀的「封建禮教舊文」——《清史稿・列女傳》（纂修時間一九一四—一九二八年）。[23]而第三部為著名的陳東原（一九〇二—一九七八）《中國婦女生活史》（一九二八年出版），此書是史學界無人不知曉的著作，近百年後在大學課堂還繼續使用的婦女史通論教科書。

這三部婦女史的撰著方式和論點，呈現了二十世紀初期婦女史寫作的眾聲喧嘩與史學發展非直線式的崎嶇之路。

徐天嘯（一八八六—一九四一）所著之《神州女子新史》，出版時間最早，於民國肇建前後，該書特點大致有三：一、反滿種族革命的敘史；二、以婦女「史」而非以「女教書」來喚醒女性、伸張女權；三、利用新式的章節體而非紀傳體來書寫婦女史。本書被稱為是首部「有系統研究自古至清末民初的中國婦女史」，[24]可惜罕為後世注意。這本著作可讓我們觀察晚清民初轉折之際，婦女史的記載如何脫離「修身」教科書而走向「歷史」教科書的途徑，及其調整之過程。

而第二部著作《清史稿・列女傳》既不是類似以劉向《列女傳》為母題的系列增廣版

（如《續列女傳》），也不是一種如明清時代繡像版畫的炫耀性消費出版物，[25]亦非給蒙學、修身科目的教科用書，它是民國史家對前朝女性事蹟的匯集與總結。民國三年（一九一四）開設清史館，纂修人員採用中國史學長達兩千多年的紀傳體朝代史傳統來編寫清史，誠如學者陳熙遠所言：作為民初一群特定知識分子所編纂的歷史作品，《清史稿》不會被取代，因為它提供了理解民初史學發展一個側面的重要線索。[26]其中，編纂者對於傳統史學體例的堅持，實值得我們探究其編纂方式、史料來源與採選特質，透視在新史學思潮下，列女傳此種舊體例的延續。

第三部，也是最為知名、影響後世婦女／性別史研究最鉅的，陳東原《中國婦女生活史》，為民國以來最重要的一部中國婦女通史。性別史學者高彥頤認為該書的「五四史觀」奠定了中國婦女被壓迫印象的基調，影響後人對中國婦女史的想像。[27]本書經過多次印刷發行，甚至有日、韓文譯本，可見該著作之流通與影響層面。細讀陳東原《中國婦女生活史》，考察五四時期「婦女史」知識如何被史家「發現」、「傳述」、「闡釋」與「運用」，又如何形成史觀，有助我們對五四史學與婦女知識的進一步了解，甚而反思當代中國婦女／性別史研究的基本論調。

四、女性史書寫的體裁

無論傳統或現代，傳記一直是婦女史書寫重要的體裁，在中國史上被視為重要的道德教化工具與力量，學者研究的範圍基本上以近代中國以前為主，於是有關中國女性史著的研究，多集中在傳統「列女傳」與傳記類散文的討論，例如劉靜貞與野村鮎子的研究。[28]二〇〇〇年以後，中國婦女／性別學界無論是從史學或文學的角度，都投入不少關注在女性生命書寫，擴大了「傳記」所指涉的範圍。其中幾本論文集特別值得我們關注，如：《重讀中國婦女生命故事》（二〇一一）、*Writing Lives in China, 1600-2010: Histories of the Elusive Self* (2013)、*Representing Lives in China: Forms of Biography in the Ming-Qing Period, 1368-1911* (2018)、《追懷生命：中國歷史上的墓志銘》（二〇二一）、*Chinese Autobiographical Writing: An Anthology of Personal Accounts* (2023)，學者無不盡力追尋男性或者女性作者筆下的女性身影。[29]

可惜迄今，婦女史研究仍常擺盪於「歷史上的婦女」（women-as-lived）與「文本中的婦女」（women-as-written）兩端，有些論著無法辨別兩者的差異，或是輕易將文本中的婦女當作「歷史實情」。筆者則曾將之區分為「傳記中的女性」與「女性傳記」研究。所謂「傳記中的女性」是將傳記作為史料，關注記載中的女性事蹟，觀察其中所「反映」的女性角色；而「女性傳記」研究則是聚焦在傳記本身，注意文獻產生的過程及作者編纂的時代背景，申論史家如何記述與再現婦女群體，我嘗試建立「婦女史學史」的研究領域。[30]本書的研究方向採取後者，主要探究史籍作為載體，如何留下女性史，關心文本的產生與詮釋和史學發展之間的關係。

在晚清民初婦女史的研究中，關於女性史書寫之問題，通常針對報刊雜誌之編輯與內容分析，我們由二〇〇三年十二月中研院近史所舉行的「《婦女雜誌》所呈現的近代中國」國際學術研討會，即可觀察學界在此方面研究的努力。[31]又例如：季家珍從大量晚清出版的官方文獻、教科書、報刊與各種中西女性傳記，特別是教科書，思考女性傳記如何被用來承載晚清時人達到現代性的目的；其後她更置報刊雜誌於印刷、歷史和全球的脈絡下觀察，從跨類型和跨媒體的方法來解讀。[32]夏曉虹則關注於女性典範的重構，探究女性傳記中的革命色彩與知識流動的面向，尤其是西方女傑的事蹟及其相關知識，如何從日本流傳到中國。[33]

其次，女性傳記作者通常為男性，至十八世紀晚期開始，才女無論是受人之託、主動撰寫或者加入寫作計畫，在女性別集中可見傳記類的文章有增加的趨勢。[34]晚清民初才女所寫的傳記與自傳書寫，漸受學界關注，例如：錢南秀（Nanxiu Qian）研究晚清薛紹徽（一八六六－一九一一）所編的《外國列女傳》，探討婦女在戊戌時期的作用。[35]楊彬彬則使用曾紀芬自傳式的《崇德年譜》，呈現晚清民國之交的才女如何透過引述代代相傳的儒家傳統，以面對、甚至抗衡新時代出現的種種弊端。[36]

從研究成果中可以看到，學者試圖從性別角度來探討男女作者筆下的女性生命史；不過，研究者較少從史學史發展的脈絡來尋繹傳記，通常將女性傳記作為史料而非史學分析的主體。其次，女性史書寫的傳統因子及其變化，也非其關注主軸；如此一方面研究者容易傾向看到自己關心的史料之特殊性與新穎，然而，弔詭的是，因為未關注體裁本身的時間變化，這些傳記在研究中往往呈現的也是一種「無時間性」的載體。

五、新舊史學的交手

晚清在新史學思潮的衝擊下，學者開始嘗試編寫新體裁的中國史。[37]當時史學革命中特別值得注意的人物是梁啟超（一八七三－一九二九），他以國民之史為論述方向號稱「新史學」，強調「近世史家，必探察人間全體之運動進步，即國民全部之經歷，及其相互之關係。」[38]並曾論歷史的作用是為國民之資治，其云：

今日之史，其讀者為何許人耶？既以民治主義立國，人人皆以國民一分子之資格立於國中，又以人類一分子之資格立於世界；共感于過去的智識之萬不可缺，然後史之需求生焉。[39]

既然歷史的讀者對象為「國民」，自當撰寫符合其需求之史。又，他揭示「民史」的重要性，樹立以「國民」為主體的近代中國國族主義新史學。[40]然無論是改良派的梁啟超或是革命派的章太炎等人，其提倡新史學實際是為了呼籲保種保國，救亡圖強，主要在批判舊制度、舊政體，[41]即使是梁啟超曾說過無論男女老幼都可從事史學研究，其新史學的論見中，關於中國婦女史的寫作，並沒有提出創見。在梁啟超的心中，歷史的接受者與被描寫者是國民，但這「國民」恐不包括女子。[42]

由此觀之，一九一二年徐天嘯完成的《神州女子新史》在清末民初中國史學革命的氛圍中，更值得注意。清末出現的多種中國歷史教科書，成為近代新式中國史撰述的開端，他們通常被認為是開始使用「章節體」，學者認為其實是類似「紀事本末體」；但無論如何這些教科書編纂劃分歷史階段的分期觀念，以及受此影響而在歷史敘事方式等方面的改變，學術意義不可忽視。[43]《神州女子新史》一書正是如此，該書採取了新式的中國史分期方式，外表組織形式上為以章節分段，但內容基本上類似以時間繫人事的紀事本末體書寫。

然而新舊史學也不是都交融合洽，《清史稿》的爭議即可見一斑。民國初年清史的研究與出版，可謂百家爭鳴，三十年之間出現了十九部清史著作；作為朝代史的終結，撰稿人員以桐城古文派為主（如朱師轍），還有一些旗籍文人（如奭良、成昌），[44]當時贊成《清史稿》設置〈列女傳〉者如：朱鐘琪、袁勵準、王桐齡、張宗祥等人。[45]《清史稿》的發行爭議不斷，且由於內容同情清朝、批評革命人士，例如《忠義傳》中有大量殉清事蹟的描寫等等因素，曾遭南京國民政府禁止發行，一九三〇年學界甚至有重修《清史稿》的議論。

當時中央研究院史語所所長傅斯年認為如果只是根據目前體例微調《清史稿》，稍微補足史實與刪除違礙的字眼，實無助於「修史大業」與史稿之解禁，若要整部重修，就不會是目前所見該書的格局；而且他以為「十年來史料之大批發現，史學之長足進步，皆使重修一事，更感困難」。[46]學者指出，從中可見在國民政府審查《清史稿》的同時，傅斯年等人宣導的新史學革命正積極展開，在他們看來，傳統舊體史學已然成為過去，任何修補彌縫工作都無濟於事。[47]

《清史稿》的編纂顯現的是，即使一九二〇年代出現了新的史料發掘與運用、新的研究態度，然清史館修纂人員還是選擇其熟悉的方式來纂修史書。一九二〇至三〇年之間，清代檔案整理與運用成熱潮，其中尤以「內閣大庫檔案」最為重要，學者認為這階段新史料的整理，促動了近代史學的轉型。[48]故宮博物院成立於一九二五年、中研院史語所成立於一九二八年，都在清史館開館之後，史館編修人員編纂人物傳記，選擇的卻是參考《碑傳集》或方志等傳記資料，實際上並未善加利用檔案文書。[49]

從《清史稿》的例子看來，舊史學在民初猶如「復辟」成功，既沒有使用新的史料來源，也沒有使用新的史學方法。但相對而言，陳東原在五四新史料、新思潮的風氣下，卻建立了他獨特的書寫形式。

以史學脈絡觀之，五四時期史學的新舊交錯、中西匯流，是當代史學研究的重要課題；

五四知識分子試圖從整理國故來「改造文化、革新傳統」，其方法與方法論的革新，是學者認為五四史學最突出者。然而當時的作品呈現了怎樣的性別史觀念，學界迄今尚未加以妥善檢討與評估。陳東原的《中國婦女生活史》實為我們藉以觀察的佳例。

「整理國故」與「古史辨」運動，在五四時期特別突出，陳東原深受胡適的啟蒙，尤在史料的運用與史學研究的取徑方面；胡適曾提出社會史與生活史研究的重要性，以及新史料的採用多樣性、證據考證。加以一九二〇年代開始流行「專史」的研究，如文化史或文明史；以及社會科學的興起、社會與風俗調查興盛，都讓婦女與婚姻等議題，成為熱門的主題。

「婦女史」在一九二〇至三〇年雖未成一獨立成熟之史學分科，通常被列在社會科學或社會風俗史類別，然婦女史之寫作與編譯頗為熱鬧，目前所知，僅在這十年之間，即可見二十部左右的中西婦女史的編譯著作出版，內容涉及了勞動、婚姻、法律、婦女運動與生活等諸多主題。因此，無論從史學風潮或者婦女史學譯著整體發展來觀察，陳東原《中國婦女生活史》一書的出版，絕不會只有「將婦女列為被壓迫者」的單一面向。

關於一九一九至一九四五年婦女史寫作之趨勢，杜芳琴曾提綱挈領地指出婦女史研究的階段性特色，她將之區分為：「壓迫－解放」模式、「問題－改良」模式、「英雄－貢獻」

模式。

她指出：一九一九年新文化運動引發了思想啟蒙、社會革命（一九一九－一九二七），在婦女史研究的關注點上是「壓迫－解放」模式的婦女史（以陳東原的《中國婦女生活史》為代表）；其後進入「社會改良主張時期」（一九二七－一九三七），將婦女作為社會問題，她稱之為「問題－改良」模式的婦女史（以王書奴《中國娼妓史》、陳顧遠《中國婚姻史》為代表）；之後再到「民族救亡運動時期」（一九三七－一九四五），當時婦女史的研究採取「英雄－貢獻」模式，宣揚女英雄（如：花木蘭、秦良玉等）為主要趨勢。[50]這樣的分期觀點若能配合中國史學發展脈絡的討論，詳加證明、辯析，將更能突出其意義。

本書即試圖觀察二十世紀初期，如何將女性入史，此又展現了新舊史學的哪些特質。挖掘這些女性史著的史源、產生背景與特殊論點，我想展現的是民初中國知識分子如何編纂女性史與其寫作出版之目的，以及有哪些資源提供了他們寫作的沃土。而這些女性史著作，又給了後世婦女史寫作與研究怎樣的示範、挪用或影響。我們可以藉此探討女性史書寫如何從傳統的體裁——傳記（個別傳記或者作為朝代史一部分），走向章節體的史著。

本書所選的三部重要著作與豐富多彩的報刊雜誌上的女性傳記不同，各書有其編纂的脈絡，《神州女子新史》與《中國婦女生活史》兩部作者僅為一人，內容完整，有明確的寫作主旨，也有讀者的回應，比散亂於報刊的女性傳記更適於用來觀察女性史書寫在近代的變革。

六、本書架構

關於民初婦女史學史的探研，我的研究順序是按著自己過往析論《明史・列女傳》的基礎，把廿五史發行較晚的《清史稿・列女傳》做一對照；接著探索第一部新式章節體結構的中國婦女史《神州女子新史》；最後分析陳東原的《中國婦女生活史》。雖然《神州女子新史》的出版時間在《清史稿》之前，但是二十世紀以前的史書還是以紀傳體為主，本書即以當時研究的思路與史書體例的新舊，從《清史稿》開始談起。全書共分為六章，各章節概述如下：

第一章〈新舊史學碰撞中的婦女史著〉，提示本書主要探討的文本之背景，以及本研究取徑在中國婦女史研究上的意義。

第二章〈永恆的「列女傳」〉，觀察傳統舊史學體例在民國初年的殘存。本章首先分析

《清史稿．列女傳》的傳記類型，以作為討論本傳女德採摭的基礎，研究發現除了以節烈為大宗，母親的角色亦是重點。接著試論《清史稿．列女傳》母儀被凸顯的理由；最後再由制度細則與傳記體例的變化，來論《清史稿．列女傳》著重母儀的書寫脈絡與時代背景。

第三章〈「女子新史」的出現〉，**探究晚清民初革命、女權與婦女史學的關聯**。本章首先介紹罕為人知的《神州女子新史》作者徐天嘯，其次分析《神州女子新史》之內容，以見其在女權運動與史學史上的特殊性。本章主要申論兩大課題：一、徐天嘯所謂的「新史」為何？「新史」對照於舊史有何不同？徐天嘯的史學寫作與傳統史學特質、新史學思潮之間如何呼應？二、女權與史學有何關係？徐氏的女權論述與編纂體例有何特色？其對「女子史」的看法如何？本章可見女性史著如何從「女教書」發展為女子「史」。

第四章〈「中國婦女史」的成形〉，探討婦女史書寫如何與五四學術、社會風潮結合，進入一個嶄新的階段。本章首先概述《中國婦女生活史》的內容、主旨與成書經過，接著探究陳東原得以完成一部婦女通史的史學因素與社會風潮。研究發現該書的資料來源與編纂方式，實受五四時期史學革新、新知識的開發之影響，史學和社會科學之交融與婦女史編寫的關係由此可見。其次，婦女解放風潮、婦女運動之取向，也與該書的寫作密切相關，不得忽視。

第五章〈近代中國的「婦女史觀」〉，歸結二十世紀初期婦女史觀的內涵。本章探究晚清民初婦女史著在選題與體裁的轉移，以及婦女史觀的變化，試圖凸顯史家撰著婦女史時所持的寫作目的、時間概念以及他們心中婦女與歷史之間的關係。

第六章〈結語：重讀近代中國婦女史〉則歸結晚清民初中國婦女史寫作的「現代轉型」，並再度強調從史學史的觀點來重讀近代中國婦女史的意義與必要性。

附帶一提的是，本書題為「從列女傳到婦女史」，不僅從民初女性史著體例新舊言之，有非直線式的纏繞變化，然也是一個期許。我們除了把女性的生命書寫當作個別的、個人的傳記，獨立研究；為了理解婦女史領域的發展，回頭考察各時期婦女史如何書寫與建構、如何與社會學術文化風氣交集或齟齬，亦有助於我們反省當下的史學寫作，另闢蹊徑。

第二章　永恆的「列女傳」

中國史上將女性別立於史冊〈列女傳〉篇章中，有兩千多年的歷史。歷代正史約有半數編有〈列女傳〉；《後漢書》首立〈列女傳〉之後，除了《宋書》、《南齊書》、《梁書》、《陳書》、《北齊書》、《北周書》、《南史》與新舊《五代史》沒有〈列女傳〉外，其他《魏書》、《隋書》、《晉書》、《北史》、《舊唐書》、《新唐書》、《宋史》、《遼史》、《金史》、《元史》、《明史》、《清史稿》諸史皆纂有〈列女傳〉。唯各篇在選材標準與書寫重點上，稍有差異。（見表一）

二十世紀初期學界雖有新的章節體裁史著出現，但是民國三年北洋政府設立清史館時，還是援用了舊式的紀傳體來修前朝史。在此之前成書的《神州女子新史》，由於強烈反滿，該書關於清代婦女的記載，少之又少，因此《清史稿．列女傳》，不僅是官方史館對前朝女性史的總結，也可說是民國初年編纂清代女性史的重要代表。

本章筆者將從《清史稿．列女傳》的分類與傳文，探究新舊史學交替之際，女性傳記的編纂方式；一窺古代〈列女傳〉的範式如何「陰魂不散地」主導女性史的書寫框架。史傳編修除了編纂者個人的選擇、採摭，大環境之氛圍，亦與史學編纂慣例、制度文化脫離不了關係。我們探究女性入史的軌跡，實不得忽略中國史學的傳承與史傳採選之機制。

表一　二十五史〈列女傳〉

書名	列女
《史記》91BC	
《漢書》92	
《三國志》297	
《後漢書》445	列女傳
《宋書》493	
《南齊書》537	
《魏書》554	列女傳
《梁書》636	
《陳書》636	
《北齊書》636	
《周書》636	
《隋書》636	列女傳
《晉書》646	列女傳
《南史》659	
《北史》659	列女傳
《舊唐書》945	列女傳
《舊五代史》974	
《新唐書》1060	列女傳
《五代史記》1072	
《遼史》1344	列女傳
《金史》1344	列女傳
《宋史》1345	列女傳
《元史》1370	列女傳
《明史》1735	列女傳
《清史稿》1927	列女傳

一、最後的正史

（一）永遠的清史「稿」

清朝覆滅後，為總結前朝史，民國三年（一九一四）五月袁世凱（一八五九－一九一六）批准國務院的呈請：「延聘通儒，分任編纂，踵二十四史沿襲之舊例，成二百餘年傳信之專書。」[1]在北京開設「清史館」。史館聘請曾任東三省總督的趙爾巽（一八四四－一九二七）為總裁，纂修清史。民國六年（一九一七）以後，由於北洋政府財政拮据，修史工作數度中斷，甚至幾乎告停。歷時十四年，修成了《清史稿》。作為接續帝制王朝二十四史的最後一本官修史書，《清史稿》從編纂、刊行、封禁，以至於倡議重修，始終波折不斷。

民國十六年，國民革命軍占領長江流域，北京勢危，清史館總理袁金鎧倡議一年之內盡快完成修纂，先發刊再修訂；當時以《清史稿》為名，採清初王鴻緒《明史稿》之例，先有暫定稿，[2]待來日修正；未料在戰爭威脅與政治風雨之中，最終仍是以「稿」為名存世。

過往有關《清史稿》的研究討論，主要集中在史稿的編纂過程、爭議、體例，以及史稿之校勘與個別傳記的研究，多參考朱師轍的《清史述聞》一書。[3]史稿修纂過程方面，學者鄒愛蓮、韓永福曾釐清修史人員的編制與體例之討論；[4]馮明珠考察故宮博物院與《清史稿》之間的關係，以及國府遷臺後編整《清史》的經過；[5]戴逸則就立場、內容、體例、史事等方面指出《清史稿》的不足。[6]

概言之，《清史稿》的爭議主要在編纂者的遺民觀點，其對清室的緬懷，以及對革命派和民國政府的敵視，史稿的成書過程實充滿了政治／認同的角力。[7]其次，在內容與體例上，《清史稿》被批評為守舊，疏於對近代國際體系、對外關係與科技的記載。[8]《清史稿》實顯現了官方書寫的現代困境與傳統史學的危機。[9]

《清史稿》的版本眾多，有關外本、關內本、上海聯合書店影印本、日本印本等多種版本。「關外本」為：清史館館長趙爾巽於一九二七年以時局多變，年老力衰，亟思告竣，遂將當時完成的史書草稿以《清史稿》之名發行，委託袁金鎧與金梁負責校刊。趙爾巽逝世後，柯劭忞代理館長，亦未經詳細審閱，任由金梁隨校隨刻。一九二八年金梁校刻，甚至擅改原稿，自稱「總閱」，印書共一千一百部，其中的四百部被運到山海關外發行，故一般稱之為「關外本」。

後柯劭忞與王樹枏、戴錫章、奭良、朱師轍等人不認同金梁更動的內容，朱師轍將北京原本存書進行抽換、改動，例如刪除〈康有為傳〉，再行刊印成冊，被稱為「關內本」。然不久金梁又再次修改關外本，例如修改〈趙爾豐傳〉，此版本稱為「關外二次本」。其中以「關外二次本」《清史稿》的流傳最廣，例如日本印本與中華書局點校本皆出自該版本；一九四二年上海聯合書店影印本，則對照關內、外兩種版本，有些部分採用了關內本。[10]

國府遷臺後，張其昀主編《清史》，用一年的時間以關內本《清史稿》為藍本重新整理，由國防研究院一九六一年出版，共計五百五十卷，比《清史稿》增添了南明的部分，例如〈南明紀〉、〈明遺臣列傳〉、〈鄭成功載記〉、〈洪秀全載記〉和〈革命黨人傳〉。[11]

其後，一九七八至一九八四年間，國史館與國立故宮博物院合作，以關外本《清史稿》為本，「不動原文，以稿校稿，以卷校卷」進行校註，陸續出版《清史稿校註》十五冊。一九九一年起，國史館依據《清史稿校註》以及故宮所藏清代國史館與清史館檔案，計畫推動纂修《新清史》的計畫，可惜僅完成〈本紀〉及部分的〈志〉，本紀部分已在資料庫可公開查閱。[12]二〇〇二年中國大陸官方開啟清史修纂工程，新的《清史》擬包含通紀、典志、傳記、史表、圖錄五大部分，截至目前尚未正式出版。

民初綜合多方討論，最後《清史稿》的體例和史目採取舊史體例，以《明史》之體例稍作變化。[13]學界對於《清史稿》個別本紀、志書、傳記的研究已不少，[14]然關於《清史稿・列女傳》的討論卻仍罕見，少數研究從傳中婦女的「自殺現象」論清代婦女的境遇，可惜不論及傳記的編纂與書寫的時代特質。[15]以下即探究在民初「新史學」的氛圍下，史館如何編寫舊式女子傳記。

（二）守舊的女性傳記

相較於《清史稿》的其他篇章，有關《清史稿・列女傳》之設置與內容，爭議較小，民初多數學者並不反對建置〈列女傳〉，朱鐘琪、袁勵準、王桐齡、張宗祥等人即贊成之。[16]梁啟超對於《清史》之編目與取材有所新意，認為歷朝史冊互有出入之傳記，納入與否，應考察時代之特色來裁定，然卻建議保留「列女」這類歷代史書多有的傳記；而至於如何編纂〈列女傳〉，他則並未提出具體的想法。[17]另，張蔭麟（一九〇五－一九四二）曾表示：

> 忠義孝友遺逸等事非不當表揚，然歷史非褒善錄，亦非修身教科書，史稿中上列各傳所收人物，苟非真可泣可歌、行為影響於當時、而流風被及於後世者，皆宜刊

落，合併其餘為懿行傳。[18]他認為忠義、孝友、遺逸等事蹟值得表揚，但是史書不是修身教科書，所收人物或可合併在懿行傳即可。可惜他對於列女傳，未提出見解。

學者對於《清史稿》之批評不少，但關於〈列女傳〉之評論，大體看來，僅集中在兩個小問題：一是傳記重複，二為個別傳記標題有瑕疵。傳記重複指的是〈列女傳一〉中已立有王照圓傳，〈儒林傳三〉的「郝懿行傳」又附之。而所謂的「一人兩傳」，竟也成為故宮博物院請禁《清史稿》的十九大理由之一。[19]其次，小傳標題之失是指《清史稿．列女傳》的格式不夠整齊，傅振倫（一九〇六－一九九九）於一九三一年即批評曰：

> 〈列女傳〉中，或稱某人妻某氏，或稱某人聘妻某氏，或云某處婦，或某處女，參差不一，識者惑之。長清婦不標王氏女、文緯妻王氏，而書節義縣王、任寨村二十烈女，於傳中先述其事，而末記其姓氏，凡此體製，均不免書法靡定之誚也。[20]

意即傳中女子的姓氏寫法相當不整齊，有時稱某氏，有時稱某地某婦，有的連姓氏都未記載。除此之外，罕見對〈列女傳〉其他的評論。此或許亦為《清史稿．列女傳》較不受學界關心討論的原因之一。

一般我們談到史書中的〈列女傳〉，直接聯想的即是傳中充滿了實踐節烈的貞節烈女。《清史稿．列女傳》的內容是否亦為如此？本卷收錄的類型有哪些特點？

翻開《清史稿．列女傳》，我們讀到的第一篇傳記是田緒宗的妻子張氏傳。傳中描寫的是一位輔佐丈夫之賢妻、教子有成的賢母，以及博通文史之才女。田緒宗為順治九年（一六五二）進士，史家將這篇傳記列為〈列女傳〉之卷首，除了以時間為序的編寫考量外，與本傳編纂的特點是否有所關連？

《清史稿》與前史〈列女傳〉採擇之女德有何異同？形成這種特色的背景何在？如果我們從時代制度來觀察，可能可以得出什麼答案？其次，女性史傳的編纂與傳記書寫之體例和風氣之間，又有何關連？這些都是我們在探討史傳編輯時，值得注意的方向。

以下先觀察《清史稿．列女傳》採錄傳記的類型，以作為討論傳中女德採摭的基礎。

二、女德採摭

（一）編輯群與版本

民初清史館修史期間的草稿，藏於臺北國立故宮博物院清史館檔案《大清國史人物列傳及史館檔傳包傳稿》，其中收有數種《清史稿．列女傳》未刊稿本。莊吉發教授即曾以傳稿簿冊形式，將這批史稿區分為「朱線九行本」與「紅格本」；以〈貨殖傳〉為例，朱線九行本應是紅格本呈閱前的清繕本。[21]而紅格本則又可為大、小紅格兩種稿本，「大紅格本」（八行二十格）「清史館」字樣置於版心之上，「小紅格本」（十行二十一格）「清史館」字樣置於版心中。從內容看來，「小紅格本」與刊行本較近，八行本可能稍早。釐清排印本之前的未刊稿本，有助於我們了解史稿的編輯過程和曾經參與的人員。[22]

故宮清史館檔案中〈列女傳〉稿約有五十五冊，從中可知纂輯人員共有：駱成昌、吳懷清（一八六四－一九二八）、戴錫章（一八六八－一九三三）、奭良（一八五一－一九三〇）、黃翼曾（一八六〇－？）、柯劭忞（一八五〇－一九三三）、冷家驥（一八八九－一九五七）、趙世愚、金兆蕃、柯劭沁等人，不少為旗籍文士。駱成昌等人所纂未刊之〈列女傳〉有「朱線九行本」，金兆蕃所編輯的有「紅格本」與「朱線九行本」。繕寫者有：隆鋆、張嵩振、李開運、陳恩吉、龔景韶、何蔭澄、吳寰、繼少卿、文懋、張伯傑、楊書川、吳寰、胡恭彩、胡鎮等人。

其中，駱成昌、吳懷清、戴錫章、奭良、黃翼曾、柯劭忞皆曾在第一期（一九一四至一九二〇）、第二期（一九二〇年三月至一九二六年八月）修史期間，負責編纂列傳的部分；而金兆蕃則在民國十一年（一九二二）以後即被授予彙整孝義、列女等傳之責，並在第三期（一九二六年九月至一九二八年五月）負責大部分列傳之審定。[23] 由上述編者參與史稿修纂的時間，推測〈列女傳〉可能先經駱成昌、吳懷清等人初編，再由金兆蕃最後彙整定稿。因此，也可推論「朱線九行本」應早於「紅格本」。

大致而言，史館稿本有數篇女性傳記最終並沒有收入《清史稿》，例如「汪應張妻吳氏」、「桂琬、沈貞女、張烈婦」、「方烈婦」、「余氏、張春蓮、劉氏、廖媛、孫氏、謝巧姑、戴氏、吳翠鸞、鄭氏、趙蘭卿」、「顧氏、歐氏、余氏、上海某氏女、徐氏、蔣烈婦、張招子劉氏、李桂珠、費氏、趙瓊卿、龔大姑」、「孫節婦、倪節婦」、「黃廖氏」、「龔節婦、曹節婦」、「吳文會妻胡」、「胡貞女、譚烈婦」、「吳孝女」、「江圖惆妻芮子紹爍妻芮」、「孝女成安」、「杜盛超妾張、朱耕餘妻許」、「陳芸」、「馬氏……狄道某氏」等。這些不同階段的史稿讓我們看到女性入「正史」的可能性與機遇。

而關內本與關外本《清史稿・列女傳》亦稍有差異，例如：關內本沒有袁績懋妻左錫璇、媳曾懿，關外本增添了，而且把傳宛從正傳變成附傳；關外本還增補了惲氏三烈婦與曲承麟妻袁氏等傳。[24]國立故宮博物院所藏清史館傳稿（十行紅格本）中即可見到史館曾經想增加「袁……」的筆跡。而且馮丙熯妻俞，在此稱「欒城人」，中華書局影印本則稱「婺源人」。[25]

再者，國防研究院《清史》與中華書局《清史稿・列女傳》亦有兩個明顯的不同，一為卷次不同，前者〈列女傳〉在卷五〇七至五一〇（列傳二九三至二九六），後者則在卷五〇八至五一一（列傳二九五至二九八）；二是國防研究院版另增加了南明的〈鄭克壓妻陳〉傳。此外，《清史稿校註》也略修訂中華書局《清史稿・列女傳》正附傳與目錄；蔡登龍妻林、黃元河妻戴、吳恆妻陳在中華書局《清史稿》列為附傳，《清史稿校註》則分別列為正傳並補入目錄。

（二）傳記類型

《清史稿》最終修成〈列女傳〉四卷，共收錄正、附傳共計六百一十九篇。本傳序文即言其收錄之類型為「賢母、孝女、孝婦、賢婦、節婦、貞婦、貞女、烈婦義行，邊徼諸婦，以類相從」，共為九類。[26]然大致而言，第一卷以賢孝女性居多，第二卷以貞女為主，第三、第四卷則為大量的殉節烈婦、烈女。

值得注意的是，國立故宮博物院所藏紅格本《清史稿．列女傳》序文中原本列了十一類婦德，除了前述排印本序言中的：賢母、孝女、孝婦、賢婦善相夫、通文學、襄武事、節婦、貞婦、貞女、烈婦義行與邊徼婦女；還有「通文學、襄武事」兩類以及烈婦義行的細節說明（死於寇難、夫死非命而殉、夫病死而殉、死於姑、死於強暴）。也就是說，金兆蕃最後編輯時，決定刪去《清史稿．列女傳》序中原提示褒獎的婦德類型，以及才學與武德這兩個要項。

為方便討論，以下茲以各篇傳記的主要事蹟分類，歸納表列於下，以知本傳採錄女德的類型、比例與特色。

表二　《清史稿·列女傳》傳主事蹟類型統計

項目	實踐方式	篇數	比例%
(1) 殉烈	兵亂全貞	117	18.96
	守身殉節	84	13.61
	抗賊而亡	75	12.16
	殉夫	74	11.99
	拒婚自盡	5	0.81
	小計	355	57.53 （57.54）
(2) 孝順	殉親	23	3.73
	侍疾	22	3.57
	侍親	14	2.27
	救親於難	10	1.62
	不婚養親	8	1.30
	養親撫幼	6	0.97
	為親報仇	4	0.65
	終葬	3	0.49
	置婢侍父	1	0.16
	小計	91	14.76 （14.75）
(3) 貞節	夫死守節	59	9.56
	失夫守節	7	1.13
	守節	4	0.65
	忠主不嫁	1	0.16
	小計	71	11.5 （11.51）

項目	實踐方式	篇數	比例%
(4) 仁義	守志扶家	23	3.73
	忠護救主	9	1.46
	捨己救人	6	0.97
	撫他人之孤	6	0.97
	以身代死	2	0.32
	勸人忠義	2	0.32
	為民請願	1	0.16
	施善救濟	1	0.16
	勸人為善	1	0.16
	小計	51	8.25 （8.27）
(5) 母儀	課子讀書	11	1.78
	教（助）子為政	5	0.81
	慈母	1	0.16
	知禮	1	0.16
	其他	6	0.97
	小計	24	3.88 （3.89）
(6) 文采	文采	18	2.92
	小計	18	2.92
(7) 武德	領民抗賊	4	0.65
	軍功	3	0.49
	小計	7	1.14
總計		617	99.98 （100.01）≒100

說明：由於四捨五入的關係，總計有0.02% 之誤差。其次，括弧數字為由小計四捨五入後的結果，與單項比例加總略有些微之差。

由表二可見，《清史稿．列女傳》中收錄的女性行誼類別，以殉烈一類為大宗，占了百分之五十七．五三、其次分別為孝順百分之十四．七六、貞節百分之十一．五、仁義為百分之八．二五，母儀則占百分之三．八八，文采為百分之二．九二，武德是百分之一．一四。四卷列女傳總計以「兵亂全貞」、「抗賊而亡」與「殉夫」、「殉節」之烈婦、烈女居多（共三百五十五傳）。另外，傳中還記載未婚守貞的「貞烈女」，占約百分之三．四四，甚至收有一位守節長達一百零一年之節婦。[27] 關於列女傳記內容的可信度，學者認為，編者可能受到史籍、佛教故事、男性傳記、小說等不同文體記載的影響，內容或虛實夾雜。[28]

在此統計數據中，貞節一類傳數看似少於孝婦、孝女類，實則因為許多孝順、母儀、仁義之婦亦為守節之寡婦，本表之分類是以傳記描述最為突出的特質作為分類基準，於是許多節婦同時也是「母儀」、「仁義」類型。其次，傳中才女比例也應該不只百分之二．九二，許多知書達禮的才女亦為賢母，在分類中可能會被納入「母儀」一類，如河南巡撫尹會一（一六九一－一七四八）之母李氏（一六六七－一七四四）、完顏麟慶（一七九一－一八四六）之母惲珠（一七七一－一八三三）、程葆（？－一八六〇）之母汪嫈（一七八一－一八四二）等等。

將傳記加以分類、立下德目，並明辨各自之界線，實是困擾研究者的一件事。人的行為表現，本來很難以某一種（或一些）標準來度量，今日學者對傳記的理解各殊，分類也就常有歧異。有些傳記中所提及的道德類型，不只一項，到底應分別計算，還是僅以傳中強調的某項特質納入考慮，其實都是將〈列女傳〉中女性德目分類量化所遇到的棘手問題。[29]本表分類以德目為軸，除了母親以外，缺點則是容易忽略女性生命中各階段的角色，例如妻子，根據鈴井正孝的統計，本傳女性角色以妻子為最多，共三百八十七人。[30]

清史館開館之初，于式枚（一八五三－一九一六）、梁啟超、繆荃孫（一八四四－一九一九）、金兆蕃、朱希祖（一八七八－一九四四）等人曾共商討義例，決定以《明史》的體裁為主要編纂之參考方向，略加變通。然相較於《明史．列女傳》人物先後排次以時間為經，再以性格特徵為緯；《清史稿．列女傳》的編輯基本上則是以傳記類型為主軸，再輔以時間順序。

（三）賢母為首

雖說《清史稿》師法《明史》，然《清史稿．列女傳》除了節婦烈女，比《明史》增加了「才女」與「母儀」兩類型。此與《明史・列女傳》只重視女性貞烈而不講求才能；著重女性為「婦」的角色，而忽略為「母」的角色，實大不相同。[31]《清史稿・列女傳》序中即開宗明義談到：「積家而成國，家恆男婦半。女順父母，婦敬舅姑，妻助夫，母長子女，姊妹娣姒，各盡其分。」[32]可見編者對於女性在家內的各種角色之重視。在明清史籍強調婦女實踐節烈的風氣中，《清史稿・列女傳》編者如此的選擇與安排，不得不引起我們的注意。

首傳傳主張氏，為田緒宗之妻、戶部侍郎田雯（一六三五－一七〇四）之母，傳中以田緒宗的事蹟為序帶出傳主身分，第一段十分簡略地介紹緒宗的仕宦生涯、張氏之賢助，及其教子與文采能力。傳首曰：

> 田緒宗妻張，德州人。緒宗，順治九年進士，官浙江麗水知縣，有聲，卒官。張預戒管庫，謹視賦徭所入，發牘覈其數。代者至，請知府臨察，無稍舛漏，乃持喪歸。教三子雯、霈、霖，皆有文行。張通詩、春秋傳，能文。

隨後寫道：

年七十，里黨將為壽，誡諸子曰：「禮，婦人無夫者稱未亡人，凡吉凶交際之事不與，亦不為主名，故《春秋》書『紀履緰來逆女』。《公羊傳》曰：『紀有母，何以不稱母？母不通也。』何休云：『婦人無外事，所以遠別也。』後世禮意失，始有登堂拜母之事。戰國時，嚴仲子自觴聶政母前，且進百金為壽。蓋任俠好交之流，有所求而然耳，豈禮意當如是耶？

吾自汝父之歿於官，攜扶小弱，千里歸櫬，含艱履戚，三十年餘。闔戶辟績，以禮自守。幸汝曹皆得成立，養我餘年，然此中長有隱痛。每歲時膢臘，兒女滿前，牽衣嬉笑，輒怦怦心動，念汝父之不及見。故或中坐歎息，或輟箸掩淚。今一旦賓客填門，為未亡人稱慶，未亡人尚可以言慶乎？三十年吉凶交際之事不與知，而今日更強我為主名，其可謂之禮乎？處我以非禮，不足為我慶，而適足增我悲耳。汝曹官於朝，宜曉大體，其詳思禮意，以安老人之心！」

張年七十七而卒，有《茹荼集》，雯官至戶部侍郎。[33]

這一段張氏訓子之言，幾乎占了本篇傳記百分之八十的篇幅。編者收錄張氏婉拒兒子為她七十大壽的言論，凸顯其身為未亡人重視守「禮」。話中引經據典，進一步呼應了前文所言張氏「通詩、春秋傳」之博學。

其次，張氏所言之後半段，述及夫死之後的情景，透露出她守節三十餘年的心境：一位失去丈夫、仰賴兒子功成名就以養餘年的婦人，一面沉浸於膝下成群之喜悅，一面也惋惜丈夫之早亡，而掩淚嘆息。在此，我們看到張氏推辭為一家之「主」受人祝壽，然其訓誡諸子的態度與話語，卻呈現了為人母者的權威性。張氏的訓誡話語，最早見於其子田雯的〈先太恭人述略〉，[34]錢儀吉《碑傳集》也收入了張氏的傳記，稱之為「田雯母」、置於〈列女〉「賢明」類。

本傳序中即言其收錄之類型有「賢母」一類，那麼《清史稿．列女傳》編者眼中的賢母為何種形象？統計傳中母儀傳記，以課子讀書者為多，[35]共十一傳，教子或助子為政者有五傳，知禮者與慈母僅各有一傳。另有六例記載事蹟不明確，僅知其「教子嚴」。以下舉數例說明之。

課子讀書者，如洪亮吉之母蔣氏，親授其子讀書，待子稍長，「出就里中師，里中師不辨音訓，母為正其誤，日數十字。母織子誦，往往至夜分」。[36]施福元之母金鏡淑也是「教之嚴，夜篝燈讀書」。[37]張惠言之母姜氏，史載其：「夜燃燈視二子讀，恆至漏四下。」[38]

再者，教子為政、任官清廉之二顯例：一為汪輝祖（一七三〇－一八〇七）之母，輝祖曾佐州縣、治刑名，當時嫡母王氏誡之曰：「汝父嘗言生人慘怛，無過囹圄中，偶扑一人，輒數日不怡，曰：『彼得無恚恨戕其生乎？』汝佐人當知此意。」輝祖自外歸，她必問：「不入人死罪否？破人家否？」若曰無則喜。[39]此即是勸其子寬刑之例。

其二，史載馮桂芬（一八〇九－一八七四）之母謝氏也曾訓誨桂芬曰：「好官不過多得錢，然則商賈耳，何名官也？」而當時蘇州、嘉興皆困於重賦，謝氏每謂桂芬曰：「汝他日為言官，此第一事也！」傳中載同治初年平定江、浙一帶太平天國，馮桂芬擔任江蘇巡撫李鴻章（一八二三－一九〇一）的幕僚，在他建議下，後蘇州、松江、太倉等地皆得以減賦。[40]

甚至傳中還描寫有賢母助子為政者，如尹會一之母李氏，教子有法度，曾在會一居官之地，為地方祈雨驅災，施善訓教，民眾為之建賢母堂與生祠，乾隆賜榜曰：「荻訓松齡」。傳曰：

教子會一有法度，通籍，出為襄陽府知府，李就養。雨暘不時，必躬自跽禱，禳

> 疫驅蝗亦如之。冬寒，民六十以上，量予布帛。襄陽民德之，為建賢母堂。李賦詩辭之，不能止。會一移揚州府知府，揚州俗奢，李為作女訓十二章，教以儉。累遷河南巡撫，所至節俸錢，畀高年布帛，周貧民，佐軍餉，皆以母命為之。民間輒為立生祠，如在襄陽時。會一內擢左副都御史，李以疾不能入京師，陳情歸養。復以母命，里塾社倉次第設置。居數年，高宗賜詩嘉許，榜所居堂曰「荻訓松齡」。卒，年七十八。[41]

又，傳中亦記載程學伊（一八三〇—一八八一）之母萬氏，助子養活百兵，「規劃周至」。[42]可見母親訓子斷獄、理政等事，往往是督促兒子成為廉潔良吏的重要支柱。明清史料中有不少談到母親課子以「實學」，責其從王、輔其正吏治的例子，在此，天下之治可說自「婦人」教子始。[43]

而母親撫子泣訴己身遭遇以訓子的場景，在《清史稿》中也時而出現，例如嵇曾筠七歲喪父，母楊氏處理公婆與丈夫的喪葬後：

代母儀入女性史傳的軌跡以觀察之。

（一）母儀入史的軌跡

女性列傳的分類方式，在中國有古老的範例，後世史家編纂列女傳記時，往往宣稱其蒐錄之傳記是仿效劉向（公元前七七－前六年）所劃分的類型為依據。劉向《列女傳》中的七目（母儀、賢明、仁智、貞順、節義、辨通、孽嬖），早有「母儀」一類。

中國古代對慈母的表揚，傳頌不絕，母儀在中國傳統文化中，是最為社會所尊崇且無異議的女性形象，牟正蘊（Sherry J. Mou）即認為在傳統文化中母親被視為是指導者，而師者在儒家社會中備受重視，母親這樣的角色，不會引起非議。[48]不像貞節烈女，有所爭議。室女守貞在明代已成議題，至清代仍爭論不休，如明代歸有光（一五〇六－一五七一）的〈貞女論〉、清人毛奇齡（一六二三－一七一三）之〈禁室女守志殉死文〉與焦循（一七六三－一八二〇）之〈貞女辯〉等。歸有光與毛奇齡認為未婚守貞是不合禮儀，焦循則以為律法既處罰毀婚約者，訂婚雖無婚書，但已納采，即已定之，守貞合於禮。[49]

劉向《列女傳》首列母儀篇，占了全書百分之十左右的篇幅。〈母儀傳〉序曰：「惟若母儀，賢聖有智，行為儀表，言則中義。胎養子孫，以漸教化。既成以德，致其功業。姑母察此，不可不法。」[50]指的即是言行得體，教養子孫以德，使之成功立業的母親。例如重視胎教的「周室三母」、規誡訓導的「齊女傅母」、視前妻之子如己出的「魏芒慈母」等等。[51]

檢視二十五史〈列女傳〉中包含母儀一類的傳數比例，如表三所示。

表三　二十五史〈列女傳〉母儀傳記統計

書　名	母儀類傳數	傳記總數	比例%
《後漢書》（445）	2	19	10.53
《魏書》（554）	2	17	11.76
《隋書》（636）	5	16	31.25
《晉書》（646）	7	37	18.92
《舊唐書》（945）	1	31	3.23
《新唐書》（1060）	4	54	7.41
《遼史》（1344）	1	5	20.00
《金史》（1344）	1	22	4.55
《宋史》（1345）	2	49	4.08
《元史》（1370）	4	131	3.05
《明史》（1735）	0	279	0
《清史稿》（1927）	24	617	3.89

說明：《北史》內容幾抄錄自《魏書》與《隋書》，故不贅列於表中。

筆者在此為方便討論，以統計方式呈現，然將正史中的婦女史料分類與量化，不一定能確實說明歷史實情。除了德目分類困難外，亦因正史中的史料通常已被相當程度地濃縮。以〈列女傳〉為例，其中傳記的多寡頗為懸殊，若就量化後之百分比進行分析比較，不一定能顯出意義；加以有些〈列女傳〉裡共僅有五篇傳記，在數量有限的情形下，僅根據數字比例來討論，恐亦不適當。不過，列女傳的篇數到了明清史中，大幅地增加，不僅代表史館修史認可朝代史中女性傳記的空間，也與豐富的史源（方志列女傳）有關，詳見下文。

（二）母儀傳的時代變化

基本上，歸納傳統女性史傳對母儀的描寫，不外乎慈、嚴、賢母三種形象。首先，《後漢書．列女傳》描述母儀僅二例，皆為慈母：一為程文矩妻李穆姜，文矩前妻之四子「以母非所生，憎毀日積」，但穆姜慈愛溫仁，以義相導，使其自動遷善；[52]一為才女蔡文姬（約一七七－？），傳中描寫她歸漢之後的思子之痛，[53]讀來令人為之動容。其次，《魏書．列女傳》亦有二則母儀傳記，其中記載清河崔氏教子經義、助其斷獄，[54]為賢母之代表；而〈房氏傳〉第一部分寫其貞烈的事蹟，第二部分載其「有母儀法度」，絕食以訓誘其子向善，[55]此則是一篇結合母儀與貞節的傳記，Jennifer Holmgren 曾提出，六世紀以後，關於母子關係的描述才漸漸普遍。[56]但事實上，我們在《後漢書．列女傳》中即已見到描述慈母與子關係的例子，前述「程文矩妻李穆姜」即是。

唐朝史家亦關心母儀形象，《隋書．列女傳》裡有百分之三十一．二五的傳記與此相關，為諸史中比例最高者。隋傳陸讓之母馮氏親自至朝堂為其子請命，即是母儀之例。[57]隋、晉二傳中多強調識鑒過人的賢母形象，以及不好妒而養育前妻子女的婦女，如《隋書．列女傳》中的于茂德、[58]《晉書．列女傳》中的石氏、尹氏等。[59]

我們從《晉書．列女傳》序言亦可看出編者對母儀的重視。文中列舉虞舆以來，「禮極中闈，義殊月室者」，如昌化周室的任姒二母、楚子發母，以及孟母、楚樊姬、桓少君等，譽之為「既昭婦則，且擅母儀」的女性。本傳編纂的母儀傳記尚有：嚴於母訓的湛氏與宋氏，以及可以「語大事」的周氏。[60]而嚴憲與孫氏二傳更是集貞節、母儀與識鑒於一身的例子。[61]此類將三種女德結合的傳記，在《隋書．列女傳》也可見到，鄭善果的母親崔氏即是。[62]自從《魏書．列女傳》將母儀與貞節的楷模結合後，隋、晉兩書中〈鄭善果母〉、〈杜有道妻嚴氏〉與〈虞潭母孫氏〉亦專書此主題，[63]稍不同的是，《魏書》的例子比較強調女性如何實踐貞節，而隋、晉二傳則強調識見過人的賢母形象。這些婦女傳記，顯現的是既合於禮法，又不疏於母親職守的女性。

然而《晉書‧列女傳》所記載母儀的女性形象，到了兩《唐書》〈列女傳〉中有了新的轉變。《舊唐書‧列女傳》只剩下一則訓誡董昌齡為忠臣之道的楊氏之傳。[64]《新唐書‧列女傳》中除了楊氏傳以外，另有三篇母訓之傳，包括訓二子有法的韋氏，[65]勸誡為官必須清廉的李畬之母，[66]以及曾以忠義教誨安南賊帥陶齊亮的金節婦。[67]母儀的書寫從劉向以降到《新唐書》，除了越來越強調寡婦守節的情節，[68]母親的形象，至兩《唐書》可說轉變為以「教子盡忠」，取代了《後漢書》的慈母與《魏書》、《隋書》、《晉書》裡的勸善賢母。學者並從一些列女傳以外的男性傳記發現母親形象在兩唐書中扮演重要角色，顯示男性史家認為母親的角色與唐朝國家興亡密切相關。[69]

此外，《遼史‧列女傳》記載陳氏教六子經義，其後二子得以位居宰相；[70]以及《宋史‧列女傳》中的桂氏也是賢母。[71]然而，《金史》、《元史》中述及的母親，則以在亂世中保護幼子或守節撫孤的婦女為主，如金朝的蒲察明秀，[72]與元代撫育三子有成的林氏、[73]紡績課子的柴氏等。[74]

值得注意的是，母親形象在《明史．列女傳》中極度地稀少，唯一比較相關的傳記是〈洗馬畈婦〉一傳。史載：「蘄水洗馬畈某氏，為賊所執，不從。賊刃其腹，一手抱嬰兒，一手捧腹，使氣不即盡以待夫。夫至，付兒，放手而斃。」[75]在如此短短四十多字的傳記中，描寫一位堅守貞操且護子直待夫至才咽氣的母親，流露出慈母之愛，但是她之所以入傳的主因，似乎還是緣於其「烈婦」形象。

《明史．列女傳》二百七十九篇傳記中，提及母親形象者亦十分簡略，如史載饒鼎之妻楊氏「課二子成立」、[76]歐陽氏之撫孤等，[77]然而這兩傳仍以貞烈為主要內容。其次，筆者還發現武英殿本《明史．列女傳》多將與貞烈無關的細節刪去不錄，[78]例如〈玉亭縣君傳〉中，描寫萬曆二十一年（一五九三）河南大饑，宗祿久缺，縣君紡績三日不得一飧，與子相持痛哭。[79]在王鴻緒（一六四五－一七二三）《橫雲山人集明史列傳藁》中原載：「（縣君）語孤曰：『昔所以忍死者，以上有祖父母，且汝未成立。爾今祖父母即世，汝年二十有五，值此凶饉，五日三飯，情何以堪，我其死矣。』」[80]這段話語，原稍述及玉亭縣君的慈母形象，後被《明史》史官所略，本傳也就只剩下苦節一重點。

《明史》編者強調節孝，犧牲了母儀形象，其中最明顯的例子為顧炎武（一六一三－一六八二）繼母的傳記。傳中完全未提及王氏為顧炎武之母（王氏與炎武之父顧同吉雖訂有婚約，然同吉未迎娶王氏前即病卒），毫不著墨其視炎武為己出，教養其成人，以及臨終對他勿仕清朝的訓誨。其母遺言：「我雖婦人，身受國恩，與國俱亡，義也。汝無為異國臣子，無負世世國恩，無忘先祖遺訓，則吾可以瞑目於地下。」[81]母親的形象與母職相關的事蹟完全被《明史》編者所刪除，只留下一篇描寫未婚守貞、斷指和藥癒姑的〈王貞女傳〉。

由此我們可以看出，部分史傳重視識見過人的賢母，有的側重勸善、盡忠，有的凸顯撫孤等等方面。母儀之表揚，在《明史》中斷之後，《清史稿》重銜之。

相較於前史各傳，《清史稿．列女傳》收錄母儀的比例看似不特別高，然從內容觀之，其傳記書寫的重點，集中在課子讀書與教子為政，而非諸史之簡略帶過。那麼，造成《清史稿．列女傳》重新重視母儀（特別是賢母）的書寫，除了上述朝代史女性傳記寫作的傳承，還有哪些因素？

（三）近代的「賢妻良母」

史傳的編修，受編纂者個人的選擇、採摭所左右，但如前所述，由於《清史稿》編輯群留下的稿本經過多人多次剪裁，增添一一探究編著者的個別寫作意向的困難度，其中僅有金兆蕃於民國十一年（一九二二）後加入彙整〈列女傳〉，或可稍尋繹。

金兆蕃，原名義襄，生父名金福曾，後過繼給金福澄，[82]字籛孫，號藥夢老人，浙江秀水縣人，光緒十五年（一八八九）舉人，曾任內閣中書，傾心變法。辛亥革命後，任北京政府財政部僉事，歷任財政部會計司司長、賦稅司司長等職，一九一九年開始參與《清史》的纂修工作。[83]筆者發現〈列女傳〉中，內含其生母李氏的傳記，著重描繪太平天國攻陷杭州，母李氏投池而死，但傳中對李氏的描述不多，附有金福曾族內婦女的殉死名單，整體而言是一個節烈而非賢母的傳記。可惜金兆蕃《安樂鄉人詩集》中關於節婦烈女的書寫，多為其私人往來的詩文，與《清史稿．列女傳》無太多關聯。[84]

然而從序言中，我們可以看到〈列女傳〉總筆審閱的金兆蕃所認同的意識形態，其曰：

> 積家而成國，家恆男婦半。女順父母，婦敬舅姑，妻助夫，母長子女，姊妹娣姒，各盡其分。人如是，家和；家如是，國治。是故匹婦黽勉帷闥之內，議酒食，操井臼，勤織紝組紃，乃與公卿大夫士謀政事。農勞稼穡，工業勢曲，商賈通貨

財，同有職於國，而不可闕。[85]

也就是說，他強調的是家庭倫理觀，[86]認為家內男女各半，如果家和才能國治，而女性的角色就是「女順父母，婦敬舅姑，妻助夫，母長子女，姊妹娣姒」，這樣「各盡其分」。

這樣的論調提醒我們也不能忽略史傳修纂的時代氛圍。賢母角色的受重視，與晚清民初標榜「賢妻良母」之婦德並不違逆。學者姚毅與陳姃湲等已指出：晚清中國透過留日學生、日本派遣中國的教員等，吸納了日本的「賢妻良母」概念；「賢妻良母」是日本明治時代形成的新概念，乃基於國族主義下的男女分工論，為新時代的女性形象。然中國知識分子接收「賢妻良母」的觀點，似乎更近於一八九〇年代日本近代學制中強調婦德規範的婦女教育。[87]

如果我們不侷限在「賢妻良母」或「賢母良妻」非得為一組特殊詞彙，而是概念，晚清時人將母親角色與國家連結，強調母親教子對中華文化的貢獻，實隨處可見，梁啟超更是其中重要的代表，他曾在十九世紀末即云：

上可相夫，下可教子；近可宜家，遠可善種；婦道既昌，千室良善；豈不然哉，豈不然哉！是以三百五篇之訓，懃懃於**母儀**；七十後學之記，睠睠於**胎教**。[88]

他又說：

然吾推極天下積弱之本，則必自婦人不學始。請備陳其義以告天下。一義曰公理家之言，曰：凡一國之人，必當使之人人各有職業。……。二義曰人有恆言，曰：婦人無才即是德。此䆗言也。世之瞀儒執此言也，務欲令天下女子不識一字，不讀一書，然後為賢淑之正宗。此實禍天下之道也……。三義曰：西人分教學童之事為百課，而由**母教**者居七十焉。……。四義曰**胎教之道**。……。[89]

他認為「母儀」在過往歷史中不斷有訓勉範例，特別是胎教。在〈變法通議〉中也提到基於國族主義的需求，應提倡母教，並以西方文明為典型。

有趣的是，一八九七至一九〇二年間，也就是戊戌變法失敗後，流亡日本的梁啟超受到社會進化論的影響，認為女性受教育可以「強國保種」；遊歷歐洲之後，受訪歐的刺激和自身教育子女的經驗，一九二三年他才開始主張人權與女權。[90]但顯然這部分並不為《清史稿》修史專家所採用。

母親的角色在近代中國具實有重要的意義與工具性，晚清教育文化論辯中，「為母之道」被重新評價、理論化與政治化，教科書也將中國與外國的模範母親做一對比連結。[91]而《清史稿》中的女性傳記強調的主要是「教子有成」，此不同於晚清民初的母教，基本上是在女學的框架下發言，宣傳對為人母或未來為母的婦女，施以教育，以使其教養下一代；尤其是晚清「國民之母」一詞與女子參政概念密切連結，更脫離傳統中國的母儀概念。[92]

然晚清以來，「賢母」意涵無論是從日本傳來的重視家政，或者中國本土的重視胎教，基本上都富含儒家倫理的因子。季家珍的研究發現永恆、改良派與古典現代派都引用「母儀」範例，特別是周室三母、孟母與歐陽修的母親不斷地被徵引、挪用，這些母儀不是照護的慈母，都是「教子」的典範。例如晚清《圖畫日報》（一九〇九）〈中外新列女傳〉中〈洪太夫人教子成名〉有：「母太夫人交之讀書，一日太史從受儀禮，至大者妻之天，太夫人慟絕良久，呼曰：『吾何戴矣！』遂廢此句。」而在《清史稿．列女傳》記載洪亮吉母親蔣氏教子讀書的片段則是如下：

> 洪翹妻蔣，武進人。翹尚義而貧，僦居臨大池，隘且濕，蔣擇處其尤陋者，暴雨，水浸淫牀下。翹既不第，客游養父母。俄書報病且歸，蔣挾二子舟迎，聞來舟哭聲，審其僕也，號而自擲於水，女傭持之，免。自是率諸女鍼紉組織，力以自食。授其子禮吉讀，至《禮經》「夫者婦之天」，哭絕良久，呼曰：「吾何戴矣！」遂廢其句讀。禮吉稍長，出就里中師，里中師不辨音訓，母為正其誤，日數十字。母織子誦，往往至夜分。……。喪舅姑，毀甚，既復喪母，疾作遂卒。禮吉更名亮吉，有傳。[93]

《清史稿．列女傳》此教子的圖景，明顯來自孟母故事的原型。

從上述可見，母親角色為國家所用，於民初修史之氣氛並不違逆，他們甚至共享了古典資源。關於母親與近代中國的研究已經頗豐，在此不再贅述，筆者想強調的是：《清史稿》既然採用了傳統的紀傳體書寫，那麼中國史學編纂的運作機制，尤其是史館修史的慣例與史源採用原則，都是影響史傳成形的重要因素。以下即從婦德表揚制度與女性傳記體例兩大方面來討論。

四、女德表揚制度的變化

明清旌表制度規定了國家對女德表揚的重點，旌表與否，往往也為家族、地方人士與修方志者所重視。許多方志作者都明言入傳者，當已受官方旌表，例如萬曆《杭州府志》稱其收錄女性的標準為：「志中列女，惟取裁于信史及奉旨旌表者為主。」[94]可見女性傳記的編採實牽涉到婦女是否旌表的資格。

從唐代以來，官方旌表多入國史，[95]清朝國史館亦如是，在奏摺中可見到不少題請旌表節婦烈女，並將其事蹟付入史館的例子。如趙爾巽曾奏請將烈婦王黎氏事蹟付史館入列女傳並旌表、吳重熹（一八三八－一九一八）奏請旌表殉夫的孔潘氏並入史館等等；[96]足見清代國史之修纂與旌表制度褒揚婦德密切相關。

而筆者也發現《清史稿·列女傳》中，有數位名人之母在清代曾受旌表，例如嵇曾筠母楊氏、胡宗緒母潘氏、尹會一之母李氏、汪輝祖母王氏與徐氏等。[97]雖然旌表並非女性入史傳的必要條件，但是旌表乃國家對於婦德的具體評判準則，往往會影響方志與史傳的採選與書寫，[98]因此，清代旌表制度細則的變化與《清史稿》女性史傳編輯有一定的關聯。

（一）放寬上層階級限制

清政府在明制的基礎上，同樣以節烈為旌表婦女的重點。關於旌表的對象，中央屢屢強調要以「匹夫匹婦」為主，清世宗（一六七八－一七三五，一七二二即位）就曾詔地方題奏之旌獎，「勿以匹夫匹婦而輕為沮抑，勿以富家巨族而濫為表揚」。[99]然仔細考察明清制度卻發現，相較於明代政府，清廷對上層命婦的旌表，有放寬的情形。

原來明代旌表的對象主要為平民百姓，明初規定只許布衣編戶、委巷婦女得以名聞，「其有官職及科目出身者，俱不與焉」。[100]正德十三年（一五一八）又重申曰：

> 軍民有孝子、順孫、義夫、節婦，事行卓異者，有司具實奏聞，不許將文武官、進士、舉人、生員、吏典、命婦等例外陳請。[101]

顯示至少截至此時，女性旌表僅限於民婦，命婦不得旌表，是為常例。及至嘉靖二年（一五二三），即使放寬旌表的範圍，由一般平民擴大到生員、吏典之階層，但仍規定：「今後天下文武衙門，凡文職除進士、舉人，係貢舉賢能，已經豎坊表宅，及婦人已受誥敕，封為命婦者，仍照前例，不准旌表。」[102]命婦受朝廷誥命，依法不得再嫁，也就沒有守節是否值得讚揚的問題，況且官方認為，給她們封誥，即是無上的榮譽，不需以旌表再次表揚。[103]

但是關於此，晚明以來即有士人強調，應以顯貴與守節之先後來決定旌表與否。萬曆年間《福州府志》的編者曾曰：

夫命婦者，固有以夫貴者，亦有以子貴者矣。以夫貴者，是貴而節也；以子貴者，是節而貴也。貴而節不必旌矣；若夫節而貴者，不幸而胤遺腹、負孩提，大抵艱貞萬狀，當是時也，彼豈預知其必能成立，而徼他日之福者哉？是故其節也，以夫其貴也，以子則命之恩，旌之為教，蓋並行而不悖者也。[104]

論者提出「節而後貴」者與「先貴後節」者不同。先守節後富貴的婦女，苦節撫孤有成，應當可以受到旌表，這項榮譽與因子貴而被封為命婦，可以並行不悖。不過，無論實際運作如何，終明一朝，官方還是一再強調，旌表對象是一般軍民，而非官宦之家。

有清一朝對於節義的表揚，最初也是規定不旌表命婦，順治十四年（一六五七）題准：「凡婦人已受誥封者，不更旌表。」[105] 至康熙九年（一六七〇）才定：「命婦孀居壽至百歲者，題明給予貞壽之門扁額，建坊銀三十兩。」[106]然此主要以貞壽之名而旌。雍正十二年（一七三四）五月，監察御史沈懋華發現節孝祠中有一些未奉旌表者，如命婦一類女性未得入祠，奏請增入。他說：「覆查定例，凡婦人已受誥封，不准旌表，因此節孝祠中遂無有命婦得而從祀者。伏思命婦苟能節孝，即於祠祀為宜。」他的理由有三：首先，命婦中有早年受封隨即孀居者，雖得封誥，但苦節數十年，生前不得旌表，身後又不得入祠祀，如此恐將泯沒其節孝事蹟；第二，有些命婦同時符合旌表與封誥資格，如果先受到朝廷旌表，仍可得到封誥，但是如果先受恩封誥，則無法得到旌表而入祠，也就是說，婦人一旦收到誥命，旌表與入祠祀兩者皆失；第三，有的命婦久經旌表，至晚年才受封誥，所以身故時，應將之以曾受旌表的身分入祠。他奏請世宗，令禮部將命婦增入節孝祠中，並期望「量其情事之難易，酌其年限之久近，著為定例，載諸祀典，嗣後各直省地方，凡命婦孀居，已應旌法者，除照舊不旌表外，身故之後，准其一體入祠」。[107]此奏原是針對命婦是否得以入節孝祠的問題而申論，然而隔年世宗詔曰：

> 婦人守節，有受封在先、夫死在後之命婦，仍照例毋庸旌表。其三十歲以前夫死守節，迨撫孤成立之後，因子顯達始獲受封，應照例題請旌表。[108]

此後命婦因子顯達，即使已受誥命，也可以得到官方旌表。前述明代士人曾建議表揚「先節後貴」的婦女，遂在雍正年間成為定制，以致清史館編纂者所參考的史料中，不少是曾受國家旌表的上層婦女。

（二）賢母可受旌表

其次，清代官方旌表女性節操中，也包括賢母一類，可見清代政府對表揚賢母的重視，此亦為《清史稿．列女傳》收錄賢母傳記的背景之一。乾隆十四年（一七四九），江蘇巡撫雅爾哈善（？－一七五九）有鑑於奏請節婦旌表之過濫，曾上疏請求曰：

果係節而兼孝，或能教子成立，或貧無依倚，艱苦自守，或毀形自矢，百折不回，凡此卓卓奇節，著於閭閻，非尋常可比者，應於彙題時聲明請旨，特賜建坊，祠內照例標題，設位致祭。其餘循分守節以老者，准其附入彙題，書姓氏於總坊，設位祠，不必更給坊銀。[109]

他將節婦區分等級，其中一等是「教子成立」，與「循分守節以老」者不同，高宗回應也認為「名器過濫，則無以示觀感」，而「雅爾哈善此奏，甚為有見，著九卿定議具奏」。[110]此本是因應請旌人數日增所形成的壓力而分等旌表，然從節婦等級之分，我們看到官方除了憐憫窮困無依的節婦，也強調「賢母」的重要性。

特別值得一提的例子，是光緒二十三年（一八九七）御史潘慶瀾（一八四八—？）請求旌表賢母郭氏。他認為光緒二十年（一八九四）甲午戰爭陣亡的總兵鄧世昌（一八四九—一八九四），為國效命，其「固由忠勇性成，而平日純孝之思，實由母教，有未可聽其湮沒者」，所以奏請優加旌獎其母，「以為風俗人心之勸」。奏摺中還提到鄧世昌受母郭氏之訓誡，訪求西師，學習駕駛船駁之法與外國語言文字；北行參與甲午黃海戰役，亦為其母之訓誨。[111]

本來明代旌表婦女的重點在於節烈與孝義，到了清代，越來越多「賢母」被旌表的例子出現。如康熙時，林萬春王氏，課子有成，官方旌表其門曰「陶孟齊芳」；[112]項城高氏於雍正、乾隆兩受旌表，知縣曾旌為「孝壽賢母」；[113]又常山徐灝妻汪氏，即曾得督學吳某旌其曰「賢母可風」；[114]蔣春培妻黃氏，亦曾受光緒皇帝諭旨：「蔣黃氏教子有方，臨難不苟，准予旌獎賢母，自行建坊。」[115]由此均可知清代無論中央或地方，都將賢母置入旌表之列。而我們從部分家規、族訓中也可看到類似的精神，如《臨川孔氏家譜家規》中即云：「有年少孀居不輕出閨門，舉動禮法自閑，而能孝敬翁姑，教子成人者，公舉旌獎。」[116]可見清代節婦除了要當孝婦，也常被鼓勵當賢母。

由上述可知，明清官方旌表婦德皆以節烈為主，然不同的是，清代對命婦旌表的限制較為寬鬆，並且相對強調對母儀的褒獎。乾隆二十一年（一七五六）規定：「宗室覺羅之妾，如有三十歲以下孀居至五十歲，或親生子，或過繼子，守至成立以承其祀者，由該旗覈實具保，准請旌表。無子者不准請旌。」[117]在明中葉以前，宗室不得旌表，[118]此處特別強調教子成立，顯現清人對女性身為母親角色之重視。

直到民初，官方對賢母亦有褒揚之制，民國六年（一九一七）公布的《修正褒揚條例》仍規定，除了節婦烈女，「碩德淑行」（細則說明即指良妻賢母），其行誼足為鄉里矜式者，同樣可以受到褒獎。[119]其次，民國《浙江省麗水縣志》云：「今援據新頒褒揚條例，自貞女節婦外，并將良妻賢母曾經褒揚者，分載於後。」[120]可見至民初，方志〈列女傳〉之採摭，亦與國家旌揚婦女的典範之一「良妻賢母」的精神密切相關，民初學者即在這種褒揚女性為母的氛圍中編輯方志與史傳。

五、賢母傳記體例的確立

除了婦德表揚制度的變化，史館人員參考的史料來源也是我們必須考量的因子。從清代至民初的方志、傳記合集所收錄女德傳記，也可發現其類型不僅專門強調節烈而已，「賢淑」、「母儀」亦是時人關心的婦德，並形成一種傳記體例。而此書寫風氣提供了《清史稿・列女傳》撰寫與選材的養分，應亦為《清史稿・列女傳》收錄名媛母儀的重要背景之一。

有關方志與女德傳記類型成立的關係，柯麗德（Katherine Carlitz）曾指出，到了明朝嘉靖年間，幾乎每本方志都出現有關貞女、節婦的篇章。她認為朝廷的鼓勵還不是造成女德崇拜的主要動力，而是十六世紀末、十七世紀初渴望獲得地方聲望的顯貴或知縣努力收納這些女德故事，才是流傳的主要促進因素。[121]此點或可提供我們討論《清史稿》女德類型傳記出現背景的參考。

關於《清史稿》之參考史料，學者曾指出，列傳的部分大多抄自清「國史館」傳稿，私家著述較少。[122]然清代國史館是否纂有清國史之〈列女傳〉，以及《清史稿．列女傳》是否承於清國史之〈列女傳〉，目前仍是待解的課題之一。我們由臺北故宮所藏清史館不同階段所修之《清史稿．列女傳》稿本，可知目前所見清史館所修的列女傳記，已經過多次刪修，各稿本之間出入頗大，因此即使清代國史館已修有〈列女傳〉，但當今流通的《清史稿．列女傳》恐與國史館之舊稿頗為不同。

據筆者初步比對傳文，推測《清史稿．列女傳》之參考資料可能來自以下諸書：毘陵女史惲珠編採賢媛傳記所集之《蘭閨寶錄》、道光年間錢儀吉（一七八三－一八五〇）所編的《碑傳集》、光緒年間李桓（一八二七－一八九一）《國朝賢媛類徵初編》、宣統年間繆荃孫的《續碑傳集》等私家傳碑銘合集與《欽定大清一統志》、《江南通志》等志書。

光緒年間國史館修纂〈孝友傳〉時，曾參考了《欽定大清一統志》、《皇清奏議》、《四庫全書》、各省通志、禮部題旌孝子和私家著述等，[123]以及清史館書庫中藏大量的通志、縣志，[124]可見方志作為國史館修史與《清史稿．列女傳》重要的參考史料之一，應該是可以確定的。

（一）方志賢母傳記的成型與確立

清代方志的類型中，賢母、賢淑傳記的成型與確立，實提供了《清史稿》編輯的養分，此為其收錄名媛母儀的重要因素。試述如下：

首先，《蘭閨寶錄》作者惲珠即曾自言，其編輯女性傳記的資料來源為「旗籍列女採《八旗通志》，漢籍列女採《欽定大清一統志》及各省通志」，[125]可見在其編採女性傳記時，方志〈列女傳〉亦是她重要的參考資料。

清代方志〈列女傳〉的體例，以傳記部分可能史源為例，有些方志將女性以府、縣區域為別而入傳，如光緒《江西通志》與光緒《湖南通志》；或先以區域為別，再以時間順序分類書之，如同治《福建通志》曰：

列女一門，特為繁重，以縣屬分之，以朝代次之，別為四目：曰賢淑，章婦德也。曰節孝、曰節烈，而未婚節、未婚烈附焉，從一之義也。曰閨秀，柔順利貞，不以才尚，亦不以才掩也。[126]

該書編者將婦德中的「賢淑」列為首項。光緒《安徽通志．列女志》亦首列「賢淑」，〈凡例〉稱：「若夫賢淑、才媛之卓有可傳者，亦增益若干人。」[127]嘉慶《四川通志》〈人物志．列女〉也是「冠以賢淑」。[128]

不僅如此，由清代至民初，我們都可以看到方志列女傳記在收錄女德類型方面相較於明代，漸形擴大。晚明至清初方志編纂收錄內容以節婦、烈女的傳記為主，只有非常少數編者會將賢母、哲婦納入。筆者目前翻閱兩百八十七種明代方志，僅有五部方志有母儀類型的女性傳記，另有六部方志雖然未列出賢母類，但收錄之傳文有論及母儀事蹟。[129]

然比對清代方志，我們發現不少「母儀」之傳記。而這些方志〈列女傳〉往往是在以節烈為「名教中一砥柱」的先決條件下，雜以其他「母儀、閨淑，有大家之教，間采一二，以著名媛」。[130]有的編者則將過去放在節婦、烈女類型的傳記編入賢母類。[131]清中葉以後，越來越多的方志在〈列女傳〉納入賢母、賢媛或賢淑等項目，據目前翻閱的清代八百二十四種方志中，〈列女傳〉中明列賢母類型的方志，有二十九部；未列賢母題名，但傳記強調賢母者有七十四部，另有四十七部列有賢淑或賢婦類型。[132]

初步觀察，乾隆以後漸有不少賢母傳記出現在方志列女傳體例中，尤以光緒年間為多。清代方志對賢母傳記的重視，例如同治江西《都昌縣志》以「賢母」類居〈列女〉之首；[133]光緒浙江《常山縣志》〈列女．賢母〉序曰：「歐母畫荻，孟氏斷機，自昔賢聲彰於闈闥，蓋上以立母儀，下以端家範。門閭之起，未有不基諳此者也，志賢母。」[134]光緒《江蘇省重修常昭合志》〈列女志一．賢母〉序第一部分即先論胎教的重要，認為其「非父師之訓可得而並論也」，次曰：

吾邑自宋元以來多大人物，則賢母宜其夥矣。顧自來賢母多崇質樸，往往守內言不出於閫之戒，不欲其子孫表暴之於外，其經士大夫之仰慕閫德，勒之碑表，登之

典範之重心有所擴延。

（二）傳記合集體例

其次，除了方志，作為清代傳記合集中的女性傳記體例，也值得我們注意。道光十一年（一八三一），惲珠所集之《蘭閨寶錄》，其編輯順序為：「首錄孝行、賢德、慈範，昭三從也。繼以節烈，時窮而義見也。若夫智略才華，亦金閨之彥，故又次之。」[142]《蘭閨寶錄》卷一至六分別為：孝行、賢德、慈範、節烈、智略與才華。誠如曼素恩所云，惲珠書寫之動機，乃在證明道德之基礎植根於妻母的權威，[143]該書所收錄的明清女性傳記，雖然仍以節烈為主，但由其編寫的體例，也可嗅到一絲強調妻母之意味，其中收錄尹會一母、錢陳群母等傳記，即可為證。其後，光緒十七年（一八九一），李桓纂成《國朝賢媛類徵初編》，則又參考了《蘭閨寶錄》，也編有「慈」類女性傳記，例如田雯母張氏、洪翹妻蔣氏、張賓妻姜氏、汪輝祖母王氏與徐氏，都收入其中。[144]

民初母儀之入傳，可說回歸《列女傳》之濫觴——劉向的分類標準。民國十二年（一九二三），閔爾昌（一八七二—一九四八）在《碑傳集補．列女》的部分增加了「母儀」一目，他即自言是「依劉子政例也」。[145]當然，傳記的分類方式，除與時代風氣有關，也涉及編者個人的經驗，例如徐世昌（一八五五－一九三九）即言其將「母儀」列於《大清畿輔列女傳》第一，除了仿劉向之例，亦因感念其年幼喪父，母親教養之辛勞。[146]

總之，由清代方志和傳記合集中，賢母、賢淑類型之成形與增加，足見清代書寫賢母傳記體例的確立，提供了《清史稿．列女傳》編纂者收錄女性傳記時之參考，且也與民初當時修撰書寫女性的蒐錄類型雷同，實為《清史稿．列女傳》賢母傳記形成重要的史學因素。

六、小結

民國初年所修的《清史稿》，延續傳統〈列女傳〉的體例形式，編纂內容亦未脫離元朝以來表揚節烈的傳統（傳中約七成為節婦烈女）。然相較於前部朝代史《明史》，不同的是，賢母與才女類型傳記在《清史稿》中不再隱微。

關於〈列女傳〉中「母儀」類型傳記的討論，曾有學者認為，「母親」是女性扮演的角色之一，並非是一種道德標準，不宜作為一種類型。[147]然而「母儀」一類，自劉向設立此類目以來，在女教書籍與女性傳記中時而可見。母儀所強調的是，作為母親之行為合乎法度，如「慈母」、「嚴母」、「賢母」等等，是傳統中國婦德表揚的重要類型之一。分析女性傳記，若忽略了女性為母的角色，將難以對中國文化中的婦德類型與女性傳記的書寫特色，有全面的認識。

本章考察《清史稿．列女傳》的編纂，發現賢母雖不是傳中數量的大宗，卻是本傳特別之處。「母儀」的書寫在中國有長久的傳統，比起明代，清代無論在旌表制度或傳記書寫，皆較凸顯母親的角色。清代旌表制度中對上層婦女表揚的鬆綁與對賢母之褒揚，以及方志與傳記合集中賢母類傳記體例的確立與增加，即透露出有清以來人們表揚賢母之風氣。這些賢母的事蹟留名史志，傳記體例為史傳編修者所參考，甚至個別傳記可能直接或間接為《清史稿》編輯所採選，形成我們今日所見的《清史稿．列女傳》。

而我們從民初方志編者也將「賢妻良母」合稱，可知賢母類型的強調與近代中國「賢妻良母」婦女形象的重視有關。陳姃湲曾提出近代重視賢妻良母的風氣，是認知到婦女的參與對建立現代化國家的重要性，因此認為十九世紀末、二十世紀初，「賢妻良母」的出現並非繼承傳統而來，是一種新式的婦女形象。[148]

然本研究發現，清代強調賢母的風氣頗盛，從表揚制度與各式女性傳記的呈現即可見。近代「賢妻良母」雖為明治日本的新產物，但引入中國後有其交織與挪用的複雜性，其中關於母親的角色部分，除了少數批判慈母的溺愛造成負面影響，基本上仍多是傳統強調女子輔佐「功能」的延續。只是過去賢妻良母強調的是女子自身道德之涵養，學習做為一位能夠相夫教子之妻母；而到了近代，它與女子學校教育連結，並加上新的國族與現代的意涵。近代強調女子受教育，以養成薰陶子弟的母教，係將過去賢母的教育從對個人轉向為對國家社會之現代教育制度（機構），然與傳統女教一樣，其終極目的都主要是「利子」，而不是「利己」。

總之，若說清史館編纂人員對史學舊體例頗堅持，然相較於其他朝代史〈列女傳〉，《清史稿・列女傳》也略有特點，凸顯了其他正史〈列女傳〉較不重視的「母儀」類型。此實與官修史書的史料來源、婦德採選的機制，以及清代至民初歌頌賢母的氣氛，密切相關。

第三章　「女子新史」的出現

前一章筆者梳理民初史館對前朝女性史的書寫以及婦德採選的特色，本章我們來看看目前所知首部新式中國婦女史著的面貌。

一、首部新式中國婦女史面世

一九七七年，鮑家麟教授承張永堂、張勝彥兩位教授的協助，在美國尋得民國二年上海神州圖書局出版的《神州女子新史正續編》，由臺北食貨出版社重新翻印，臺灣學界乃得見此部二十世紀初期的中國婦女史專著，其後稻鄉出版社於一九九三年重印之。[1]然而，遺憾的是，這本被稱為是首部「有系統研究自古至清末民初的中國婦女史」，[2]成書迄今百年，卻一直未受學術界的重視，目前僅見鮑家麟為本書重印時作序，將本書的特點作了扼要的提示。[3]

（一）被遺忘的作者：徐天嘯

《神州女子新史》作者徐天嘯（一八八六－一九四一），清末民初常熟文人，號嘯亞，字風，別名天涯淪落人、秋魂室主，晚號印禪。一八八六年十二月六日生於江蘇常熟。母親譚氏，父親徐懋生為學館教師。一九〇七年徐天嘯與姚吟秋結為連理，夫婦鶼鰈情深，有詞曰：「替眉描妝武〔斌〕臺傍，倦繡鴛鴦弱線拋；一卷神州新女史，簪花格子手親鈔。」[4]看來兩人遊戲妝臺，夫妻之恩愛可見。元配逝世後，徐天嘯於一九二一年娶鄒志雲（一九〇二－二〇〇三）為續弦，生有一女徐懿文（一九二三－）和一子徐成治（一九二四－）。

徐天嘯與許多來自該地的文人一樣，活躍於民初上海文壇，但未若其胞弟鴛鴦蝴蝶派大師徐枕亞（一八八九－一九三七）受到學界廣泛的注意。周文曉所編的〈徐天嘯年表〉，收於《徐天嘯與徐枕亞研究資料》（二〇〇三），是罕見有關徐天嘯生平之參考，本書編輯初衷是整理徐枕亞的相關資料，後因考量徐天嘯也是南社社員，才將其兄弟資料合編，因此相

圖 3-1：徐天嘯小影（時間不詳，徐成治先生提供）

關徐天嘯之資料不及全書五分之一的篇幅。[5]本文關於徐天嘯之生平，多得力於周文曉所編〈徐天嘯年表〉，以及徐天嘯子徐成治先生口述（二〇〇九）；徐成治先生並在拙文初次刊登後，曾來信指正，特此致謝。

徐天嘯十六歲（一九〇一）參加童生試，補諸生。他負有強烈的革命熱情，一九一二年入上海民國法律學校，接受革命思想，後加入國民黨。[6]徐天嘯曾為《民權報》（上海，一九一二年三月－一九一四年一月）[7]撰寫政論，宣揚民權主義，批評專制政權，該報後因反袁世凱政府而於一九一四年遭禁刊。[8]一九一七年他加入南社，後曾投身於軍界，繼任考試院祕書。一九四一年十一月二十四日病逝於重慶，享年五十六歲。[9]

徐氏昆仲情誼頗深，徐天嘯曾推薦枕亞入《民權報》與南社，並與之共同主持《小說叢報》（上海，一九一四年五月－一九一九年五月）等報刊，兩人詩、序贈答頻繁。他倆與吳雙熱（一八八四－一九三四）曾義結金蘭，人稱「海虞三奇人」。徐天嘯的作品有：《天嘯殘墨》、《神州女子新史》、《天涯淪落人印話》，小說《湖上百日記》，以及劇本《自由夢》等。文學派別上，他被歸為「鴛鴦蝴蝶派」，但他的作品實以現實關懷為主，有學者概述其文學經歷，將其寫作以一九一五年為界，認為其前期作品主要特色為抨擊專政、宣揚民主、關心現實；後期則著重在個人情趣與自我悲歡，轉為消極哀怨。[10]如此看來，《神州女子新史》屬於他前期的作品。

（二）婦女運動與婦女史學史脈絡

徐天嘯作新史「申女權萬言」，[11]若從清末民初女權運動的脈絡來看其作品，過去相關研究已為我們奠定相當之基礎，例如林維紅從推翻清政府活動與不纏足運動，觀察近代中國女權發展中，女性的參與以及運動對女性生活的改善；[12]鮑家麟則從太平天國時期對女性的態度與政策、廢纏足、興女學與婦女從軍、參政運動等方面梳理近代中國婦女運動之大勢。[13]

其次，柯惠鈴以性別角度而非從國家政黨的立場重新檢視婦女運動，認為近代中國女權及婦女運動的發展是被政治權力所召喚出來。[14]另外，學者重新解讀《女界鐘》（一九〇三），反思百年來的中國女權運動，發現本書實為從男性出發的「男界鐘」，反映了中國男性面對國族變遷之焦慮。[15]那麼，《女界鐘》出版十年之後的《神州女子新史》，在二十世紀初期中國女權運動的脈絡，又是何種特色與位置，有待進一步探討。

再者，從婦女史書寫的角度觀察，《神州女子新史》出版的時間早於以紀傳體寫作方式的中國末代王朝史《清史稿．列女傳》（約一九一四－一九二八），意即當時沒有清代正史〈列女傳〉可供參考；而本書也比人們熟知的中國婦女史名著——陳東原《中國婦女生活史》（一九二八）之完成，早了十五年，值得注意。

關於民初婦女史研究之趨向，杜芳琴曾為我們提供了粗略的輪廓，她將婦女史寫作的問題放在學術發展與社會文化的脈絡來看，提綱挈領地指出一九一九至一九四五年婦女史研究的階段性特色。[16]夏曉虹從期刊《女子世界》來看晚清女報的「性別觀照」，提供不少晚清女性報刊史的相關資訊；[17]她也關心女報之「傳記」欄，為我們重構晚清女性典範的多元性圖像。[18]季家珍則探討中國女性傳記如何被男女作者、教育家、社會改革家等用來作為建構現代與國族的工具，有精闢的見解。[19]可惜以上皆未將《神州女子新史》一書納入參考與討論，以下略述該書之出版情形，以作為後續分析的基礎。

（三）出版概況

《神州女子新史》一書正續編共約二十餘萬言，民國二年四月由上海神州圖書局發行。校閱者為神州圖書局編譯所，代印者國光書局印刷所，分發行所則為神州圖書分局。神州圖書局創立於一九一二年八月一日上海四馬路惠福里三十號，以編輯「共和時代應用各書」為主，如：農事、工事、商業、學生、女子、家庭、軍事、社會等相關實用或教科書。[20]

有關神州圖書局之經營，仍有待進一步考察，然它與知名的上海「神州國光社」為不同的兩家出版社，不宜混淆。神州國光社於一九〇一年創立，由黃賓虹、鄧實主辦，國光書局亦由鄧實所創辦，負責印刷神州國光社的相關圖書，查神州國光社與神州圖書局社址不同，神州國光社的社址兼總發行所在五馬路河南路，而神州圖書局則在上海英界四馬路，國光書局印刷所則在六馬路東新橋北吉慶坊。[21]

出版時間方面，徐成治據《天嘯殘墨》中〈神州女子新史結論〉有曰「民國紀元其

〔前〕三年」，認為本書於一九〇九年即出版；[22]一九一二年十一月徐枕亞曾言：「徐君天嘯前有中國女子新史之著。上自太古，下至明代，久已脫稿。」[23]筆者以吳雙熱的題辭時間看來，本書「正編」或許在民國元年四月左右已完成，正編於此之前是否已刊印，仍待查證，或許一九〇九年初稿完成，至一九一二年正式出版。「續編」之〈發端〉著於同年十一月，可見兩編寫作間隔不久，一九一二年十二月底的《民權報》仍可看到本書「徵集革命期間女子事蹟」的廣告，可見當時本書之續編仍未完稿，全書或當約在一九一三年初全部完稿。據說徐天嘯僅費了一年的時間即完成本書，被稱是「為中國千百年來女豪傑作一部信史」。[24]

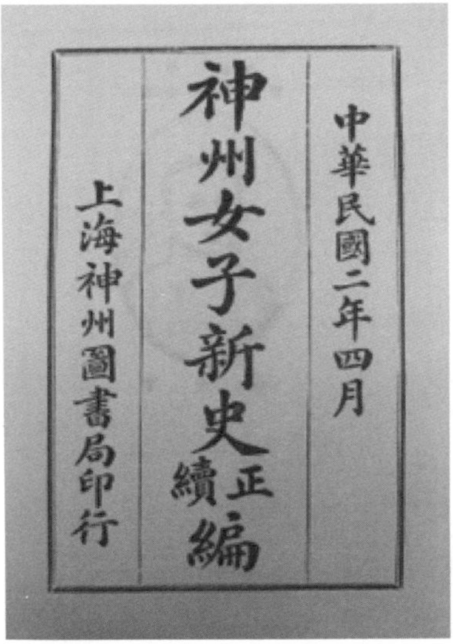

圖 3-2：《神州女子新史》書名頁

《神州女子新史》以洋裝布面燙金字，時定價大洋一元五角（換算約臺幣五百二十五元）。[25]以當時的書價來看，《婦女雜誌》上教科書平均價格為四角到一元五角之間。一九一四年小說叢報出版的小說定價多為六角，當時女子教科書，定價約略從八分（如初等小學《女子修身教科書》）到八角（女子中學師範《縫紉教科書》）不等。[26]由教科書與期刊等定價看來，《神州女子新史》一書相對而言價格並不低，可能由於洋裝布面字的緣故，同年上海藜光社出版歷史小說《唐新語》，洋裝布面字金定價也是大洋一元五角。[27]

若從地域來看，常熟地處上海、蘇州與無錫的三角中心，在清末民初新知識與新訊息的傳入較為快速。其次，該地在晚清民國興女學、創女子報刊與女知識分子的興起方面，都有不少成果。例如一九〇四年，丁初我與徐念慈（一八七五－一九〇八）即在常熟組「競化女學校」；丁氏並創《女子世界》雜誌，該刊由「常熟女子世界社」出版，在目前已知的三十多種清末女報中，是歷時最久、冊數最多者，[28]常熟女界湯雪珍等人亦曾在該刊為文倡議女權，喚起女性同胞追求獨立自強。[29]其他常熟女子如胡靜芳（一八四四－一九三七）曾組天足會，反對婦女纏足，並致力於女子教育，任女子勸學會會長；宗秀松（一八八八－一九二八）曾讀常熟競化女學，民初任海虞市女子初等小學校長，重視體育教育等等。[30]

徐天嘯於其時當有所聽聞與接觸，激發其女權意識。特別是《女子世界》為一部反滿革命色彩濃厚的婦女刊物，與他的理念十分相近。到了上海，更有蓬勃的倡議女權之活動與訊息，其服務的《民權報》即登有相關廣告，例如〈男女平權維持會通告〉曰：

本會以破除一切專制，尊人道主義，維持男女平權，抵抗強權惡習，振興工藝，提倡實業為宗旨。對於女子生計上種種之進行，莫不竭力提倡。[31]

該會重視女子生計，正是徐氏所關心的女權之一。

本章筆者將申論兩大課題：一、徐天嘯所謂的「新史」為何？「新史」對照於舊史有何不同？徐天嘯的史學寫作與傳統史學的特質、新史學思潮之間如何呼應？二、女權與史學有何關係？徐氏的女權論述與編纂體例有何特色？其對「女子史」的看法如何？徐天嘯以婦女作為歷史論述的憑藉，此種寫作方式在二十世紀初期的中國有何意義？

要言之，本章探討《神州女子新史》的內容主旨與結構安排是基於何種構想？女性史寫作在女權運動與婦女史與史學史上的意義何在？期能更了解近代中國女性史書寫之發展與特色。

二、何謂「新史」？

（一）新目的：從修身教科書到歷史教科書

本書之所以稱為「新史」，除了是首部統整四千年的中國婦女史以外，其寫作目的與過往相當不同。徐天嘯認為過去女教書如《女憲》、《女則》、《女訓》、《女誡》等，汗牛充棟，其採摭古聖賢人垂戒之嘉言，乃是一種「修身教科」而非「歷史之體裁」。[32]所謂的「修身」課程，晚清女子師範學堂章程揭示其主旨與內容：

其要旨在涵養女子之德性，期於實踐躬行。其教課程度，首宜徵引嘉言懿行，就生徒日用常習之故，示以道德之要領；次教以言容動作諸禮節；次教以修己治家及對於倫類國家當盡之責任；次授以教授修身之次序法則。凡教修身之課本，務根據經訓，並薈萃《列女傳》（漢劉向撰）、《女誡》（漢曹大家撰）、《女訓》（漢蔡邕撰）、《女孝經》（唐侯莫陳之妻鄭氏撰）、《家範》（宋司馬光撰）、《內訓》（明仁孝文皇后撰）、《閨範》（明呂坤撰）、《溫氏母訓》（明溫璜錄其母陸氏訓語）、《女教經傳通纂》（任啟運撰）、《教女遺規》（陳宏謀撰）、《女學》（藍鼎元撰）、《婦學》（章學誠撰）等書，及外國女子修身書之不悖中國風教者，擷其精要，融會編成；且須分別淺深次序，附圖解說，令其易於明曉。[33]

可見當時女學的「修身」科目乃是節選閨範嘉言，並以漢至清代的女教書為教材。從漢代以來劉向的《列女傳》與班昭（四五—一一七）的《女誡》，女教書的寫作歷朝不衰，以上引文即可見其中知名的幾部重要女訓。這些著作重點不在於提升女性的學識與才能，而是強調行為準則。二十世紀初期，女子修身教科書加入了西方的範例，但季家珍認為，並不能以此就簡單地將之視為與傳統的割裂，這類教科書將西方現代人物與古代中國傳統的女性典範交互穿插，其新概念常以古訓來建構，標誌了文化傳統內在轉變的可能性。[34]

徐天嘯清楚表示，《女範》、《女鑑》、《列女傳》雖採集古女子之行誼事實來紀贊敘述，但那些都是殘編斷簡，對於一人一事之短長得失，以至於列朝事局之變遷、興亡之原因等中國史上「緊要條件」、偉大之人物、外交之得失、戰爭之成敗，均未能約略言之。此如同將無數的女性墓誌集結在一起，實非所謂完整之歷史，而且他說：

其所短長褒貶者，無不依據於陰柔卑弱種種之界說而權衡乎。其間以之束縛女子之身心有餘，以之振起女子之志氣則不足；以之涵養女子之德行則有餘，以之發揚女子之精神則不足。[35]

他以為女教書所蒐錄的女性傳記，其褒貶依據實乃根據陽剛陰柔、男強女弱之分野，這種觀點不僅無法激發女性志氣，只能對女性進行道德教育，甚至會束縛其身心。

由此可見，徐天嘯所謂的「新史」是相對於以規範女子行為為基調的女教書等舊史。在此明顯可看出他企圖擺脫「閨範」作為女性傳記寫作的目的，也就是不將女子史等同「嘉言烈行事蹟」之合集。他將女性置於歷史時間的框架中，並且企圖將人物事蹟與時代發展相關。

又關於女性史，其自云：

史學一科，至為繁重，至為複雜。是書義取別裁，偏重於女界事實，尤屬甚難。吾國自有史以來，凡女界事實之可傳者甚多，至今絕無一系統之女史。而以不文之著者，謬任斯職，亦太不自量矣。至滿清一代史，則更無善本可考，女界事實尤難得其真相。[36]

他有感於過去女性事蹟頗多值得傳述，然「無一系統之女史」，加以當時清史又無善本可以參考，實難以呈現女子之事蹟，所以彙集史料而成女子新史一書。也就是說，徐氏是有意識地要為中國女性寫一部專史，而不是沿襲過往的女教書體例與主旨。

他的這種態度，實與晚清開始重視女子習史的概念相呼應，女子師範學堂與女子小學堂都有教授歷史，女子師範學堂章程中，「歷史」一科的要旨在：「使知歷史上重要之事跡，省悟群治之變遷，文化之由來，及強弱興亡之故，正邪忠佞之分。其教科程度，授中國古代至本朝之大事及外國歷史之大要；並授以教授歷史之次序法則。」而女子小學堂歷史科之要旨在於「使知中國歷代重要事實，兼養成國民之志操。其教課程度，則授歷代帝王之盛業，忠良賢哲之事跡，及國民文化之由來，並本國與外國之關係。」並強調「尤須使與修身所教授事項，互相聯絡。」[37]而吳雙熱曰：

晚近世女學漸興，間有一二著述家編纂女史以為學校教本，取以比較天嘯所著，便都作陳腐氣，不適於共和國民之用。適於共和國民之用者，當推是書矣。[38]

他稱讚《神州女子新史》最適合新共和體制下的女國民閱讀。學者指出本書曾作為歷史教科書，[39]但神州圖書局雖編有教科書，其中「高等小學歷史教科書」並未列有《神州女子新史》，目前我們尚不清楚本書作為教科書的使用情形。[40]然無論如何，徐氏試圖打破「閨範式」地記錄女性事蹟，以「史」的形式呈現，足見其在婦女史學觀念與女子教育內容上，有獨到之見解。

（二）新架構：章節體與歷史分期

不僅在寫作目的上本書有創新之意，於外在形式上，徐天嘯也採取了新的敘事寫作架構，亦即清末民初新史學浪潮中興起的一種新歷史編纂體裁——章節體。

《神州女子新史》正編分為四部，下設三至四章，章下分數節。其〈前編〉之結構為：

第一部　上古時代（第一章太古代、第二章夏商代、第三章周代）

第二部　中古時代（上）（第一章秦代、第二章兩漢三國時代、第三章晉代、第四章南北朝及隋代）

第三部　中古時代（下）（第一章唐代、第二章五代、第三章宋代、第四章元代）

第四部　近古時代（第一章明代）

〈續編〉則分為三個時代、三章，分別為：

第一章　明臣起義時代（自明末至洪楊起義前）[41]

第二章　太平建國時代（洪楊起義至其失敗）

第三章　民國成立時代（洪楊失敗後至革命軍起、滿清覆滅、共和建設）

此種歷史分期與敘史之方式，實呈現了明顯的進化與線性史觀。線性歷史觀是西方史學的概念，在晚清由日本傳入中國，例如桑原騭藏（一八七一－一九三一）《東洋史要》將中國歷史分為上古、中古、近古、近世四期，影響了當時中國歷史教科書的寫作，其他相關歐、日文明史著作之譯傳，也對近代中國史學分期與進化觀念影響很大。[42]

而既然強調中華民族的偉大，那歷史該如何說起呢？晚清的歷史教科書通常由起源的故事講起，例如盤古、三黃五帝，[43]而《神州女子新史》則首述伏羲與女媧，稱女媧是開闢中國史之第一人，也是創造女子史之第一人。[44]

基本上本書「每節之下必繫以一女子或兩個以上之女子姓氏或事實」，[45]「系以年代，以系統每載一人，跋以短評，每終一代，跋以結論。」[46]亦即以時代為經，人物為緯，人物事蹟後有短評，每一朝代結束後，附有對該朝代之結論與帝系表。

章節體與這樣的歷史分期型態，並非由徐天嘯特創，而是清末民初中國史學界關心與使用的新書寫歷史格式。一般認為新式章節體通史在晚清由日本間接傳入，特別是那珂通世（一八五一－一九〇八）的《支那通史》與桑原騭藏的《東洋史要》，[47]然也有學者指出在此之前即有美國傳教士 Devello Zololos Sheffield 所著的《萬國通鑑》，第一章論中國事略即是以章節體書寫中國史。[48]

此種體例在二十世紀初影響了中國歷史教科書之寫作，例如夏曾佑（一八六三－一九二四）即曾用西方歷史分期與章節體撰寫《最新中學中國歷史教科書》（上海商務印書館，一九〇四－一九〇六），[49]該書將歷史分為三個階段，每一「世」再分為二期至三期：

上古世：自草昧至周末（1.傳疑之期：草昧至周初；2.化成之期：周中葉至戰國）

中古世：自秦至唐（1.極盛之期：秦至三國；2.中衰之期：晉至隋；3.復盛之期：唐）

近古世：自宋至清（1.退化之期：五代、宋、元、明；2.更化之期：清代）[50]

他對中國歷史的分期，主要是依據文化思想，借用西方史學的分段法，同時又結合中國歷史的發展趨勢而定。[51]徐天嘯之分期點與夏曾佑稍異，他認為明代才是「近古時代」，夏氏則以為近古當從宋代開始。

不過，除了時代分期，體例上中國歷史教科書是近代新式中國史撰述的開端，然學者張越提出清末中國歷史教科書的編纂並非章節體，其實是以使用紀事本末體為主，他引夏曾佑說：「五胡之事，至為複雜，故紀述最難。分國而言，則彼此不貫；編年為紀，則淩雜無緒，皆不適於講堂之用。今略用紀事本末之例，而加以綜核。」認為當時作者基本上還是採用紀事本末體書寫。[52]我們或可這麼說，在體例外形上，這些著作確實採取了新式的章節分段骨架，然章節包覆下則是紀事本末體。

中國傳統史學書寫的基本體裁中，紀傳體以人物為核心，編年體以時間為主軸，而紀事本末體則以事為主。

《神州女子新史》一書的外形是章節體，內容採取的是傳記與紀事本末的綜合寫作方式，例如第四部「近古時代」第一章「明代」：第一節「馬后（明之統一及改革）」、第二節「葛月娥」、第三節「女秀才」、第四節「葛士吉之女」、第五節「丁錦孥」、第六節「戴德彝之嫂（燕藩之亂）」……等。在時間發展的段落部分，可見徐天嘯紀事本末體的思維，但內容大多是女性傳記。

此外，本書每節後附有類似傳統史傳論贊的「女史氏曰」。例如〈續編〉〈康有為之女（保皇黨失敗）〉一節，正文說道康有為之女康同璧：

精史籍，通西文，有為嘗至印度，同璧子身獨行，以省其父，時吾國女子之遊歷海外者，雖已踵起，而西遊印度者，同壁實第一人也。同璧有詩曰：「若論女士西來者，我是支那第一人。」此詩即其省父印度時所作也。[53]

徐氏進一步評論康同璧遊印度此事，認為其時年僅十九歲，獨身省父「亦豪也」，並引伸其閱讀某君筆記之心得，感嘆「吾國女子之有雄魂、有毅魄、有冒險進取之至性、有救國利民之熱腸者，不知凡幾。」[54]「女史氏曰」乃是作者對前文人物事蹟的補充、評論與感嘆。

要之，本書在「外部」形式上，選擇了近代中國新式的國史寫作架構，使用新的章節體與歷史分期，而非以政治朝代史為中心的紀傳體來寫作，但內容上，仍舊以類似歷朝人物傳記配合紀事本末體的型態來表述各時代的歷史進程。再者，徐天嘯嘗試將女性事蹟放入男性史發展的框架中，而非將女性置於時序與論述的主軸，作為歷史敘述的動因。每節尾端附上仿舊史的論贊「女史氏曰」，傳達作者對前節敘述的人與事之評論。可見無論是在體裁運用與論贊史評等方面，《神州女子新史》俱呈現了新舊史學交融的痕跡。本書女性人物的選擇與評價亦如是，將詳述如後。

（三）新主題

晚清新史學思潮下，許多學者開始嘗試編寫新體裁的中國史，陳黼宸（一八五九－一九一七）即反對以帝王為中心的寫作方式，主張廢除本紀，並認為無論是帝王或平民，人人皆可入傳。他設計的中國通史，在列傳方面強調平民社會生活的考察，人物包含了傳統的「烈女」。[55]

而二十世紀初期中國史學革命中特別值得注意的人物是梁啟超。梁啟超提倡「興女學」，[56]且以國民之史為論述方向的「新史學」，也就是他重視婦女的權益以及史學的新發展，然他在婦女史方面的見地，恐怕不符合當代人的設想。一九〇一年在〈中國史敘論〉中，他強調「近世史家，必探察人間全體之運動進步，即國民全部之經歷，及其相互之關係。」[57]並曾論歷史的作用是作為國民之資治，其云：

> 今日之史，其讀者為何許人耶？既以民治主義立國，人人皆以國民一分子之資格立於國中，又以人類一分子之資格立於世界；共感于過去的智識之萬不可缺，然後史之需求生焉。[58]

既然歷史的讀者為「國民」，自當撰寫符合其需求之史。又，他說：

今日欲提倡民族主義，使我四萬萬同胞強立於此優勝劣敗之世界乎？則本國史學一科，實為無老無幼、無男無女、無智無愚、無賢無不肖所皆當從事，視之如渴飲饑食，一刻不容緩者也。[59]

此揭示「民史」的重要性，樹立了以「國民」為主體的近代中國國族主義的新史學。[60]

然即使梁啟超曾說過無論男女老幼都可從事史學，其新史學的論見中，對於中國婦女史的寫作，並沒有提出創見。綜觀《飲冰室全集》，他只寫了一篇中國女性傳記〈記江西康女士〉（一八九七），刻畫一位受西方教育的新女性。[61]然本傳的重點並不是放在描繪康氏一生，而是以之為例，大論女子教育的重要性，文中也未提及書寫女性傳記的構想。可知在梁啟超的心中，歷史的接受者與被描寫者是國民，但這「國民」恐不包括女子（或者說，性別並非梁啟超在論史時會顧及的議題）。顯然倡議新史學的梁啟超，對於為中國婦女留史，並沒有如同他在倡導女權或者喚醒國民之史那般激昂。或進一步說，梁啟超倡議的「國民」之史，大概不包括中國婦女之史。Harriet Zurndorfer 即曾以清代才女王照圓為例，說明梁啟超由於性別偏見以致對其貶低，並忽略王照圓對清代考證學的貢獻。[62]

若說梁啟超的「新史學」以批評中國傳統史學為主要基調，並非創造新的史學體例，然他對傳統「列女」傳記的寫作，也無抨擊之聲。前章曾提及民初修纂《清史稿》時，梁啟超指出「列女」這種過去已有的類型，應該在史書中保留，[63]並沒有因為其內容體例不符合新時代之需求而建議將之刪除。

二十世紀初，中國歷史編纂有一「現代轉型」，亦即由「朝代史」轉向「國史」的寫作模式，學者紛紛從國史的視角，記述「國家」的歷史、集體而非個人行為的歷史，有些學者並期待新的歷史分期取代朝代分段之概念。[64]從這個角度看來，徐天嘯的寫作與這波史學變革密切相關，即試圖從一種新的歷史分期架構，書寫集體的、中國的婦女歷史。由此觀之，一九一二年完成的《神州女子新史》在清末民初中國史學革命的氛圍中，更值得注意。

三、國魂與女權雙管齊下

《神州女子新史》為何而作？《民權報》上的新書廣告有言：

> 蓋以神州立國最古，黃帝以來四千餘年，歷代英豪賢哲名人巨子皆有正史、稗史以傳後世，獨巾幗賢豪，修史者往往刪而不錄，錄而不詳，此蓋狃於輕女重男之積習，以致千百神之女賢豪，湮沒不彰，良深浩嘆。[65]

也就是有感於過去重男輕女，修史者每忽略女子事蹟，不是刪掉不錄，就是收錄了卻記載粗略不詳，許多巾幗賢豪之名，往往湮沒不聞。因此神州圖書局「欲為我神州女同胞發異彩之光明」特聘徐天嘯「將四千餘年之賢母妻，徇身徇國、盡節盡孝之諸先哲，博採旁搜，輯成秩書，……，往古來今，凡有關於世道人心者，無不詳細敘述，系以年代，表以系統。」[66]可能是出版社邀他寫作一部四千年的中國婦女史。而徐天嘯認為：「古來奇女子對於國家未嘗無事業，即亦未嘗無密切關係。苟彙其事實，集厥大成，蔚厥大觀，可成一部莊嚴燦爛優美圓滿之女史。」[67]足見其積極從歷史中找尋中國古今女子貢獻的態度。

此書乃為補婦女史而作，作為一位歷史紀錄者，徐天嘯對於史上許多女性事蹟之不為人知，十分感慨，他曾言：「中國自古代以來，其名傳青史之孝女、俠女、烈女、貞女、賢女、奇女，固已不乏其人。」惟魏之潘夫人、唐之劉婦人，人不知曉，實為女界之羞。[68]另外他認為還有許多無名英雌，為國犧牲者，未能記載下來，實為一大缺憾，其曰：「嗟嗟，吾國女子之有雄魂、有毅魄、有冒險進取之至性、有救國利民之熱腸者，不知其凡幾。惜其姓氏不傳，而為無名之英雄，是亦吾女史之缺恨也。」[69]展現了他對於為女性留名留史之急切。

整體而言，本書列舉上古至民國元年數千年來之奇女子事蹟，正續編共蒐錄約三百九十人。

（一）兩大主軸：民族與女權

吳雙熱曾為本書題曰：

「一嘯申女權，萬言著新史；
再嘯蘇國魂，言論警當世。」[70]

本書的兩大主軸為：「發揚民族」與「唱〔倡〕導女權」，[71]並結合民族主義與女權思想。徐天嘯自言其兩大天職為：一、「欲研求民族數千年進化之實跡而提倡民族之主義。」二、「欲發揮吾民族數千年女界偉大優美之歷史，而提倡女權之發展。」[72]

徐天嘯未曾留洋，然他的婦女史寫作，曾受「西方文明史」的影響。他藉由閱讀了解西方國家歷史文化，發現女子投身於社會與否，實與「世界之進化」、「民族之強弱」關係密切，且認為世界之女傑「其旨趣之高尚，其思想之奇特，其主義之獨立，其事業之偉大」，令他讀了心生敬愛而崇拜不已。[73]我們不知道具體哪些著作對他的婦女史概念產生影響，然十八世紀中葉開始西方社會支持女權的文明形象，在晚清通過傳教士、維新派人士的翻譯與傳播進入中國，確實對清末民初的讀者影響頗大。這種將性別平等作為判定文明高低的標準，成為晚清女權論述的基礎，女權成了國家文明的象徵，例如林樂知的《全地五大洲女俗通考》，即以鮮明的文明論立場，將婦女地位作為衡量文明高低的標準。[74]

徐天嘯在《神州女子新史》序言曾提到法國孝女路衣慈（按：原文不詳）、友愛並且善事其兄的罷賴茵（按：原文不詳）、才女盧月（按：疑為 Lucile-Aurore Dupin, 1804-1876）、關懷社會的梅曉若（Louise Michel，或稱路易美世，一八三〇－一九〇五）、貞德（Joan of Arc, 1412-1431）、[75]熱愛平等自由主義的羅蘭夫人（Madame Roland, 1754-1793），英國女王維多利亞，熱心公益的美國女性批茶（Harriet Beecher Stowe, 1811-1896）、俄國虛無黨女傑蘇斐雅（Sofia Perovskaia, 1835-1881），以及具有軍國精神、尚武思想的斯巴達婦女等人。[76]可見世界婦女事蹟對於他寫作中國女性史的刺激。近來學者也指出《神州女子新史》將古代中國女子與西方女子並列，徐天嘯以為只要有合適的機會，中國女子也能如西方女子的影響力與成就。[77]

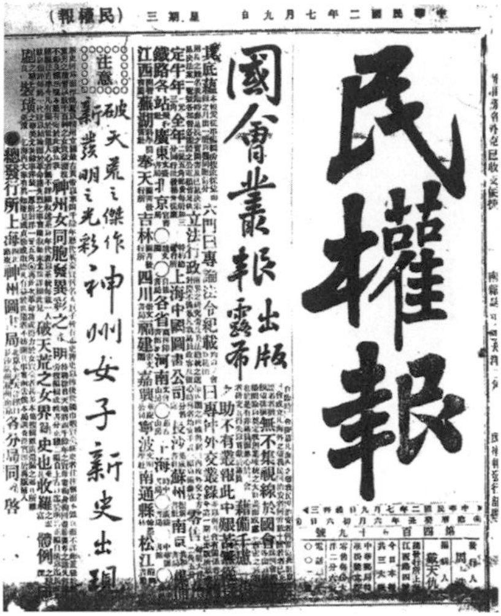

圖 3-3：《神州女子新史》新書廣告（上海《民權報》，1913 年 7 月 9 日，版 1

然徐天嘯並非一味地崇洋，他一方面推崇西方世界的進步，一方面也說中國是

「全世界惟一無二之偉大一民族」。[78]曾有人質疑他，若要倡導女權，何不以西方女豪為主題來勸勉感化中國女性？徐天嘯則認為中國女性楷模亦多，本書中唯一一位外國女性傳記為康得利夫人，徐天嘯認為她助孫中山於倫敦蒙難之時，有功於民國，故破例書之。[79]

（二）美哉「神州」：種族意識下之敘史

本書為何題名為「神州」而非「中國」？徐天嘯在書中未明言，神州固然是中國之意，然從書中用字遣詞與時人之用法推測，神州在本書應有民族／種族的意涵。本文在此時而混用民族與種族，實因近代中國之種族與民族的概念往往重疊，革命派強調種族的民族主義，藉此激起種族團結思想。清末至一九一五年以前，民族主義者有關於血統和土地的概念限於政治舞台，直到新文化運動以後又有比較廣泛的使用。[80]

「神州」一詞在清末民初的使用頗為頻繁，辛亥革命期間女子勸捐會啟有曰：「吾神州女同胞素以慷慨俠烈聞天下」，[81]即用「神州」代表中國。當時一些報刊與社團、出版社也普遍使用此名稱，例如：《神州女報》（一九〇七年十二月－一九〇八年一月）、《神州日報》（一九〇七年四月－一九四六）、神州女界共和協濟社（一九一二年三月成立）、神州女界參政同盟會（一九一二年三月成立）、神州國光社（一九〇一年創）、神州圖書局等等。其中《神州日報》主張「外夷內夏之大防，昭垂雲漢」，[82]實隱含了種族主義的想法。《神州女報》由女同盟會員所創，內容也以種族革命為主要訴求。因此，本書內文中雖然「神州」與「中國」二詞並用，然其使用「神州」一詞作為書名，或許有強調古老的、未受異族統治的、屬於漢族的「中國」，在使用上含有民族／種族的意味。他多次在書中稱「美哉神州」、「神州陸沉」一語；書後陸氏之跋亦曰：「美哉神州，美哉新造之神州，美哉神州之流血史」。[83]而推翻致使神州流血、陸沉的異族，恢復神州之美，實為徐天嘯的夢想。

基本上，徐天嘯的歷史著作是一種族史觀下的敘史，他對於歷史的了解與運用，含有濃厚的國族思想，[84]其曰：

> 世何以有史乎？曰有民族。故世界史者，敘各民族之發達及其競爭；國史則敘各民族之一民族之發達及其競爭而已。……生存競爭優劣強弱之公例定而歷史亦於以結胎矣。今日者，乃各民族與其他諸民族競爭劇烈之時代也。[85]

他認為世界史是敘述各民族之間的發展與競爭，而國史則是敘述某一民族之發展。此論點頗符合他自言其第一天職為提倡民族主義，文中也透露了他對自身以外世界歷史的認識。

徐天嘯不僅有高度的民族情操，書中亦明顯地呈現了強烈的種族主義。他甚至認為中國境內種族之不融，實為「吾中國、吾民族復盛之機」，[86]也就是他有單一漢民族的優越感，他心中的「中國」是漢民族之中國，而「中國史」者，則為漢民族之歷史。[87]他筆下的歷史敘事，基本上是漢民族之興亡史，也就是中國之興亡是以漢族是否掌權而定。其曾曰：「五胡亂華以後，遂令中原土地淪喪於外族，斯誠吾中國千古以來未有之奇恥。」[88]五胡亂華還僅限於北方，宋明兩代社稷之亡，更被他視為「中國亡國之痛」，[89]因此他對繼蒙元之後建立漢人政權的明太祖十分推崇，認為他是「光復大漢之功臣」，勸大家都應該「置一太祖之影像於腦經〔筋〕中，而毋得一刻忘者也」。[90]

而談到明亡之際，他的言論十分激烈，曾說：「深痛我祖國之亡於漢賊，恨不得起吳（三桂）、洪（承疇）諸賊於既死而手刃之，以謝我祖我宗在天之靈。」[91]甚至稱清之始祖傳說長白山佛庫倫為「中國之禍種」。[92]又說：

自滿清入關後，據有我漢土，奴隸我漢人，其虐待我族之痛史，筆不勝述。吾漢人受制於異族帝制之下，俯首帖耳，垂二百年，洪楊起義，乃專制反抗力之作用，又為吾民族主義發達之動機。[93]

文中充滿仇恨滿清「奴役」漢人、「占據」漢土，讚揚太平天國「反專制」的種族意識。特別在他所稱的「太平建國時代」，其曰：

夫自建虜入主中國以後，故國遺民之起義者，或死或遯。是時兵事少用，國內粗安，滿政府時以籠絡之術愚弄我漢族人民，我漢族人民亦漸相安於異族政府之下，甘做太平之狗，時即有一二熱心之偉人女子，如朱一貴、林爽文、……齊二寡婦，痛神州之陸沉，傷大明之不祀，攘臂崛起，或假明以號召，或用興漢以宣言。而響應者絕少，甚且有加以叛逆不道之惡名者，嗚呼！故國之思已冷，滿漢之界漸融，致令有志者事皆無成，飲恨以歿。蓋民族之不競久矣，而帝王神聖不可侵犯之卑劣思想印於人腦膜也深矣。[94]

徐氏認為明臣起義失敗之後，國內粗安，漢族人民過著得過且過的日子，少有反抗。他極力喚起人們對故國之思與種族差異的意識，以增進民族的競爭力，推翻專制王朝。他以為洪秀全以一介平民，略識文字，卻能於明亡百餘年後起義，光復十餘省，建國十餘年，「其聲威所至足以褫滿人之魄，奪滿人之欲，恢復我大漢昔日之雄風。」[95]在此他完全將太平天國的歷史，放在種族仇恨、鬥爭的架構中論述。[96]

但由於本書太著重在太平天國的「反滿戰爭」，續編第二章「太平建國時代」十二節中，僅有六節述及女性，餘半數皆討論太平天國的起兵、成立與失敗。而從太平天國結束到辛亥革命之間這段歷史，在本書則空白。在這樣的論述框架之下，辛亥革命是「種族革命」，是他眼中漢族「出奴入主」之一大轉機。[97]

本書在表達歷史時間的方式上也明確顯示作者的種族意識。「續編」之敘史以「明臣起義時代」代替「明末清初」時期，目的是「以示明系之未絕，亦竊幸我中國之未亡」；[98]而以「太平建國時代」代替「清代」的時間指涉；「民國成立時代」則以民國紀元前若干年為紀年，而非稱清「光緒、宣統」年間。其以明人起義和太平天國作為時代分段，不以清代的興起或清朝為分期與名稱，不承認滿人政權，可見在歷史敘述的時間架構上，其所依循的

「正統觀念」與反滿種族思想。

但雖然如此，在「明臣起義時代」部分，他並非只陳述明末抗清與南明的歷史，清代前期的史事也納入其中，例如清人始祖的傳說以及清太宗令愛妾博爾濟吉氏色誘洪承疇投降一事亦述之。但盛清歷史之發展，諸如文化、軍事、外交等等方面，幾乎都忽略。

除了時序名稱的界定與歷史評價的重心以種族為圭臬，他定義下的「偉女子」，也是在種族情操之下的選擇，他特別強調對抗異族統治的女性節烈、武德事蹟，例如宋金大戰中，韓世宗妾梁紅玉擊鼓以從戎，慷慨英烈，他稱其乃為「漢族女界吐氣矣」。[99]而他認為明末女子以武烈著稱、為國犧牲者比前朝為多，[100]稱柳如是為愛國之烈女子，並記載明代魏宮人、費宮人與顧炎武之母王氏殉國。在「死國諸女子」一節，收錄共三十篇傳記，本書〈續編〉中也補充不少明代的「殉死婦女」。作者選取大量的明末殉死傳記，在全書比例上有些不均衡，自是其反滿情緒的寫照。此外，他批評沈葆楨之妻林氏等數名女子，「效忠於滿清，未免自殘同族之譏，非民族主義之偉人。」[101]亦是出於種族情節之語。

另外在辛亥革命時期，本書收錄了許多致力推翻滿清，拋頭顱灑熱血或者慷慨義助革命的女性事蹟，在在凸顯了他將女權與種族革命結合的敘史觀點。例如史堅如之妹熟習西醫為革命、秋瑾（一八七五－一九〇七）壯烈犧牲、吳淑卿成立女子軍、張竹君組織赤十會救療受傷戰士、張善甫夫人發起女子協會、陳也月主持女子北伐隊，陳雪樓夫人女子勸捐會、潘卓群組織女子軍事團等等，以上在他眼中皆是「女界救國之熱誠，為吾國歷史上所未有。……即求先進國之女界中，亦無此轟轟烈烈之氣概。」[102]他還利用陳述清末吳炎娘與吳七娘反清革命被捕時，抨擊那些詰問的漢官是甘於利祿的「滿清走狗」，[103]以此突出女子參與革命之慷慨赴義與種族情操。

不過，雖然對於異族統治頗有微詞，他還是記錄了元朝與遼朝的帝系表與婦女事蹟，認為考遼朝史「得賢后、悍婦數人，其事亦有足以懲勸後人者」，故錄之。[104]至於記錄元朝的理由則是「以作中國興亡之紀念」。[105]看來，他反滿甚過於其他非漢族者。

總之，徐天嘯心中的中國史，實是以漢族為中心的種族興亡史，女子史在他筆下也在興亡對抗的脈絡下呈現，然而反滿歷史是他最關心、痛心的一部分，以致於部分篇章偏重陳述抗清的事蹟，忽略了「女子史」的論述。

（三）喚醒女子獨立

本書首先歌頌二十世紀的世界是男子與女子公共的世界，也是男女共同構造的世界。他說：「美哉世界，……美哉世界……非男子與女子共同之世界乎？……非男子與女子共同搆造之世界乎？」[106]強調一個男女共同擁有、共同建造的世界。他並言二十世紀之時代是「女子飛躍之時代」。[107]

這種認為二十世紀為新時代的來臨，是一個女性可以嶄露頭角的時代，實呼應當時許多報刊論述，例如清末《復報》上論者即以為：「二十世紀為女權發達之時代」；[108]《女子世界》編者丁初我（一八七一－一九三〇）也說，二十世紀前之中國為「男子世界」，而新的如花似錦之世界是「女子世界」，「女子世界奚自今日始」；[109]金一（金天翮，一八七四－一九四七）亦曰「女子世界」出現在二十世紀初年，「醫吾中國庶有瘳焉」。[110]陳擷芬（一八八三－一九二三）在《女學報》上則論及「世紀」之交之女子角色，強調「吾中國二十世紀後之女界，為超越歐美龍飛鳳舞一絕大異彩之時代。」認為十九世紀以前女子不成事，尚可諒之，對二十世紀之女界，充滿期待。[111]

徐天嘯不斷地呼籲女性獨立，期待打破陽剛陰柔界線。他說二十世紀是女子飛躍的時代，但中國女子「昏昏焉，懵懵焉，暮氣沉沉，鬼脈陰陰，病質奄奄，如大睡而不覺，如大醉而不醒。」[112]且當時女子衣食生活皆仰賴男子，「既無高尚之旨趣，又無奇特之思想，既無獨立之主義，又無偉大之事業。廉恥道喪，依賴性成。」[113]他認為其原因在於：

自陰陽剛柔、尊卑強弱種種之界說發生以後，男女兩界間，遂劃然分一鴻溝。男子既以陰柔卑弱相待，女子亦以陰柔卑弱自居。一舉也、一動也，皆束縛於男子號令之下，而不敢有所反背。一衣也、一食也，皆仰給於男子股掌之上，而不能自作生涯。……不知羞恥、不知憤恨、不知奮發。[114]

他以為歷史上陽剛陰柔、尊卑強弱之界定後，女子於茲束縛於男子之下。他鼓勵女性經濟獨立，當談到宋代謝泌之妻力作自給並能養人，稱其「無依賴性而能獨立生活者歟，賢矣哉？」[115]希望以此激起中國女性自食其力。

（四）女子參政

徐天嘯鼓勵婦女積極參與政治，他認為民初女子唐群英（一八七一—一九三七）、林宗素（一八七八—一九四四）要求參政權而有之激烈行為，是女權發達的好消息，指出中國女子的參政能力在歷史上早有成例，不容否認。林宗素一九一一年十一月於上海成立女子參政同志會，他們的活動與國際婦女參政運動遙相呼應。唐群英則是婦女參政同盟會的領導人物，一九一二年曾組織女子北伐隊，採取激烈手段抗爭來求取婦女參政權。[116]

徐天嘯希望「女界同胞急起直追、力圖猛進，以恢復女界固有之權。」當時有人反對女子參政，認為女子並不具備政治知識，他則反駁這些人實不知男女平等，以為女性「心思材力，何嘗不若男子？」且認為辛亥革命成功之因，有一半是因為女子之參與，他說：「能破壞者，安知必不能建設？能創造民國者，安知必不能鞏固民國？今日無政治之智識者，安知後日必無政治之智識？」何況「今日政界之男子，亦何嘗人人有完全之政治智識，而二萬萬女同胞，又豈人人無完全之政治智識耶？」[117]嚴詞駁斥女人不具政治知識，不足以參政之說。

有趣的是，徐天嘯雖然主張女性應爭取參政權，但是關於女主或后妃之主政，卻不全然支持。他批評呂后與賈后，認為兩人幾造成漢朝與晉室的危機；他對呂后的批評極嚴厲，書中該章節為「呂后之亂」，稱呂后是「殘妬」、「無恥」之婦人。[118]而武則天主政也被他稱之為「武后之亂」，書中寫其淫亂好殺，該章節唐代帝系表中也未列武則天稱帝時期，忽略了武氏主政的事實。然相較於呂后，他稱武后「性明敏、善權術，其才足以濟其惡，非呂雉輩所能望其項背，后其女界之曹操歟。」[119]我們若細察徐天嘯對這些后妃的抨擊，可發現他的評價似非集中在對后妃政治能力之優劣，而是她們的私德，例如他稱「韋后之亂」乃因「后有淫行」。[120]意即徐天嘯雖然承認女子與男子一樣是獨立的個體，希望女子不要依賴男性，呼籲女子爭取參政權，但他評斷掌權主政的女性時，還是不免受傳統貞操觀點所左右。

而若是「輔政」的后妃，歷來受到褒揚，徐天嘯亦相當推崇女性「翼贊」的角色，以為「中國女子半皆不能盡此翼贊之義務，而徒日靳靳於衣服餽食之瑣事。」[121]他稱美劉聰之后劉娥輔佐有功，又特別讚頌宋朝賢德之后，太后臨朝卻無「女主之禍」，[122]認為宋代的劉太后可謂賢后，哲宗時高太后臨朝可稱「女中堯舜」。[123]也就是說，他心中理想的女性參與政治，是「關心」、「參加」、「輔佐」政治，若不符合他心中「德行」標準而主政，則遭其撻伐。[124]

（五）其他女權

在其他女子權利方面，首先在女子教育上，學者曾指出革命派的婦女運動者是最徹底的女學提倡者，他們以女學為昌明女權的必備條件。[125]關於此，徐天嘯曰：近數年來，「吾國有志之女子求學外洋者日多一日，是亦女權膨脹之一大原動力也。」[126]看來應是贊成女子留學教育。但該書中並未提及晚清「興女學」的景象，雖然收錄了歷代才女的事蹟，關於晚清以來女子受學校正規教育的理念，則未提及。

而在婚姻自由方面，他的態度開放，以為在歐化的影響下，中國舊禮漸廢，自由婚姻間有行之，他不免追溯中國歷史，認為春秋時代齊國的徐吾「自擇其夫，為吾國自由婚姻之鼻祖。」[127]

在女性身體與生育方面的權益，他認為纏足是「吾國女界之痛史，亦吾國女界之恥史。近今文明女子無不競尚天足，力矯女界積弱之弊。」[128]批評纏足造成女界之積弱。[129]有關於墮胎一事，徐天嘯曰：「生育為女子對於國家之義務」，但認為邱公駱夫人吳孟班以為養子需二十年乃成一人才，教育五年即可成一人才的概念，可見其急於愛才不惜犧牲其子的想法，實值得表彰。[130]也就是說，無論是女性的纏足或者墮胎，徐天嘯關心的焦點不在女性身體的主動權或者健康，而是基於國族框架的考慮。纏足在他眼中是不文明的國恥；墮胎不符合女子對國家應盡的義務，除非實踐者的動機是為國家育才。

我們若從近代中國女權概念的脈絡來觀察，近來學者歸納當時女權論述的要點大致有四類：「作國民之母」、「盡與男子一樣義務」、「摸索新角色」與「拒絕做女國民（拒絕在民族國家框架下的女性解放）」。[131]從這些類型看來，徐天嘯的女權言論，並不是屬於提倡「作國民之母」者，比較接近「盡與男子一樣義務」的構想。他所喚起的女性，是要獨立自主並為國家貢獻的女子，與秋瑾的想法近似。

秋瑾常以古代女傑為例來宣揚自己的主張，且認為當時女子在處於黑暗之洞，需被喚起、拯救；她說：「世間有最淒慘、最危險之二字曰：黑暗。黑暗則無是非，無聞見，無一切人間世應有之思想、行為等等。」[132]因為視中國女界黑暗、危險的前途，她創設了《中國女報》。[133]秋瑾也曾批評「我的二萬萬女同胞，還依然黑暗，……一生只曉得依傍男子，穿的、吃的全靠著男子。」[134]期待喚起女性同胞脫離依賴男性的局面。徐天嘯同樣希望女性崛起、放光明於二十世紀中國女子世界之黑洞中。[135]

而如同金天翮等知識分子一般，徐天嘯也是在國族與愛國主義的立場下推動婦女運動，面對西方帝國主義以及持續了兩百多年的反滿情緒，[136]他們都將女子啟蒙放在建設新的國族概念中，金天翮即說：「欲新中國，必新女子；欲強中國，必強女子；欲文明中國，必先文明我女子；欲普救中國，必先普救我女子。」[137]徐天嘯也是藉由陳述古代奇女子，喚起當代中國女子之奮起。而他們同樣重視中國女性保有貞靜的道德，也正視女性的能力，分別從歷史的事例證之，另也強調女子之生計能力與權力。[138]但與金天翮《女界鐘》不同的是，徐氏沒有女子為「國民之母」的論調，也就是如何提高「國民之母」在身體與智識上的素質，以強國，他並未申論，也不高談女子教育之法，亦非「將過去批評得一無是處，然後產生新的革命性的女權主義觀點」，[139]而主要是抨擊當時婦女之依賴成性。

又，晚清如《女子世界》這類雜誌將女權運動匯入種族革命的大潮，由要求女子具備愛國、救國思想，進而把推翻滿清政權作為中國女性獲得徹底解放的前提。[140]《神州女子新史》亦是，這本書應該在民國成立前一年即開始寫作，也就是武昌起義尚未成功，民國尚未建立之時，作者試圖從古代的女性事蹟，激起女界同胞的奮起，推翻異族統治，共同建構或恢復神州。而該書「續編」（「專制之末代史」）的寫作時間雖已進入民國元年，然他反滿情緒未消滅，仍致力描述女性參與革命的事蹟，希望繼續喚起女性愛國、愛民族之心。

總之，徐天嘯試圖勸勉中國婦女奮起，以先民為楷模，恢復舊日榮耀，並起而作為未來人民的模範，[141]也就是將女性史作為發起女界革命的利器。他從傳統中國追尋「奇女子」，讚揚這些堅強勇健的女性。他與辛亥革命時期宣傳喚醒婦女、推翻滿清的概念最為相近，即當時女權運動之兩個目的：政治上革命排滿、爭取共和；社會意義上倡導女權，並將兩者相合。[142]然對於「賢妻良母主義」與婦女為「國民之母」的觀點，天嘯則較未論及。

而如同清末民初的歷史教科書，反映了民族主義知識分子的理念，主張創造具有政治參與能力的國民，[143]《神州女子新史》正是在排滿革命、提升婦女權利的脈絡下，期待創造具有經濟獨立、具有政治參與能力的女國民。誠如柯惠鈴指出：革命運動在宣傳上將民權與女權疊合，將女權衰微與君主專制統治秩序相連，締造「女傑」這一類新的時代性別範式，而且大多數革命派的女權觀只是移用民權作為女權的同樣準則，並未考慮獨立的性別權利問題，[144]徐天嘯即是如此。然若說近代中國婦女運動與女權問題是在模仿西洋與救國保種雙重考量下展開，[145]從徐氏的女權論述觀之，其「保種救國」之意圖，比模仿西洋的成分要明顯得多。

四、「新瓶裝舊酒」：女性典範的塑造與評價

若要問本書選擇人物的標準，它在女性典範的評價與塑造上，採選了千載以來的「賢豪之女子」，如：

> 或建偉大之事業、或垂優美之名譽、或任家庭之教育、或抱明決之見解、或懷慈善之心腸、或秉貞潔之德性、或尚雄武之精神、或具愛國之思想。[146]

也就是具有事功懿行之女性，或別具母儀、識見、慈善之心、貞操、武德精神與愛國的女性，以革女界陰柔之故習、以洗女界卑弱之奇羞。[147]此外，本書也肯定才女，例如傳經的伏生孫女、「吾國史學界之偉女子」班昭、辛憲英、謝道蘊、劉臻妻陳氏、宣文君、蘇蕙、唐代宋棻五女等等。書中所收錄的女性包含了社會各階層，有后妃、官宦之妻女、娼妓、乳母，甚或「無名氏」，例如南宋一位宮廷婦女，由於不知其姓氏，稱之為「告變之女嬪」。[148]

（一）女傑

《神州女子新史》所列舉的女性楷模，在過去女教書籍中多半可見，然徐天嘯特別強調的是「義烈」與「武德」二類型。例如在春秋時代吳宮女兵一節末曰：「婦人女子豈皆不足造就軍人之資格哉？」[149]稱女性非不具尚武從軍之資質。三國時代孫夫人好武藝，他稱之為「英婦人」。論及晉朝，其曰：「女子以義烈武德者，如李秀之破夷、惠風之罵賊、荀灌之乞師、朱序母之御秦兵、陶潛妻之不忘故國，皆以忠肝義膽俠骨慈腸。」[150]又稱木蘭乃奇女子、俠女子，為「吾女史上空前絕後之大人物」。[151]

在唐代婦女一節，他說道：「婦女之能兵事者，如朱序母、孟太妃、劉夫人、洗夫人、花夫人、平陽公主等」。[152]又舉郭澄母與荀金龍之妻之有魄力、智慧、才識，呼籲男性勿輕視巾幗。而明代婦女中「有烈性而且有武德者」，除秦良玉外，亦有遇吉之夫人等等。[153]另外，他稱清代白蓮教女首領齊二寡婦，「異常勇猛」，帶領部下軍士男女；太平天國的蕭三娘「勇悍善戰，率女兵百餘人」。[154]由此可知，書中記錄了不少義烈、武德之婦女，顯示徐天嘯對此類婦德之推崇。

而其記載武德之女性目的在於：「洵足為女界光，洵足為吾中國之女界上，一洗柔弱無能，依賴成性之恥。」[155]民國肇建時有女子革命軍之興起、有女子北伐隊之組織，有女子募餉團、女子救傷隊等等，[156]他認為「其愛國之熱誠、尚武之勇氣，即求先進國之女界中，亦難得其人。此豈僅吾女界之光？亦吾中國之榮也。」[157]也就是說，他竭力從歷史中挖掘女性勇敢尚武的事蹟，女性之武德若出於愛國之心的表現並壯烈犧牲，更為其所推崇。作者期待在國家興亡之際，喚起匹婦奮起赴義。無怪乎時人陸麗芳曰：「千百年後，乃有一有心人，出為古今來女子鳴不平，為古今來女子大叫屈，為古今來女子開闢一雄飛世界」，稱本書為「神州女子雄飛史」。[158]

根據沈松僑研究，晚清知識分子編造了兩套主要的「民族英雄系譜」，分別為「抗禦外族」與「宣揚國威」兩種模式；[159]而本書的選擇，並非只是塑造抵禦外侮的民族「英雌」，[160]而是強調「尚武」精神，也就是各種巾幗英雌皆是他頌揚的對象。在二十五史列女傳記與大多數的女教書中，武德並不是強調的重點，僅有《魏書》、兩《唐書》、《金史》稍提及，其他僅僅零星幾例。[161]徐天嘯這種提倡女子尚武的態度，則在清末民初十分盛行，例如〈詹壽恆上女子尚武會書〉有曰：

滿清既經推倒，共和竟達目的，此固男界同胞數十年之孤詣苦心，千回百折有以致之。然我女界同胞或赴前敵救護，或組軍隊北伐，對於軍事雖不過涓埃之助。……我國女子素稱懦弱，為世詬病，今因革命起義精神為之一振，超越古史。現在政體已決，軍事方休，然時勢造成之精神仍須維持不可稍弛。……[162]

也就是辛亥革命成功以後，提倡女子尚武的風氣仍不減。二十世紀初期，編者從正史、方志、口述與筆記中，彙編了不少「英雌」的事蹟，例如，《中外新列女傳》中的沈雲英，許定一《祖國女界偉人傳》、楊千里《女子新讀本》中的秦良玉。清代滅亡前幾年的報紙上也可見到花木蘭的形象被用來動員女同胞加入革命行伍。[163]再者，游鑑明的研究發現，受日本軍國主義影響，清末民初無論男女都被要求尚武，不僅運用在體能教育，報刊或漫畫亦可見尚武此一名詞。[164]

（二）節烈與其他

另外，徐天嘯並不反對貞節，他認為先民最優美、最高尚而為他國女子所萬萬不及者為

「節烈」。[165]書中所選例如魏晉時代的皇甫夫人罵董卓、王惠風拒喬屬之侵犯而被害，都屬烈女；唐代奉天竇氏二女、趙元楷之妻、孟才人、朱延壽之妻；宋代的王貞婦、譚氏；元代的潘妙圓、王烈婦；明朝的胡廣女、鄭成功母等等。他特別認為明代「賢婦貞女之優美歷史，凡我後生當奉為儀型典式者。」[166]徐天嘯的「貞節觀」在為李定夷（一八九〇－一九六三）《茜窗淚影》作序時，表現得最為清楚，他說：

女子之美德之最難能而可貴者，其惟節乎？然節亦常事耳。人生不幸為女子，女子更不幸為嫠婦。……古往今來名節完全之女子，何可勝數？此吾國女界之特色，亦國家之光榮也。[167]

意即他認為守名節是中國婦女的特色，國家的榮耀。他還批評曰：

自歐化東漸以來，一般少年女子，定力未堅，往往誤解自由之真義，鄙夷其固有之道德，任情縱性，蕩檢逾規，即不至人盡可夫，而離婚再醮，視為正當之行為，恬然不以為怪，更不知名節為何物矣。[168]

徐天嘯稱美節烈行為，不贊成離婚再醮，這樣的女德觀點，實為千百年來女教書、正史〈列女傳〉所頌揚的女德典範。由此，他所褒揚的義烈武德精神，加上對節烈行為的表揚，實足以構成一部「熱血澎湃」的女子「流血」史。二十世紀民族危機中，流血、救贖的義烈事蹟，不斷地被突出，如元代的韓希孟。[169]

而在婦德典範中，近代中國知識分子推崇的「賢妻良母主義」，也就是經由教育女性使其為賢妻良母，作為輔助家內使國家走向強國強種的想法，在本書並不明顯。他所蒐錄的女性，仍是傳統中國女教類型為多。而若問書中收錄的賢母或良妻多，則是賢母，如勸勉向善的孟母、何無忌之母；智母王陵陳嬰之母；講求忠義的趙苞母、范滂母，姜敘母、趙昂妻；雋不疑母、嚴延年母寬刑的仁母；勸清廉的崔元瑋母等等。而像漢代楊敞妻具膽識勸楊敞果敢立宣帝，以及樂羊子妻之勸善，天嘯稱之為「妻教」，作為賢妻之典範。

徐天嘯持有所謂的「女禍史觀」，仍稱「女禍可畏」，[170]並稱明末流寇釁起於婦人，洪承疇降清也由於婦人之引誘，吳三桂乞師滿清入關亦由於一婦人。認為「明之亡國，中國之淪於異族，其因皆由於女禍。」[171]但他對歷來人們所稱的「紅顏禍水」型人物，另有不同的看法，例如他認為夏朝的妹喜實為報父之仇，妹喜乃「孝女俠女兼而備之」。[172]而西施「忍辱事仇」，實為「俠女子」。[173]關於婦言，他以為商紂以用婦言而身死國亡，晉伯宗以不用婦言而身死家滅，質疑婦人之言難道都不足取？[174]對此，他的評價稍有超越傳統對紅顏禍水與婦言誤國批評的窠臼。

（三）中西對照

在中西女性典範方面，徐天嘯不免將中西女範作一比附，例如在書中結論稱：

> 主持大局、提倡風化於國計民生上有絕大關係者，如女媧之正婚姻，嫘祖之教育蠶，馬后之崇節儉，長孫后之獻可替否，高太后之舉賢斥佞，馬皇后之輔濟仁慈，非中國之「維多利亞」乎？[175]

在此他將漢代明德馬皇后、唐代長孫皇后與明太祖馬皇后等對比為英國的「維多利亞」女王。其次，他以為妹喜、妲己、褒姒、西施是「含垢忍辱，屈體事仇，隱以一身為犧牲，而父之仇卒以報，國之恥卒以雪者」，為中國之「蘇斐雅」。另有天性友愛，自甘苦辱以揚弟之名、成弟之事而勉其禍患。如聶嫈（榮）之殉弟、曹姑之上書、文姬之匿弟等，可稱為中國之「罷賴茵」。[176]還有慈善為懷，熱心公益如巴寡婦之捐財免役，乃中國之「批茶」。[177]又，其曰：

> 至若絹女之鼓枻，緹縈之上書，曹娥之投江，龐娥之礪刃，荀灌之乞師，木蘭之從軍，王舜之踰垣，盧氏之冒刃，顧妻之跪桑，張女之禱天，諸女之臥板，石女之自經，王女之斷指，孝女俠女，千古流芳，彼「路衣慈之孝養盲父」何以過之？而且，傳經有伏女也，續史有班姬也，觀書有二喬也，謝女有詠絮之才，劉妻獻椒花之頌，衛夫人創簪花之格，宣文君之升堂講周官，宋若昭之入宮為女教，要皆才德兼美，學識並優，又豈「盧月」輩所能頡之、頏之者哉？[178]

但他僅說明中國也有不少像西方女傑一樣的典範，有類似路衣慈之孝養盲父，也有像法國盧月一般的才女，證明中國史上亦有能建立一番事業的女性。他在序中略提過上述西洋婦女姓名，在結論又作一呼應，並沒有要挪借西方典範、以西方楷模為中國依歸的意思，更沒有輕視中國女德楷模的意味。

（四）史料運用與侷限

整體而言，本書參考了相當多的資料，例如《左傳》，他覺得《左傳》之書言女子之歷史最詳，貞淫互見、賢否並錄；[179]正史的〈列女傳〉（例如明代月娥、丁錦孥、石孝女、王妙鳳皆是來自《明史・列女傳》）。還參考了《東華錄》，筆記野史如《閨雜記》、《因話錄》等，[180]或許因而他選取的人物同見於正史，但其事蹟陳述卻與正史不同，例如書中關於房玄齡之妻的事蹟即非來自《新唐書・列女傳》的記載。徐天嘯還徵引不少當代的一手資料，更向大眾廣徵清代與當代事蹟，寫作本書「續編」期間，徐枕亞即曾以民權報館為址，為其兄登廣告，徵求革命女子與清代「女界偉人」事蹟。[181]又書中民國成立時期引用了女子協會之通告、孫中山大總統蒞任之宣言、女子北伐隊之緣起、吳芝瑛與陳也月及邵心綺的書信、女子勸捐會啟等等，足見其使用史料類型之多元。

當然本書也有一些瑕疵，首先在體例上，部分不整齊，例如〈正編〉第二部第三章「晉代」，前十五節記錄晉朝女子義烈、武德之個別事蹟，第十六節名為「晉代之婦女」，內容則是十三位賢德女性傳記，分節標準模糊。「唐代婦女」一節亦是。

其次，許多小節的內容與女性無關，例如〈續編〉第一章第十節，「唐王之即位、魯王之監國、遺臣之起兵」，第十四節「浙東之失守、魯王之出亡、張國維之殉國、馬阮之罪惡」，都非關女子。第三，書中一人兩傳者：遼太后與聖宗后重複；明代王貞女與顧亭林之母實為同一人。這些重複的傳記，內容記述不同，顯然由於參考自不同史料所致。第四，由於不是修身教科書，書中女性傳記並不是個個作為婦德典範，有些僅是奇聞軼事，如琵琶行中的潯陽妓；或只是跟女性相關的事件而被附帶一提，例如唐代張巡守睢陽城，城中飢荒，張巡殺妾；還有唐代昇平公主與駙馬（郭子儀子）爭吵一事被立於「昇平公主」一節等等，納入書中之用意不明。

另，本書內容有時文題不相稱，例如〈虞姬（項王之失敗）〉一節，以虞姬為標題，內容卻主要談項王之失敗；[182]有時他以事例為敘述主體，非標題所示之女性傳記，例如〈雋不疑母（張騫之通西域及霍光之輔政）〉一節，他先論張騫之通西域及霍光之輔政，再將同時代的雋不疑母簡傳接續其後，有點類似紀事本末體，但此傳與兩則史事完全無關，很難融合。[183]

此外，本書收錄由古至民國千載以來的女性傳記，不免有所疏漏。[184]由於不重視「滿清」，以致於書中關於盛清歷史之發展，諸如文化、軍事、外交等等方面，相較於對他朝的陳述，幾乎都被忽略。且因集中在反清之事例，忽略了許多清朝之才女與貞節烈女，如梁端（一七九三－一八二五）、王照圓（一七六三－一八五一）等人皆未納入。對此，作者曾解釋道：「滿清兩百餘年間，女子之以武烈著者，以貞節聞者，以文學藝術名者，何可勝數，吾書不及備載，姑俟諸世之作列女傳者。」[185]

而太平天國時代與女性相關之制度或禁纏足等政策，徐天嘯亦均未論及，知名的洪宣嬌在書中也沒有傳記。雖然他自知婦女參與革命之事蹟仍很多，期待將來補充發揚，[186]但辛亥革命乃其寫作時期，清末女革命志士早期以宣傳為主要活動，[187]出版刊物宣傳革命的女性實不容忽視，如陳擷芬主辦《女學報》，倡女權、反纏足、倡女子教育、介紹外國女界與鼓吹種族革命，被視為是女子宣傳革命的第一人，[188]她曾在〈中國女子之前途〉頌揚花木蘭從軍，並稱滿族為異族，「殘酷我同胞、斷送我土地」，呼籲婦女「愛國愛種」，[189]其與徐天嘯的論調十分相合，實應納入書中，卻被徐天嘯所忽略。

總之，徐天嘯採取章節體的架構，以紀事本末敘事方法試圖連結事與人，但內容卻如民國以前的女性傳記，猶如新瓶裝舊酒。該書所收錄的女子事蹟，承繼了過去長期以來婦女史書寫重視的貞節烈女、孝女、賢妻、良母的傳統，並在傳統的土壤中，特別強化義烈與武德二項。過去列女傳記固然曾零星介紹類似的女性事蹟，然未有如清末民初知識分子，這般積極地挖掘中國女性尚武的形象。[190]徐天嘯之婦女史之書寫，具有強烈的革命精神與民族／種族情操。

一九二八年陳東原《中國婦女生活史》在〈維新時代的婦女生活〉一章徵引了《神州女子新史》三個片段：在「為革命犧牲的女子」一節，他轉引徐書所載某君筆記提到中國女性在日本的題壁詩；而「為戀愛犧牲的女子」一節他稱吳其德是新式戀愛犧牲的第一位女子，事蹟乃參考自《神州女子新史》；另外在「從軍的踴躍」一節，談到吳淑卿上書黎元洪，力辯男女無別，願投軍效力一事，也是來自《神州女子新史》〈續編〉的內容。[191]遺憾的是，《神州女子新史》在民初似未受到普遍注意，一般所知的民初中國婦女通史著作，幾乎都以陳東原《中國婦女生活史》為代表，忽略了徐天嘯的著作。

五、小結

從婦女運動的發展看來，清末以來各個不同時期的知識分子，無論是洋務派、維新派到「高舉革命排滿旗幟、謀求建立共和政體」的革命派，都關心婦女，試圖藉此找出中國積弱的原因。[192]女性在近代中國往往代表衰弱與中國「問題」，而成為中國現代性的代表與象徵。

徐天嘯利用寫史來呼籲人們重視婦女，蒐集羅列女性在中國歷史上的身影，特別是以歷史上「尚武」的女性來喚起中國婦女的奮起，打破其陰柔卑弱的形象。在他筆下，當代中國女性大多居於黑暗之中，僅有少數參與革命流血之勇士；古代女性則有不少遵行貞烈的高度情操，發揮愛國精神、帶領抗賊並俠義犧牲的女傑。蔣箸超（一八八一－一九二九？）曾云此書蒐羅之宏富，體例之精深，是「女界之圖書府」亦「女界之過渡筏」。[193]而徐天嘯藉由整理歷代女性事蹟來陳述過去，重新強化武勇與節烈等婦德來邁向新時代的道路，多處顯現的是他面對二十世紀來臨與國族危機的焦慮，以過去女傑來喚起當代女性對抗滿族、奮起革命，並發洩他不滿的共和國政體。

徐天嘯《神州女子新史》一書，有助於我們尋繹近代中國轉型時期中歷史書寫形式之變化。一九一一年辛亥革命一方面可視為歷史的轉型期，也可視為奠基期；[194]徐天嘯約於此時寫下章節體的中國婦女通史，呼籲女界革命，實早於五四新文化運動時期強調的新史學。

晚清女性史傳的產生，大抵在喚醒種族革命與強調男女共同肇建民國的背景下產生，知識分子試圖從歷史中找尋一些愛國、俠義、具「武德」的女性事蹟，尤其是不斷地重新編寫明末抗清的女性故事；待民國建立以後，他們發現同樣身為國民的女性，在歷史的洪流中卻面目不清，於是又努力挖掘清末民初女性的事蹟。從這個角度看來，清末民初對女性歷史的追溯，即使是在女權與種族革命的背景下來運用、闡釋，為國族服務，然這般積極地整理女性事蹟，可說是中國女性史首次全盤被注意的時刻，比我們熟知當代史學界尋找女性身影的風氣，至少早了四分之三世紀。

由中國婦女史書寫的脈絡看來，傳統朝代史列女傳記在選材方面基本上以節烈為尚，而各史書在主基調貞節烈女之外，另有次偏重之女性德行，例如賢母等，但從未以武德為讚頌婦德的主軸之一。婦德在徐天嘯的闡釋下，有了不同的側重與運用，他保留節烈作為女子史的重要內容，加上羅列武勇義烈的婦女，構成他心目中中國婦女的主要兩大優美德行。

書寫方式上，他不像歷代〈列女傳〉或女教書寫作，將女性以德行作為分類而（例如：

母儀、貞女、烈婦、孝女等），記載也不完全以女德教化為主旨，而是敘述這些女性的各種「事蹟」。季家珍曾指出晚清許多女性傳記已經改變了女性傳記原本的主旨（典範作用），朝向以之作為歷史教育、國家發展的工具，使讀者傾向從過去各式各樣自我犧牲的模範中轉變為具有英雄氣概的、對未來自我奉獻的主體。[195]而《神州女子新史》正是具有這樣的特質。

徐天嘯所挑選的女性事蹟不見得都跟教化有關，有些看來是將其所知的女性故事放在時代的脈絡之下。這些故事固然與時代主要脈動不一定有密切關連，但是我們也看到本書從傳統「列女傳」寫作轉向非以女德，而是以時代發展雜揉紀事本末的章節體架構之「女子新史」的一種嘗試。其後陳東原的《中國婦女生活史》，以婦女為歷史敘述的主軸，雖然是在所謂的「壓迫與解放」框架下論述，但其敘述內容並非雜亂無章，更不是以婦德為主要論述方向，中國婦女史的寫作又邁向了「專史」的一大步。

第四章 「婦女史」的成形

徐天嘯《神州女子新史》以章節體方式整理從古至今的中國婦女史，然如前述，其濃厚的革命目的與反滿思想，使得該書「清代」的部分，幾乎闕如，不能算是一部真正「完整的」中國婦女通史；加以徐天嘯以個別人物為核心，相當程度仍是一種「新瓶（章節架構）裝舊酒（人物傳記）」的寫作方式。《中國婦女生活史》可說是二十世紀初最完整的一部新式中國婦女通史。

《中國婦女生活史》的出版，足以讓我們觀察近代「中國婦女史」編寫的成形。該書雖然距五四運動肇始已經九年，但陳東原從一九二五年開始蒐羅資料，一九二六年提筆寫作完成，其撰著之構想，乃在五四期間（一九一五－一九二八）萌生滋長。[1]截至今日，《中國婦女生活史》仍作為大學婦女史課程的參考讀物，並有日、韓譯本，可見該書之流傳與影響。特別是該書普遍被視為「五四史觀」的代表，奠定中國婦女被壓迫印象的基調，且由本書來探究五四史學與性別觀點，具有一定的意義。

一、一九二〇年代的婦女史

五四運動已歷百年，其中「婦女問題」、「婦女運動」是學界長期以來關注的重點，相關議題主要集中在婚姻、女性形象、婦女地位、新女性、女權等方面。[2] 就婦女／性別面向言之，五四時期是一個重新認識婦女的時代，瀏覽目前可及之編譯中西婦女史作品，有二十部左右的中西婦女史的編譯著作在一九二〇到三〇年出版，內容涉及了勞動、婚姻、法律、婦女運動與生活等諸多主題。

有關世界婦女史的著作如：亮樂月（Laura Marsden White）編稿，許耐廬筆述，《世界女族進化小史》（上海：廣學會，一九二〇）；朱枕薪編譯，《俄羅斯之婦女》（上海：民智書局，一九二三）；喬治（Walter Lionel George）著，胡學懃譯，《女人的故事》（上海：開明書店，一九二八）；夏承堯編，《各國婦女參政運動史》（上海：啟智書局，一九二九）；袁文彰（高喬平），《世界婦女運動史》（上海：北新書局，一九二九）；以及綠荷女士編，《世界婦女生活史》（上海：商務印書館，一九二九）。

有關婦女運動／問題的如：李漢俊編譯，《婦女之過去與將來》（上海：商務印書館，一九二七）；路多維西（Anthony M. Ludovici）著，張友松譯，《婦女的將來與將來的婦女》（上海：北新書局，一九二八）；楊之華（一九〇一－一九七三），《婦女運動概論》（上海：亞東圖書館出版，一九二七）；湯彬華（一九〇二－？），《婦女運動ＡＢＣ》（上海：世界書局，一九二八）；樊仲雲，《婦女解放史》（上海：新生命書局，一九二九）；奧ムソォ（奧むめお）著，高希聖、郭真譯，《婦女問題講話》（上海：太平洋書店，一九二九）。

關於中國女性文學(史)的如：施淑儀輯，《清代閨閣詩人徵略》（上海：崇明女子師範講習所，一九二二）；梁乙真，《清代婦女文學史》（上海：中華書局，一九二七）；劉經菴，《歌謠與婦女》（上海：商務印書館，一九二七）。

有關中國婦女史的如：陳顧遠，《中國古代婚姻史》（上海：商務印書館，一九二五）；趙鳳喈，《中國婦女在法律上之地位》（上海：商務印書館，一九二八）；陳東原，

《中國婦女生活史》（上海：商務印書館，一九二八）；綠荷女士編，《中國婦女生活史》（上海：商務印書館，一九二九）；賈逸君，《中華婦女纏足考》（北平：北平文化學社，一九二九）；茹酒濤，《中國婦女經濟問題》（北平：中華書局，一九二九）。另，陳東原在《中國婦女生活史》〈自序〉中曾提到羅剛（隱柔）也正在編寫《中國婦女史》，但目前該書之出版訊息不詳。

從史學的發展來看，五四時期史學的新舊交錯、中西匯流，亦是史學研究的重要課題；當時知識分子試圖從整理國故來「改造文化、革新傳統」，其方法與方法論的革新，是學者認為五四史學最突出者。[3]然而當時的作品呈現了怎樣的性別史觀念，學界迄今尚未加以妥善檢討與評估。

到底五四婦女／性別史觀是在何種學術與社會氣氛下交織而成？本書無意用一章全面探討五四時期的性別史學，僅以一九二〇年代最知名、影響後來學界最鉅的陳東原《中國婦女生活史》（一九二八）為例，對照《清史稿．列女傳》、《神州女子新史》兩部著作的體例、收錄內容，藉此一窺婦女史寫作在一九二〇年代的中國如何成形。

基於此，本章首先概述《中國婦女生活史》的內容、主旨與成書經過，接著探究陳東原得以完成一部婦女通史的史學因素與社會風潮，期待藉由研析影響深遠的名著《中國婦女生活史》，填補長期以來五四史學研究中所忽略的婦女史編纂面向，考察五四時期「整理國故、再造文明」的過程中，「婦女史」如何被史家「發現」、「傳述」、「闡釋」與「運用」。

二、誰的婦女史？

以下兩節筆者將先檢視《中國婦女生活史》一書的成書經過、主題、結構與內容重點，探究陳東原所指向的「中國婦女」是誰、預期讀者為何，試圖敘述怎樣的「生活史」，以及他如何鋪陳歷史脈絡與其中顯現的性別（史）觀，以作為後續討論的基礎。

（一）寫作緣起

陳東原（學名世棻），安徽合肥人，幼年貧寒，一九一八年入安徽省立第一師範學校，一九二三年入北京大學預科，一九二四－一九二九年就讀北大教育系第一期。[4]當時他立志編寫一部《中國教育史》，尚未成稿即思先完成「女子教育」之部分，但又考量中國女子教育與婦女生活密切相關，因此擴大而研究婦女生活史。一九二五年秋，陳氏著手蒐集史料，一九二六年冬，尚在北大教育系就學、年僅二十四歲的陳東原完成《中國婦女生活史》之初稿（自序作於一九二六年十一月十二日，後序寫於一九二七年十二月一日），一九二八年一月由上海商務印書館出版。

陳東原的思想明顯受到胡適（一八九一－一九六二）與陳獨秀（一八七九－一九四二）的影響，可視為五四第二代人。一九二六年八月他加入中國國民黨，一九二九年自北京大學教育系畢業，後陸續擔任安徽省教育廳督學、安徽省立圖書館館長，主辦《學風》（一九三〇－一九三六）雜誌。一九三五－一九三七年曾赴美國密西根大學教育學院與哥倫比亞大學師範學院留學。

他著有：《中國教育新論》、《鄭板橋評傳》、《羣眾心理ＡＢＣ》、《中國古代教育》、《中國科舉時代之教育》、《中國教育史》等書，[5] 其中尤以《中國教育史》一書最被稱譽，學界稱之為「實證主義」的教育史研究。[6] 他曾任安徽大學教授、中央教育部督學兼社會教育學院教授、重慶女子師範學院院長兼教授、川東教育學院教授、西南師範學院教育系教授、國立師範學院院長等職，[7] 可說是一位教育學與教育史專家。一九五六年他加入

「中國民主同盟」，一九五七年被打為右派，一九八四年才得以平反。學界關於陳東原的研究多在教育學與圖書館學方面，[8]對於其被視為「經典」的《中國婦女生活史》一書，迄今尚未見相關專門研究。

（二）印行經過

此書共計四百六十頁，約二十三萬六千字，與《中國婦女在法律上的地位》、《中國古代婚姻史》等四十多本著作在一九二八年同被列為「暑假中婦女讀物」，[9]也在上海商務印書館「新時代史地叢書」之列。[10]由此可見商務印書館將本書放在婦女運動的脈絡中，以為該書有助讀者明瞭婦女生活的變遷、可作為當代婦女行為的借鑑。本書的預期讀者，初期針對「新時代的婦女」、「負責任的父母」、「國學研究的人」，其後則是陳東原自言的「社會學門」與「婦女界」。[11]

一九二八年《申報》廣告有曰：

> 人皆知婦女解放是一個切要的社會問題，但中國婦女被壓迫的程度究竟如何，卻

還沒有見過深刻的系統的敘述。此書推源壓迫的原因，歷舉積累的史實，具體的寫出性的歧視逮於極度之心的現象，足以促女性的覺悟，男性的反省，實是婦女運動的無上工具。書凡十章，上起先秦，下迄近代，正書稗（稗）史、小說筆記，網羅殆遍，攷證精確。故趣味橫溢，文字靈活，一掃素來歷史書嚴肅乾枯的態度，把三千年女性底痛苦，算一總賬，實為整理國故聲中的一大傑作。尤妙在將因為適應現代生活婦女行為不得不變之故，及試行時不免的錯誤，與將來應有的趨勢，剖述詳盡。是此書，不獨可明婦女生活的變遷，且可作近代婦女行為的鑑鏡。新時代的婦女與負責任的父母，及研究國學的人，均應人手一編。[12]

圖 4-1：
《中國婦女生活史》廣告

本書歷年來印刷的次數相當驚人，一九二八年一月上海商務印書館出版後，一九三二到一九三三年可能經過重版，[13]一九三四年又列於女子書店的「女子文庫」的「女子歷史叢書」。[14]一九三七年入王雲五（一八八八－一九七九）主編商務印書館「中國文化史叢書」第二輯，並多次印行。由於當時聲稱為「初版」，[15]其後臺灣商務印書館亦根據一九三七年五月「初版第一刷」印行，導致很多人以為本書一九三七年才出版。

一九二〇至一九三〇年間上海商務印書館出版的婦女讀物相當豐富，足以令人一窺婦女的知識來源與對「婦女」知識之建構。除了剛出版的《中國婦女生活史》與《中國婦女在法律上的地位》二書，「中國文化史叢書」關於婦女的部分，可分為十大類，計有：現代婦女叢書、婦女叢書、婦女問題、家庭問題、家庭教育、家事、醫學衛生、體育、藝術、文學，外加一份月刊《婦女雜誌》（一九一五－一九三一），《中國婦女生活史》被列為新書，並未被歸類。[16]

一九四七年應讀者之需求，陳東原曾考慮再版，但認為其中觀點，有不合當時社會情形之處，即希望增刪後明年出版，[17]其後似未見修訂再版。歷來本書在臺海兩岸不斷重印，一九九四年臺一版已達十刷，而中國大陸最新一刷則是北京商務印書館於二〇一七年重新編排印製。筆者本文以手邊一九九四年臺版為主，再對照其他相關版本。目前所知臺灣的版本有：一九六五、一九六七、一九七〇、一九七五、一九七七、一九七八、一九八一、一九八六、一九九〇、一九九四、一九九七、二〇〇二年；另有河洛書局於一九七九年影印自一九三七年版，內容較為完整，獨缺附圖。中國大陸重印本如：上海書店一九八四年（據一九三七年上海商務中國文化史叢書版）、上海文藝出版一九九〇年（據一九二八年一月上海商務版）、北京商務印書館於一九九八與二〇一五、二〇一七年（商務一百二十周年紀念版）重新排印出版。

值得一提的是，本書在一九四一年即有日文譯本，由村田孜郎（？－一九四五）根據一九二八年初版翻譯，名為《支那女性生活史》；然日文譯本將第九章最後一節與第十章重新編目為第十章的十三個節次，且未留原書之附錄、後序與插圖。近年，東京近現代資料刊行會也重印一九二八年初版的《中國婦女生活史》，收入「中国占領地の社会調查 I.26」（二〇一一）。[18]韓文版《중국여성그리고역사》（中國婦女與歷史），則是宋貞和、崔琇景於二〇〇五年翻譯出版；根據一九七五年臺灣商務印書館所稱的一九三七年版本翻譯，後又參考北京商務印書館一九九八年版本，補上臺版所缺第十章中的兩節。[19]可見這本宏觀中國婦

女史的著作，近百年來擁有廣大的讀者市場。

（三）內容結構與重點

為方便文後討論，在此列出本書章節如下：

自序
第一章　緒論
第二章　古代的婦女生活
第三章　漢代的婦女生活
第四章　魏晉南北朝的婦女生活
第五章　隋唐五代的婦女生活
第六章　宋代的婦女生活
第七章　元明的婦女生活
第八章　清代的婦女生活

第九章　維新時代的婦女生活
第十章　近代的婦女生活
附錄　《二十四史》中之婦女一覽表
後序
插圖目錄

陳東原本書的寫作架構非用人物傳記，更不是以紀傳體的方式寫作，而是以時代為序，用朝代區分章節（分別為：緒論、古代的婦女生活、漢代、魏晉南北朝、隋唐五代、宋代、元明、清代、維新時代〔一八九八－一九一五〕、近代〔一九一五－一九二六〕）。此不僅不同於過去紀傳體史書與女性傳記以女性人物為中心的寫作傳統，也異於清末民初以傑出女性為撰述對象的寫作模式。[20]

在時代的表述方式上，與徐天嘯的《神州女子新史》不同，本書並未使用上古、中古、近古這種時代分段方式，但同樣具有線性式的進化史觀（詳後）。陳東原歸納古代婦女地位的變遷，認為「自從漢代嚴重禮制之後，南北朝時代婦女之被蹂躪，總算達到極點了。宋代

尤其是急轉直下的時代。」(〈自序〉,頁二)古代占本書絕大篇幅,但陳東原卻建議讀者先從清代、清末與近代讀起,他說:

> 因為清代的婦女生活,集前此二千多年的大成,又因為「維新」和「近代」是婦女新生活的關鍵,為寶貴讀者的時間和興趣起見,我有一個意見,讀者看過第一章緒論以後,不妨先去看第八、九、十、三章;然後如果有暇,再看其他各章,甚至不看也不要緊。[21]

也就是他關注本書對當下的作用,認為讀者可以先瀏覽涉及婦女新生活相關的部分。臺版《中國婦女生活史》雖聲稱按照一九三七年「初版」印刷,卻少了原書第十章第五節〈性態度之亟應改革〉和第八節〈理想中的社會主義下之婦女〉,以及〈後序〉與附圖、插圖目錄。由於刪改後,段落看起來並無不連貫之感,罕有人注意。陳東原的社會主義思想並不激烈(詳後),在一九六〇年代臺灣政治氣氛下,涉及這個詞彙的段落被刪除,不令人意外。至於「性態度之亟應改革」一節被刪掉,可能是標題為社會保守風氣所不容,實際上該段內容主要談的是「社交公開」而非「性」。[22]中國大陸重印版則取掉原書〈後序〉與插圖，其中有「婦女運動在國民黨領導之下，有了長足的進步」一語（〈後序〉，頁一）；臺版也刪掉後序，插圖則在一九三七年上海版即取消。

陳東原關心的不是個別女傑的德行與褒貶教化，而是廣大婦女之「生活」。其云：「我這本書不是要稱誦（頌）什麼聖母賢母，也不想推尊什麼女皇帝女豪傑給女性出氣，因為這一班人與大多數的婦女生活並沒有什麼關係。」（頁一九）也就是說，陳東原有意識地去除以往歌頌女德、女傑的婦女史寫作，不以后妃女傑為中心，而是針對一般婦女的「生活」。

陳東原嘗試編寫婦女地位的時代變遷，認為古代厭惡女子，宗法排擠之。本書在主題的選擇方面，主要有：婚姻、婦女教育、貞節觀、娼妓、各地婦女風俗、近代女權等等。他關心下層婦女的狀況，例如宮人與娼妓的處境；對各地風俗不忘記添上一筆，書中列舉清代十處特殊的婦女風俗（例如：廣州女同性戀、北方婦長夫幼等）。

婚姻方面，他批評過往的指腹為婚、媒妁之言、父母之命。由於他認為維新時代與近代是婦女生活的關鍵轉折（〈序〉，頁四），所以各用一章的篇幅談論近代女權之發展。書成之後，曾有書評指出：「從這部書裏可以看出婦女生活的演化與整個政治、社會和思想密切關係著。」稱讚「這本書編排次序的明晰，取材的豐富和正確，文字的流利而暢達。」[23]

三、何種「生活史」？

（一）強調「婦女問題」以走向「新生活」

《中國婦女生活史》的撰著目的有三：一是刺激婦女走向新生活，「希望趨向新生活的婦女，得著她的勇進方針」；二是揭發舊道德的虛偽，「希望社會上守舊的男男女女——自信舊道德極深的人們，能明白所謂的舊道德是怎樣的一種假面。」他自認第一個比第二個目標容易達到。（〈自序〉，頁三）第三則為指出男尊女卑與女性受迫的歷史過程。簡言之，陳東原欲藉由梳理中國婦女被壓迫的歷史、揭發舊道德的虛偽，以喚起女性走向新生活。不過，書評作者卻不認為梳理中國婦女被壓迫的歷史能喚起女性走向「新生活」。[24]

本書名為「婦女生活史」，在今人看來，內容顯得雜亂零碎，而且基本上只是為彰顯婦女的「問題」而不是食衣住行的日常。陳東原關心的焦點是大多數一般婦女（而非傑出婦女）的生活，但與其說本書是記述「生活史」，不如說是婦女面臨的種種處境。從作者選擇的主題，可見他認為婚姻與女性生活密切相關，社交範圍受限、身體受控制（纏足）等等，以為這些均攸關女性的「生活」。他說：「我們有史以來的女性，只是被摧殘的女性；我們婦女生活的歷史，只是一部被摧殘的女性底歷史。」（頁一九）他心目中生活史的內容，顯然主要在婦女生活之限制與被壓迫的面向，認為影響婦女生活的頭號敵人是「宗法」。

一九二七至一九二八年適巧出版了三部涉及婦女生活的書籍，除了本書與《中國婦女在法律上的地位》，尚有劉經菴的《歌謠與婦女》一書。[25]這些著作基本上都是放在「婦女問題」的框架下構思，《中國婦女在法律上的地位》說道：「婦女問題雖不如勞工問題之嚴重，但一般學者亦知加以研究和討論。」他希望讀者將本書「作為討論婦女問題之參考」；[26]趙鳳喈（一八九六－一九六九）為了討論婦女在法律上的地位，回顧歷史上相關婦女之記載，寫作了法制史，書中以婦女角色來區分論述。而劉經菴則用歌謠來說明「中國婦女界的狀況」，試圖使民眾明瞭婦女的問題，以及她們身心的「苦樂」。可見一九二〇年末的知識分子關心婦女或婦女生活史，實為尋求「問題」來「解決」。

那麼，到底何謂「生活」？時人王皎我（一九〇五－一九八九）的書評論點似乎比陳東原還激進，他問道：中國婦女到底有無「生活」？中國婦女現在的「生活」又是什麼？他以當時報紙上看到的大多是被玩弄、欺凌、摧殘的婦女為例，說明當時中國婦女被呈現的重點。

他主張所謂的「生活」，本質當為「生、活、死」三者之結合；而研究生活的意義、目的，是討論人們對於自己的「生活死」所應持的態度和應採取之步驟，[27]但可惜中國婦女根本並沒有自己的「生活」，「她們的生是為人家生兒養女而生，是為伺候別人飲食起居而活，是為枯骨，是為死人而死」，未曾片刻為己。他以為把「中國婦女生活史」改稱為「中國婦女為人生活史」或「中國婦女不自主的生活史」亦無不可。[28]由此可見，王皎我對女性處境的憐憫。

關於生活史研究的內容，王皎我認為應該要依照生活之基素（如食、衣、住、身體等）方面分門別類敘述，並建議陳東原除了要舉出纏足以外，應談及女性的穿耳、束胸、纏腰，以揭示中國婦女身體如何被摧殘；也應明確指出中國婦女生活在法律等方面缺乏保障，以及婦女的祕密生活（例如廣州的手帕會），這種「潛移默化的反抗運動」。[29]確實，《中國婦女生活史》並未涉及婦女在法律上的層面，食衣住行中唯一特別關心的僅限於「衣」的部分，關於婦女的身體與妝飾之美。

陳東原的書被視為「有系統地」整理過往中國婦女的生活，但他基本上關心的是揭露過往婦女黑暗的、受迫的生活，他想以此激勵當今婦女走向「新生活」，以撰史來改革社會。他心目中的新生活，是他所認識的「社會主義」生活。

他曾提到過去三千年婦女已將十八層地獄跳完十七層了，更進一層便登天堂，「這個天堂，便是社會主義下的生活。」（一九二八年原版，頁四二四）其中他主要提倡「家務工作社會化」，將婦女勞力從家庭解放出來；以及「兒童公育」，建議嬰兒斷奶以前母親停止社會生產工作，國家照付薪資給婦女，之後送到育嬰院、幼稚園由專門保母教養。他認為如此婦女既得自由發展個性的機會，母性又得最大的保護，是「徹底的婦女解放實現的時候」。他聲稱由此男女「以至於全人類都可以升到天堂了！」認為「中國婦女生活的進化，現在正此趨向這個途徑！」（一九二八年原版，頁四二九）總之，他期待看到婦女從受壓迫的生活史中解脫出來，走向社會主義的新生活。

陳東原批判的另一主軸為中國的宗法制度，主要抗議宗法社會的禮教束縛，其云：「宗法觀念既破，婦女的背脊上便去了一塊重大的壓石。」（頁三八七）其後在其他著作中，他也強調中國人當時受到兩重壓迫：經濟的壓迫（主要指外國的經濟侵略）與宗法制度的壓迫；認為在此雙重壓迫下的現代人們，蒙受生活虛偽、衝突矛盾之苦，然宗法社會的道德與精髓破滅了，卻仍找不到一種新的道德替代。[30]

同時期的作者楊之華強調婦女解放與民族解放，認為婦女受到宗法、資本主義與帝國主義的剝削。[31]一九三〇年代左翼人士如杜君慧（一九〇四－一九八一）更認為自原始氏族共有制崩壞與財產私有制發生起，婦女就失去「人」的地位，成了男子的奴隸，他們倡議婦女的問題必須用唯物辯證的方法才能得到正確的認識，以為婦女受壓迫的根源是：國家社會、家庭與資本家。[32]

（二）性與性別觀

另外，值得注意的是《中國婦女生活史》中有關性與性別的觀點。關於性的討論，集中在貞操與社交公開這兩點。貞操觀方面，他說：

> （宋代）不獨幾個儒者看重了貞節這回事，從這時候起，男子都有了處女底嗜好。從前貞節的背景是怕亂了宗法，宋代以後的貞節問題便著重在性器官一點上了。（〈自序〉，頁二）

陳東原呼籲當代社會應改革性態度、打破對性的陳見，他認為中國男女把性行為看得太重，兩性隔絕而社交不公開、結婚困難，又片面要求女性守童貞、不許改嫁，造成女子不易離婚、再嫁，不能自立。（一九二八年原版，頁四〇五－四二三）一九二〇年代實為近代中國闡揚戀愛與新性道德思想的重要階段，[33]以上觀點實承於五四初期「片面性道德」批判，要求社交公開與婚姻自由的論點。女作家湯彬華的《婦女運動ＡＢＣ》一書中亦有類似的論點。

性別觀方面，陳東原關心女性的教育機會與教育內容，特別是女子教育，他諷刺班昭等傳統女教「聖人」對女性的約束，批評中國舊式女教為「事夫主義」教育，反對清末興女學為強國保種的「賢母良妻主義」。他處處批判舊社會對女性的差別待遇，例如將婦女視為財產、不承認婦女有獨立人格、婦女沒有繼承權與多妻制度，他認為娼妓與妾都是長期與專業之賣淫，以致女子淪為男子的奴隸。

婚姻與家庭部分，他批判舊式家庭與婚姻締結方式，強調新式婚姻與家庭。然對照一九二〇年代廢婚主義者的論述，以及陳東原師輩對家庭制度的否定，[34]他的言論，顯得溫和許多。他承認婚姻與家庭的價值，並非全盤否定、推翻，他反對獨身主義，甚至相當肯定「母性」；他認為社會的改良在於有優良的分子，此有賴良好的家庭生活與完備的教育，稱受高等教育的女子將是優良孩子的最好母親（頁四〇四）。而對於女性職業與經濟獨立的看法，基本上他也是扣緊婚姻與家庭，也就是說，他並非呼籲女性完全脫離婚姻與家庭，進入社會工作、取得經濟獨立，而是期待改革舊制度的不合理，期待在新制度底下，女性能夠脫離父權、夫權之控制與依賴，一方面得以獨立維生，也可同樣發揮「母性」。

在男女兩性的觀念上，陳東原批判兩性關係的不平等，但他並不強調女人與男人相同，而是認為男女大不同。他雖然批判過去女教過於強調賢妻良母，讚譽胡適所提的「超越良妻賢母的人生觀」（也就是「自立」），以為此與「弗彌涅士姆」（feminism，或譯為男女平權主義或婦女主義）有很大的相同之處（頁三八三）；但他卻強調女性為母的教育，他說「婦女主義者，也絕不要求免除母性的責任、光榮和困苦。」（頁三九五）[35]在新式女子教育的討論上，陳東原雖然強調女子受教育的機會平等，認為高等教育之目的是造就專門人才，不分男女，但中等教育則須授與婦女特別教育，例如家政。也就是說，身為教育學專家，陳東原對女子教育的見解，仍存有性別差異，強調女性為母的「培養」。

陳東原批評使女子「無職業、無知識、無意志、無人格」，是男尊女卑千年積習的結果

（頁五、一八），但書中似也流露出他認為女人確實具有這麼多弱點。他說女子為人姬妾是女性的「自我墮落」（頁五九），從中透露他對女性的「本質」評價不高。無獨有偶，同時期的《婦女雜誌》也在長達十七年的刊物中，細數中國婦女的諸多缺點（例如：依賴、虛榮、狹隘、軟弱），尤其在一九二六至一九三一年這段時間，砲火最旺。[36]五四前期女性爭取教育平等，而陳東原的做法則更企圖由批判傳統女教來寄望未來。

另外，陳東原對「女性美」有特殊的觀察與興趣，除批判女子為男子修容，認為女性應該講究美，但非為投男子所好（頁六一）。本書介紹了各朝女子的妝飾，從漢代的脂粉、髮髻，魏晉南北朝的眉妝、隋唐時代的髮髻、衣裙、到明清的小腳、肌膚之白，以及強調女性的「天然美」（頁二三〇）。然文中可看出，對他來說，女人與各地的奇風異俗是「他者」，書中處處顯出「男性凝視」的角度，特別是「品蓮」與談裸體美的篇章。

基本上，本書論述的視角，猶如一個（男）人站在牢籠之外，觀看籠內被困住面貌模糊的一群「婦女」，這個籠子即是「舊制度」與「舊觀念」。他認為婦女受宗法制度所困，婚姻不自由，只受舊觀念的教化而沒有平等教育之機會；身體孱弱，沒有獨立人格，受迫於單方守貞，甚至淪為男子的奴隸。至於如何將「婦女」拯救出來，他談得比較多是打破制度與改變社會心態，較少論及男女的個別責任（僅提及男子勿當女子為玩物、女子要自視與男子為平等的人）。誠如學者江勇振研究《婦女雜誌》，發現呈現的多為男人是「人」、女人是「他者」的性別論述，[37]《中國婦女生活史》的發言，基本上也是這種調性。

至於本書寫作的養分來自何處，下文將從婦女解放風潮與學術氣氛兩方面論之。

四、婦女解放風潮

學者杜芳琴曾將民初婦女史之寫作，放在社會文化的脈絡來看，歸納一九一九至一九四五年間婦女史研究的階段性特色，分別為：1.「壓迫－解放」模式；2.「問題－改良」模式；3.「英雄－貢獻」模式。她指出：一九一九年新文化運動引發了思想啟蒙、社會革命時期（一九一九－一九二七），婦女史研究的關注點是「壓迫－解放」模式的婦女史（以陳東原的《中國婦女生活史》為代表）；其後進入「社會改良主張時期」（一九二七－一九三七），將婦女作為社會問題，她稱之為「問題－改良」模式的婦女史（以王書奴《中國娼妓史》、陳顧遠《中國婚姻史》為代表）；之後再到「民族救亡運動時期」（一九三七－一九四五），當時婦女史研究採取「英雄－貢獻」模式，以宣揚女英雄（如：花木蘭、秦良玉等）為主要趨勢。[38]

杜氏將《中國婦女生活史》列為「壓迫－解放」模式，當今婦女史學界所謂的「五四史觀」亦往往徵引陳東原所云：「我們婦女生活的歷史，只是一部被摧殘的婦女底歷史」，以此批判陳東原濃縮了過往「傳統」中國婦女的受害形象。無論是用「壓迫－解放」模式或者以「五四史觀」來稱這部受迫的婦女史，筆者認為，我們在評論本書時，實不能忽略一九二〇年代社會風氣與史學發展所帶給陳東原寫作中國婦女史的養分。

婦女解放與婦女運動

1. 胡適與陳獨秀的啟發

陳東原對教育史與婦女史的研究，深受胡適的啟發。一九二一年安徽省教育廳舉辦暑期講演會，曾邀請安徽著名文人胡適、陶行知（一八九一－一九四六）、王撫五等講演，當時陳東原就讀安徽省立第一師範學院，與張友鸞（一九〇四－一九九〇）擔任該演講的記錄者。又，胡適於安慶青年會談「女子問題」，這兩次演講紀錄登於《婦女雜誌》第八卷第五期（一九二二年五月）。

演講中，胡適用「半身不遂」來形容中國社會重視男子發展卻限制女子自由，又說：

> 我們以前從不將女子當作人，我們都以為她是父親的女兒，以為她是丈夫的老婆，以為她是兒子的母親；所以有「在家從父，出嫁從夫，夫死從子」的話，從來不認為她是一個人。在歷史上只有孝女、賢女、烈女、貞女、節婦、慈母。卻沒有一個「女人」！[39]

本演講主要分為「女子解放」與「女子改造」兩部分：解放的部分，他認為是消極的、對外的要求，主張形體（纏足、穿耳、束胸）與精神（女子無法為嗣、貞節、女子主內、防閑）之解放；改造部分，他強調積極的、對內要求，自立的能力、獨立的精神、先驅者的責任。[40]

《中國婦女生活史》中關於女性解放的見解，不少與胡適的論點雷同，然江勇振提醒我們不能只從表面來看胡適的性別論述，胡適雖然提倡女性解放，實際上還是顯現出男女智性不平等的看法、含有女性有「天生的缺陷」的想法。因此他引用 Judith Wilt 所云：「一個會批判社會上性別不平等、男性偏見與不負責任的人，並不代表他就是一個女性主義者。」以此來形容胡適。[41]

除了胡適，另一個影響該書寫作的重要人物是陳獨秀，特別是其於《新青年》（一九一五－一九二六）上的論述。陳東原在書中直言《新青年》「具體指出婦女生活的謬誤，並指導婦女解放的趨向」，對婦女解放極有影響，可見他由此接觸到許多為女子鳴不平的呼聲。而書中關於五四前夕婦女議題的論點，多以《新青年》為代表，更大量引用陳獨秀的見解，例如〈一九一六年〉與〈孔子之道與現代生活〉二文，提及自主獨立人格與儒教對女性的壓迫。值得注意的是，〈一九一六年〉文中，強調尊重個人獨立自主之人格，陳獨秀挑戰三綱之說，而非特別針對婦女的人格，[42]陳東原則將之引申為「婦女的獨立人格」。[43]

陳東原視陳獨秀的〈一九一六年〉一文是「新文化運動的第一顆炸彈，要炸毀奴隸道德以建設新國家、新社會、新民族、新婦女的誕生。」認為該文不只對婦女生活史，在中國文化史上也有極深的意義與價值。另外《新青年》上登載的陶孟和（一八八七－一九六〇）與周作人（一八八五－一九六七）之翻譯、與謝野晶子（一八七八－一九四二）的貞操論，以及其他當時各種翻譯著作與報刊雜誌上的言論，也對陳東原有所影響。與謝野晶子認為貞操並非攸關道德，批判片面要求女子守「失調的舊道德」，陳東原稱她這種新言論「震驚時人之耳」（以上見頁三六八－三七四）。

不過，相較於晚清與一九二〇至三〇年代學者對於西方的婦女運動、女性典範或新時代、新世界的概念，[44]陳東原對西方文化的論點並不突出，他也罕用中西對照來貶低中國婦女。[45]一九三五年後他才留學美國，在那之前，他對婦女與歷史之相關概念，大多來自翻譯作品與胡適之論說，例如他曾參考德國社會學家 F. Muller-Lyer (1857-1916) 的《社會進化史》、Meta Stern Lilienthal (1875-1948) 的《將來的婦女》、本間久雄（一八八六－一九八一）《婦女問題十講》以及胡適的演講稿〈美國的婦人〉等著作。

2. 婦女運動與國民革命

《中國婦女生活史》廣告中說到本書是「婦女運動的無上工具」，婦女運動與陳東原寫作之關連，不容忽略。學者認為，從近代中國婦女史的角度來看，一九二〇年代可說是由「女權」論述演變為「婦女運動」的時期，[46]當時政黨紛紛試圖「覺醒」婦女，本書也可說是一九二〇年代婦女運動風潮下的產物，其中，陳東原與國民黨的關係，過去未被學界注意，尤值得一提。

清末與五四時期的女權運動是國民黨呼籲女權的重要背景，五四時期國民黨重要刊物如《星期評論》（一九一九－一九二〇）《建設》（一九一九）、《民國日報》（一九一六－一九三七）副刊〈覺悟〉上有不不少評介社會主義、評估傳統、參與新文學運動、討論婦女地位問題的文章。[47]一九二四年國民黨改組之後，亦積極從事婦女運動，初期是由上而下的改革；[48]而《民國日報》副刊〈覺悟〉與〈婦女評論〉，是國民黨策動婦運的重要宣傳媒體，上海國民黨婦女部與婦女運動委員會之成立，更使政黨、國民革命與婦運緊密結合。[49]

陳東原自言一九二五年孫中山（一八六六－一九二五）病逝後，北方青年受感召，一九二六年他於北京加入國民黨。他與國民黨關係密切，就讀北大期間曾任宋慶齡所辦的傷兵救護會祕書、中央民訓會總幹事（一九二八年一月至七月）、安徽省國民黨黨部祕書（一九二八年八月－一九二九年一月）、河北黨務訓練所教官（一九二九年二月至七月）等國民黨職，國民黨改組以後，他才回北大繼續完成學業。[50]

《中國婦女生活史》正文中雖未詳述國民黨的貢獻，但陳東原有關婦女權益的觀點，大體上與國民黨的婦運方向相近。他在〈後序〉曾云當時「婦女運動在國民黨領導之下，有了長足的進步」，婦女生活產生劇烈變化。此指的應該是國民黨改造司法、修正《民律》，以及第二次全國代表大會提出〈婦女運動決議案〉，如：男女教育平等、男女職業平等、男女在法律上絕對平等、保護母性、打破奴隸女性的禮教、反對多妻制、離婚結婚絕對自由、社會對於再婚婦不得蔑視、女子應有財產權與繼承權等。[51]陳東原讚譽道：

> 國民黨對於婦女在法律上、教育上、經濟上之平等，都在政綱上有明白詳細的規定。故離婚之絕對自由、繼承權之承認、各機關之開放女禁……都已次第實現；各地又有婦女協會的組織，作婦女利益的保障。婦女所得益於黨國者甚大。（〈後序〉，頁二）

基本上，一九二四至一九二六年間，國民黨婦運人士不斷強調中國婦女受制於舊制度、舊禮教之束縛；一九二六年中國國民黨第二全國代表大會通過〈婦女運動決議案〉，呼籲制定男女平等的法律、保護母性、提高女子教育、籌設兒童寄托所等等，[52]此與陳東原的論調相當。陳東原肯定國民黨的婦運成果，然柯惠鈴的研究顯示，一九二六年國民政府北遷武漢時，實際上是共產黨左派策略取得當時婦女運動之主導。[53]

陳東原與清黨之前國民黨婦運的想法，均較接近五四時代打破舊禮教的框架。他強調宗法與經濟的雙重壓迫，認為當時經濟狀況日益惡化，宗法制度雖瀕於破產，然殘餘之思想習俗作惡更大。[54]北伐期間國民黨政治宣傳直指中國舊社會之積弊，提出唯有反帝國主義和反軍閥才能解放婦女；[55]陳東原本書鮮少直接提及軍閥，僅談及人民受西洋工業發達的壓迫（頁三八四）。

國民革命確為陳東原所關心的議題，本書後序寫於一九二七年十二月一日上海，那年他在武漢國民黨中央黨部擔任宣傳部幹事；一九二八年他提倡的教育方針，基本上即是國民革命之取向；他甚至提倡「（國民）黨化教育」，實行革命教育，其所著《羣眾心理ＡＢＣ》與《中國教育新論》二書，都是為了黨化教育所寫，前者甚至是河北黨務訓練所的教本。[56]

陳東原在《中國婦女生活史》的社會主義思想，比較傾向五四時期陳獨秀的想法，認為社會制度造成個人的不平等與不獨立，社會主義可幫助弱者抵抗強者；[57]相較其他馬克思主義學者強調社會經濟變遷、階級意識，陳東原之論述主要類似一九一〇至二〇年代中國的社會主義思想，批判資本主義，強調福利社會。[58]他於《中國教育新論》書中多次引用孫文學說（例如三民主義與實業計畫），且認為應廢止資產階級自私的學說，建設社會主義的教育學說；糾正宗法社會養成的禮教風俗、建設唯物史觀的道德觀念。[59]

關於《中國婦女生活史》所提婦女母性保護、兒童公育的社會主義思想，都是五四時期熱衷討論婦女解放的議題，在國民黨全國代表大會均曾提及；且相較於其他談論兒童公育者試圖打破家庭制度，陳東原的公育概念主要為婦女解放。[60]

陳東原筆下的當代中國婦女，正如國民黨婦運的想法，將「婦女」視為表面上不分階級的一個含混的集合體，實際上以中產階級婦女（女學生、女教師、職業婦女、有能力參與政治者）為主要訴求對象。除上述教育與職業部分，陳東原論女子參政協進會與女權運動同盟會時，提及女性要求法律地位的平等；而參政的理論方面，他徵引與國民政府關係密切的王世杰（一八九一－一九八一）之《女子參政之研究》，論及女子參政對於女子有政治教育的作用、有益夫妻思想與關係、職業範圍變大、保障女子人格與權利、保護兒童、糾正男子惡德、刷清政治、有益世界和平。《中國婦女生活史》書中並提及王昌國（一八八〇－一九五四）與何香凝（一八七八－一九七二）的參政實例（頁四一五－四一八）。由此均可見其與國民黨婦女運動觀念上的關連。

以上我們理解陳東原「婦女觀」的養分與相關背景，然他為何決定以「寫史」來呈現婦女問題？與當時的史學氣氛，特別是他學習的北京學界，有何關係？

五、學術革新

（一）整理國故與古史辨

商務印書館的廣告曾云，《中國婦女生活史》「實為整理國故聲中的一大傑作」。[61] 一九一九年，毛子水（一八九三－一九八八）與張煊（一八九二－一九二七）曾針對國故辯論，毛強調歐化，張駁斥之，主張整理國故。對此，胡適提出「研究問題，輸入學理，再造文明」的主張，認為要對傳統新解釋，重振中華，重寫中國民族史。[62] 一九二一年，胡適提到中國的國故書籍太無系統，青年無從研究，呼籲整理國故。他提出四種研究國故的方法：歷史的概念（把舊書當歷史看）、疑古的態度（疑古書的真偽、疑真書被弄偽的地方）、系統的研究（尋出脈絡、以客觀的態度，尋出系統來）、整理（標點、註解）；讓過去少數人能懂的、變為現在人人能理解的，以助於教育。[63]

「有系統」是當時常被提到一個詞彙，陳獨秀曾說女子問題研究的人很多，但都零零碎碎，沒有系統。[64]《中國婦女生活史》的書介言及：

這部書根據時代的變遷，作有系統的敘述婦女生活的演變，依憑思想的轉化，劃出婦女生活狀況惡劣尖銳他的步驟，從這部書裏可以看出婦女生活的演化與整個政治、社會和思想密切關係著，而這部書的重心思想也就著重在這一點上。[65]

該書可說是在國故整理的風氣下，在舊籍中尋找婦女的歷史身影，試圖將過往婦女的生活，理出脈絡。

在史料的運用與史學研究的取徑方面，陳東原深受胡適的啟蒙。胡適曾提出社會史與生活史研究的重要性，以及新史料的採用，他說：「與其比較《新五代史》與《舊五代史》的文字優劣和義法寬嚴，不如向當時人的著作裏去尋那些關於民生文化的新史料。」[66]過去認為胡適將杜威（John Dewey, 1859-1952）實驗主義的歷史方法運用在中國材料上，把通俗文學看成是社會史料，建立了新的典範、開啟了新的治學門徑，影響當時的年輕史家顧頡剛、傅斯年等，對現代中國史學產生重要貢獻。[67]近來江勇振提出，胡適的哲學思想是實驗主義為表、實證主義為實，他的實證史學方法重視文獻史料、證據法則、嚴謹的研究態度等等，其實主要是受到十九世紀後期實證主義思維的影響，特別是法國朗格盧瓦（Charles-Victor Langlois, 1863-1929）、塞諾博（Charles Seignobos, 1854-1942）合寫的《史學導論》（*Introduction to Historical Studies*，按：一八九八年法文版、一九〇九年英文版），而不是杜威。[68]

在史料方面，胡適曾指點陳東原：

> 史料的來源不拘一格，搜採要博，辨別要精，大要以「無意於偽造史料」一語為標準。雜記與小說皆無意於造史料，故其言最有史料的價值，遠勝於官書。（〈自序〉，頁一）[69]

《中國婦女生活史》一書廣泛引用了婦女生活的文獻，如詩歌、小說、散文等，這些胡適眼中的「無意史料」，配合經典、歷史書籍和其他民間文學資料、當代報刊、書籍、法律檔案、公文，建構了陳東原心目中的「中國婦女生活史」。

學者稱五四時期是「典籍史料化」，他們將傳統中國的目錄學分類拆散，經史子集並無高下等第之分，[70]上述陳東原徵引的資料，即可窺見其史料運用多樣化的情形。高彥頤曾批評陳東原把儒家經典的男女規範，當成過去的經驗與現實；[71]然仔細查考其參考史料，可見本書蒐羅資料相關廣泛，實不限於少數儒家經典。

在面對史料的態度上，胡適強調必須注重證據。[72]陳東原雖稱該書得到胡適的指點，實際上亦得力於疑古派的錢玄同（一八八七－一九三九）、考據學者單丕（一八七八－一九三〇）、小說理論家馬廉（一八九三－一九三五）等人的指正。陳東原寫作本書之初，胡適正準備赴英國（一九二六年八月），該書脫稿後也來不及請胡適校閱，及至一九二七年底出版前才有機會請他指點增改。又國史館所藏陳東原自傳云其於第一師範期間研讀新文學及先秦諸子，對老莊特別有興趣；而北大期間得到單丕、錢玄同與胡適治學方法的影響。[73]該書關於漢代與漢代以前的篇章，歷經了三次校正。而且書中每一章都由教育家張承哉、詩學研究者脩垣等人先後校閱。使用的資料則大多來自北京孔德學校圖書館，該圖書館原是北京中法大學孔德學院所準備的，藏書六萬零四百餘冊，據聞魯迅（一八八一－一九三六）在研究中國小說史時，也曾使用該館藏書，圖書其後由北京首都圖書館接管。

陳東原受到當時強調小心求證與古史辨運動的影響，對於不確定的記載與徵引，有意識地加以註記。他直言材料的蒐集，時代越晚的越容易，論斷也比較可信，越早的越難。本書關於古代生活的部分，即經過多次修改，因擔憂遠古之不可信，難以辨清（〈自序〉，頁三－四）；且自云周代以前是他「推測」而來（頁二一），可見其對史料論證的態度趨向審慎。

（二）專史與文化史研究熱潮

婦女史在一九二〇年代雖尚未成一史學領域分支，然這些作品的翻譯、寫作之蓬勃，除了婦女運動風氣所致，也與學界專史研究、文化史、文明史觀以及社會科學的興起相涉。

過去中國史的研究以編年和紀傳為主，一九二〇年代開始流行「專史」的研究。學者劉龍心認為，專史的出現不但反映當時學術發展的趨勢，也標示史學從傳統邁向現代過程中，在研究範圍與學科特質上的轉化；而這個新知識體系中的材料之歸整，亦為當時關心的焦點，專史的研究不僅擴大了歷史材料，也形成了新的學科界域。[74]

胡適提倡整理國故目的之一即為「專史式的整理」，他認為國學的使命是讓大家懂得中國過去的文化史，國學的目的是要做成中國文化史；他理想中的國學研究有十類：民族史、語言文字史、經濟史、政治史、國際交通史、思想學術史、宗教史、文藝史、風俗史、制度史。[75]此號召頗有成績，其時商務印書館四十多種中國文化史的專書即可見這些主題，其中雖未明列「婦女史」，然由前文提到一九二〇至三〇年代豐富的婦女史著作，以及商務印書館將《中國婦女生活史》列為「中國文化史叢書」，均可見婦女史也是這波文化史、專史寫作熱潮下的產物。[76]當今學者即將《中國婦女生活史》一書，放在文化史專史研究之列；[77]從內容看來，本書在一九二〇年代也有可能被視為「風俗史」相關。

文化史的研究在五四時期隨著中西文化、國故的討論而催生，梁啟超對人類問題與人類社會之探索，學衡派強調的獨異與批評，均使文化史越受注意。至一九二七年，文化史研究進入十年繁榮期，其中對社會性質的討論、社會史論戰，亦顯示社會科學創造了文化史的新天地。[78]文化史研究的熱潮與對「婦女問題」的關心，擦出一九二〇年代婦女史寫作與翻譯的火花。

再者，陳東原撰著一部以「全體」女性為主，而非強調少數個人事蹟的婦女史，應亦與北京學界興起的文化史觀相涉。史學學科體制的建立、變化與中國史學教育革新，也是五四新文化運動時期歷史研究寫作轉向的重要因素。[79]其中蘭普勒赫（Karl Lamprecht, 1856-1915）文化史觀引入高校所產生的作用，不容忽視。

蔡元培（一八六八－一九四〇）在一九〇八－一九一一、一九一二－一九一三年間曾在德國萊比錫大學親炙蘭普勒赫的「文明史學」，加以美國魯賓遜「新史學派」也多次提及其論點。蘭普勒赫的文明史學強調歷史進程的原動力在社會全體，歷史學是以社會科學為基礎，尤其是社會心理學。（陳東原後來研究心理學是否受此影響，待考。）

在此風氣之下，一九二〇年朱希祖（一八七九－一九四四）擔任北大史學系主任，增加該系大學部的社會科學課程，也嘗試運用新的史學理論與方法，提議研究「民史」；且由於蔡元培、朱希祖、李大釗（一八八九－一九二七）、何炳松（一八九〇－一九四六）的引介，蘭普勒赫史學對正在北大求學的傅斯年（一八九六－一九五〇）、朱謙之（一八九九－一九七二）等人也受此薰陶。[80]蔡元培的《中國倫理學史》受蘭普勒赫史學的影響，陳東原也曾在《中國教育新論》提及本書，[81]該書或亦為其史學認識之養分。

（三）新知識的開發：社會學與社會調查

社會科學在一九二〇年代中國學界興起，以「社會」為核心的新知識領域正朝著制度化與學科化的方向發展，[82]除了上述對北大史學系課程之調整，各種社會文化史的寫作與中譯亦顯熱潮。例如：陳東原書中所引 Muller-Lyer 的《社會進化史》，即是從社會學的角度出發；[83]他也自陳本書預期給「社會學門」的讀者閱覽。

另，一九二四年六月陳顧遠（一八九六－一九八一）曾自陳撰寫《中國古代婚姻史》一書的緣由云：「要研究社會學，當然要研究社會上各種普通的和特殊的現象。而社會上這些現象絕不自今日起，大都是經過數千百年遞次因變的結果。」也就是說，他為了研究社會學、「想用社會學的研究解決現有的問題」，才去探究起源和歷史、「演進的原理和自身存在的所以然」。而他也提到在「國故未完全整理以前」，要考察古代婚姻狀況之困難。[84]曾經參加過五四運動的陳顧遠，於一九二三年獲得北大法學學位，其後在北大政治系擔任助教，他對社會學的興趣與中國婚姻史、法制史的整理，多少可以讓我們窺見社會學在北京學界的潮流。

最後，風俗研究與社會調查研究，也刺激了社會文化史的寫作。一九二三年北大研究所國學門「風俗調查會」成立，[85]趙鳳喈於一九二六年十月見到母校社會研究科目中有「中國婦女在法律上之地位（過去與現在）」這個主題，於是參與研究。此為「中華教育文化基金董事會社會調查部」在北大所設的「社會研究獎金論文」，目的在調查中國社會以往與現在之情況。[86]可見當時社會調查中「婦女」這個項目，是時人探研婦女史風潮的原因之一。其後趙鳳喈出版《中國婦女在法律上之地位》（一九二八）一書，即是這個計畫的研究成果。

婦女史在當時雖未成一獨立成熟之史學分科，但常被列在社會科學或社會風俗史類別，目前所見之書目，即不少將婦女問題、婦女史、婦女解放運動、婦女生活、社會調查等放在社會科學的欄目中（例如《大公報》一九三六年六月的全國圖書總目）。誠如劉龍心發現中國社會經濟史的興起，不僅源於社會史論戰，也和早些時候的社會調查和實證研究密切相關。[87]社會風俗研究與調查，實亦有助於婦女史知識的開發與確立。連玲玲的研究指出，社會調查可以看成是形塑「婦女知識」的社會工程，在新文化運動時期成為求取知識的新工具，婦女成為知識的「實驗場域」。[88]

簡言之，陳東原受五四時代整理國故與古史辨之薰陶，擴大了史料的應用與對古史之質疑，而文化史觀與專史、文化史的興起，以及社會學與社會調查之風，讓當時學界產生不少社會文化史的研究，整理歸納婦女生活史。陳東原對婦女史的興趣，除了源自本身對女子教育的關注，也離不開一九二〇年代學術風氣與婦女解放風潮的影響，其婦女權益的觀點，跟國民黨的婦運論述貌似。

六、小結

《中國婦女生活史》一書被視為帶有濃厚的「五四史觀」而飽受婦女史學者之批評，特別是高彥頤對陳東原舊有範式提出質疑與否定，更直言自己《閨塾師》一書的研究目的是為了冀求改寫「五四史觀」（將女性受壓迫看作中國封建父權過往最明顯的缺點）。[89] 她於書中開宗明義指出：「只有當歷史學家對『五四』遺產進行反思時，社會性別才能成為中國歷史的一個相應範疇。」[90] 而這樣的想法，近年幾乎成為學者對「受迫者」與「能動性」兩種婦女史研究範式之間的論辯。

可惜關於《中國婦女生活史》所呈現的「五四史觀」，及其「婦女史觀」之內涵，一直罕見學者深入探討。且我們在未釐清該書寫作脈絡之前，似乎不能貿然直接為《中國婦女生活史》定調。

過往學界較圍繞在該書的「婦女觀」發言，而於陳東原對婦女史的歷史建構、書寫，以及婦女與歷史的關係，未能加以剖析。基本上，過往對「五四婦女史觀」的反省並未顧及「史（學）」之討論，對於本書的撰寫構想，及相關史學、社會環境背景，缺乏關注。

實則《中國婦女生活史》一書值得注意的層面，不只有批評傳統、打倒封建禮教「婦女觀」的單一面向。五四時期知識分子亟於處理社會問題，面對婦女受迫而導致的社會畸形現象，陳東原受胡適與陳獨秀等人之啟迪，除了探究本來關心的教育問題，亦思考婦女解放與女子改造。

特別是在「整理國故」與史學革新的企圖下，「歷史」被重新整理、詮釋，文明與文化重新被省視。研究方法的創新方面，古史辨的層累造成說、擴大史料蒐羅使用範圍，注意社會民生文化生活史、研究專史等等，這些都對於陳東原選擇撰述婦女史，這個他本來不熟悉的主題，並將書定名為「婦女」「生活史」有所影響。

而陳東原心中的典範，不是晚清知識分子常舉的西方女傑，而是邁向未來的「新生活」，那種他所謂的「社會主義天堂」。也就是說，陳東原《中國婦女生活史》呈現的是五四時期一種新的寫作方法（章節體專題通史）、新的研究取徑（社會生活史料、婦女文化史）與社會改革運動（以寫史來喚起婦女、解放婦女）的成果。

今日我們從性別批判的角度觀之，《中國婦女生活史》是一本男性視角的婦女生活史，書中的「婦女」成為被觀看、被檢視／觀看、被檢討、被憐憫的客體，欠缺主體性與能動性。書中彷彿陳列三千年來一堆可悲的、血肉模糊的女屍，只有在關於「近代」的篇章，讀者得以看到婦女如何與時局搏鬥掙扎，但仍難知曉她們眼中的歷史觀。[91]男性彷彿是文明的裁判與代言人、婦女運動的推動者，他們掌握了主要的話語權，將過去與當代對照反差，以男性作為典範的製造者，而歷史上的女人、婦女史成為其論述的工具而再現。這也是為何學者高彥頤認為五四學者描繪如此面目一致的婦女，沒有階級、地域、時空的差別，認為其論述是「非歷史」的。[92]

不過，筆者以為，陳東原仍頗重視時代變遷，他所寫的古代女性雖然形象面貌類似，他強調那是長期宗法制度的控制。陳東原的言論從現在看來雖顯陳舊，但他編纂的這部中國婦女通史，其史料運用之多元與寫作鋪陳之架構，卻提供後世對自古以來中國婦女的通盤了解，以及五四時期史學發展的部分認識。

誠如《中國婦女生活史》韓文譯者所云，陳東原雖然受到「啟蒙主義式」女性論述之限制，但確實為少數能有系統地呈現中國婦女史者，尤其該書豐富的史料以及特出的解釋方法，後人仍難超越。[93]本書脫稿近百年之後，我們仍罕見綜述中國婦女通史之佳作，今日研究者在批判之餘，亦有待反思。

第五章

近代中國的「婦女史觀」

一、被抨擊的「五四史觀」

「民主」與「科學」歷來被視為是五四新文化運動的核心精神，而一般也不會忘記一提「五四」對中國婦女解放思潮與運動的影響；然有趣的是，「五四遺產」多為人所稱道傳頌，唯最被學界抨擊者，卻是「五四史觀」。

陳東原《中國婦女生活史》被視為「五四史觀」的代表，然實際上，陳東原本人並未曾使用過「五四史觀」或「五四婦女史觀」這些詞彙，目前所知，「五四史觀」一詞並非來自五四原生的文化氛圍，應是一九二〇年代末期至一九三〇年代開始對五四與「傳統」、「舊」中國相對照而形成的一個概念。「五四史觀」一詞至一九九〇年後才較為常用，大多見於文學史與婦女史的討論。在研究者的討論中，「五四史觀」幾乎變成一個固定、特指五四時期對「傳統」見解（或誤解）的代名詞，例如鄭志明稱五四以後中國文學史之敘寫幾乎被「五四史觀」所壟斷；[1] 以及高彥頤在其《閨塾師》一書中更直言其寫作目的是為冀求修正「五四史觀」。[2] 他們雖泛稱「五四史觀」，然實際上各指「五四**文學**史觀」與「五四**婦女**史觀」。

當代對陳東原「五四（婦女）史觀」的認識，實基於一九九〇年代以來，對「傳統中國」婦女描述的偏見之批判與企求性別概念在中國婦女史研究上之運用。可惜關於《中國婦女生活史》中「五四（婦女）史觀」的具體內涵與形成背景，一直罕見學界探討，過往學者對「五四（婦女）史觀」的反省，並未顧及本書的撰寫構想，及其史學與社會思潮，我們在討論或批判「五四（婦女）史觀」之前，實有必要先了解。

尤其「婦女觀」與「婦女史觀」兩者概念常被混淆，不利討論。筆者以為，「婦女觀」指的是某人或某作品呈現對女性／性別角色的觀念與評價；而「婦女史觀」探討的核心則是史學與婦女的關係，例如史家（著作）如何記載婦女史、陳述婦女在歷史演變中扮演的角色。也就是說，歷史演進的概念，研究歷史所採取的方式，時人如何「放置」女性於歷史，如何思考女性在歷史（學）中的作用，實應放入討論，才能真正認識「婦女史觀」。

筆者探討近代中國婦女史書寫經過怎樣的轉變，本章即梳理從這些轉變中我們可以看到何種性別／婦女史觀。明乎此，一方面有助於我們一覽二十世紀初期中國婦女史寫作的成形與變化，亦得以確認「五四話語」在其中的意義，再思當今中國婦女／性別史研究。

二、寫作體裁與架構

首先，史觀由體裁所承載，而敘事時間軸也是歷史書寫重要的元素，均是我們分析所謂「婦女史觀」應釐清的基礎。

（一）傳記、紀事本末體與章節體

「傳記」一直是中國女性史書寫的主要體裁，第二章筆者所謂「永恆的『列女傳』」，代表漢代《列女傳》以及南朝《後漢書》所建立的女性傳記經典範式，仍為後世所傳唱、挪用，直到民國初年尚未完全取代，《清史稿》即採用兩千年的「列女傳」傳統來編寫。

此種體裁是中國史書記載人物的千年史學書寫傳統，有固定的撰述宗旨與敘事結構。女性傳記開頭通常會簡單以婦女的父、夫或子等人姓名、籍貫或功名官爵帶出女性傳主的身分，接著藉由事蹟或對話來特寫一位女性的德性，傳文用辭基本上都在支撐作者想要凸顯傳記主人翁之情操，而不是婦女各階段具體的生活，當然傳中所描寫的生命歷程是極度濃縮、特殊採選與局部放大的。再者，運用紀傳體史書中的列女傳體裁來書寫女性生命史，由於人物排列與篇幅的限制，女性形象更顯得「千人一面」單一特質的侷限。[3]

而處於新舊轉折之際的徐天嘯，即使其所著之《神州女子新史》在體例運用上有創新的意向，利用晚清開始流行的章節體架構，敘事貌似紀事本末體，然內容卻類似是傳統女性傳記的格套，書中每小節由一篇篇女性傳記所組成，並附有史評「女史氏曰」，論斷人物。

紀事本末體強調的是以事件為軸，基本上結合編年體以時間為序以及紀傳體以人物事蹟為核心的書寫方式。但在書寫婦女史時如何以事件為中心，串聯婦女人物事蹟？又如何在章節架構下鋪陳？

以《神州女子新史》「明代」這一章為例，若以事件為中心，主題可為其所選擇的「明之統一及改革」、「燕藩之亂」、「明初兵威」、「洪熙宣德之治」、「土木之變及于謙」

等等。然本書編排成第一節馬后（明之統一及改革）、第二節葛月娥、第三節女秀才、第四節葛士吉之女、第五節丁錦孥、第六節戴德彝之嫂（燕藩之亂）、第七節姚廣孝之姊、第八節徐后、第九節胡廣之女（明初兵威）、第十節胡后（洪熙宣德之治）、第十一節張太后（土木之變及于謙）……等。

也就是在時間發展的部分，徐天嘯抱持以史事為軸的紀事本末體思維，但可惜或許是為了配合章節體以章分隔時代段落、以節來區分個別人物的寫作方式，該書歷史事件的發展被各節女性傳記標題斷開，「以事繫人」的撰述主旨就被沖淡了。更別說書中將「燕藩之亂」等事件主題以小字號呈現，以致無法彰顯徐天嘯原力圖將婦女與歷史脈動的結合，讀來每節串連起猶似羅列成群的「列女傳」，相當程度仍是一種「新瓶（章節結構）裝舊酒（人物傳記）」的婦女史寫作方式。

陳東原《中國婦女生活史》的傳記特色最為薄弱，該書編排以時代為順序，用朝代來貫通各章，以主題區分各節，例如包括：婚姻、婦女教育、貞節觀、娼妓、各地婦女風俗、近代女權等等。

僅有少數如班昭、李清照（一〇八四－一一五五）有單獨一節個別介紹，還有在維新時代這部分，他羅列幾位人物，如出洋留學的女子（康愛德）、為革命犧牲的女子（秋瑾）、為戀愛而犧牲的女子（吳其德）、從軍者（吳淑卿）、參政運動者（唐群英），或許是為了凸顯時代特色而舉例。

章節體是十九世紀末二十世紀初興起的寫作方式，這種體裁的優點在於書寫者可以時間或主題來做章節之區隔，分門別類、綱舉目張。《中國婦女生活史》的節名即清楚表達了作者的觀念：

第一章「緒論」中，例如：一「男尊女卑使女子動輒得咎」、二「丈夫心理與妻子心理之異樣」、三「女子無才與有才一樣痛苦」；

第二章「古代的生活」中有：六「離婚是男子的特權」；

第三章「漢代的婦女生活」中有：一「脫古改制與褒獎貞節」、五「女性墮落的由漸」；

第四章「魏晉南北朝的婦女生活」中有：二「婚姻重門第及其流弊」、十一「晉代女子之風雅」；

第五章「隋唐五代的婦女生活」中有：三「宮人之痛苦」、四「官伎之盛」、十「纏足的起始」；

第六章「宋代的婦女生活」中有：一「宋儒對於婦女的觀念」、二「社會對於離婚再嫁的態度」、三「男性底處女嗜好之產生」、四「第一個女性同情論者——袁采」、六「曠世女文人李清照」；

第七章「元明的婦女生活」中有：二「提倡貞節之極致」、四「無才是德一語之產生」、六「『妻不如妾』與妾的情形」；

第八章「清代的婦女生活」中有：二「男子眼中的女性美」、三「貞節觀念之宗教化」、六「婦女文學之盛」、七「集大成的女教」、八「好媳婦的標準」；

第九章「維新時代的婦女生活」中有：「興女學的運動」、「女權思想之反動」、「教會辦的女塾成績」、「為戀愛犧牲的女子」、「從軍的踴躍」、「參政的運動」；

第十章「近代的婦女生活」中有：「五四運動與婦女解放」、「教育上的解放與缺點」、「職業上的解放與其痛苦」、「婚姻上的解放與其不足」、「性態度之亟應改革」、「理想中的社會主義下之婦女」。

以上這些章節名稱，提示讀者該書的時序與各朝代婦女生活與變化的重點，特別是作者的主張：男尊女卑、婦德與貞操之限制、宗法的壓迫、男子將女子視為玩物，以及倡導女權、五四運動與婦女解放等等概念。

從這三部著作，我們可以明顯窺見女性史寫作的體例在民初的採選、變化與影響。《清史稿》仍是以「列女傳」為重要的女性史書寫載體；而《神州女子新史》如同時期的歷史教科書，外形結構採取新式章節體，使用類似紀事本末體的方式來敘史，內容嘗試在事件下綜合女性傳記。相較於受科舉教育的徐天嘯，所讀女性史多為傳統傳記，一九二〇年代中期，受過新式教育的陳東原，所讀著作已經大量為章節體結構，《中國婦女生活史》終脫離列女傳記的寫作框架，採用比較純熟的手法，以章分別朝代，由主題串聯各節，論述主旨鮮明。

（二）時代分期與時間感

近代中國女性史書寫改變的重要特徵，除了體例上從「列女傳」轉變為章節體，敘事的時間感與時代分期也值得注意。

傳統紀傳體朝代史以列傳烘托本紀，由於羅列人物的書寫模式，加上列女傳崇尚女德的鮮明目的，列女傳內文或有以該朝代時間為序編排的可能性，例如武英殿本《明史・列女傳》的分卷段落較有時間性：〈列女一〉收錄洪武至正德年間的節孝婦女；〈列女二〉集中在嘉靖至萬曆年間；〈列女三〉所載全為崇禎年間的女性事蹟。然而中國傳統列傳「以類相從」的特質，女性傳記多半呈現的是類型化之臉譜，較無時間感，《清史稿・列女傳》即如此，大致上第一卷以賢孝女性居多，第二卷以貞女為主，第三、第四卷則為大量的殉節烈婦、烈女，共包括九類婦女：「賢母、孝女、孝婦、賢婦、節婦、貞婦、貞女、烈婦義行，邊徼諸婦」，其中，「邊疆婦女」即集體放在列女第四卷中。

晚清重編國史與歷史教科書之風盛，其寫作打破過往以朝代分期與帝王世系的敘事，改以「時代特徵」為歷史分期的依據。例如梁啟超〈中國史敘論〉（一九〇一）把中國史分為上世（黃帝至秦統一，他稱之為「中國之中國」時期）、中世（秦至乾隆末年中國與亞洲各民族交涉競爭的「亞洲之中國」時期）、近世（乾隆末年以降為與西方交涉競爭的「世界之中國」時期）；而劉師培《中國歷史教科書》（一九〇五）也用「上古」、「中古」、「近世」來劃分。[4]

傅斯年在一九一八年更以漢族在中國歷史上的地位為基準，直言「一姓之變遷誠不足據為分期之準也」，他使用「上世」（東周至陳朝）、「中世」（隋朝至南宋）、「近世」

（元至清代）與「現世」（民國以來）分期。[5]這種線性史觀與漢族中心意識，在徐天嘯《神州女子新史》也可見，該書分為「上古」（太古到周代）、「中古」（秦至元代）、「近古」（明代），徐天嘯一九一二年十一月在《神州女子新史》續編，稱明末之後為「專制之末代史」。晚清民初學者對於中國史之分期各有不同意見，但劃分的標準多半在於時代變遷，梁啟超《中國學術思想變遷之大趨勢》（一九〇二）即將「近世」劃在明亡之際，桑原騭藏則以清代為「近世史」的起點。[6]

陳東原之敘史雖然維持朝代更迭的敘事軸線，未使用歷史分期模式，但他仍明確地將時代斷開。在他眼裡，「維新時代」以前的各個朝代，基本上屬於「舊的」、「傳統」時代；在女性處境方面，維新時代是「新潮的結胎時代」，辛亥前後是「新潮的蠢動時代」，五四時代則是「新潮的誕生時代」、「女性新生的時代」。而除「維新」與「五四」時期以外，對他而言，「民國」也是另一重要轉折，書中處處使用民國來紀元，例如將宋代記為「民國紀元前九五二－六三六年」。

其中「五四」是最重要的分期點，書中第十章「近代的婦女生活」以五四作為劃分點。他所謂的「近代」指的是一九一六至一九二七年那段時間，該章所論「新潮的誕生時代」，談論的是五四前後社會的轉變。他視五四之前是「理論時代」，五四之後為「新生時代」。他將五四視為中國新文化發展的重大關鍵，不只是政治運動，還包括五四時宣傳的思想革命、社交公開、婦女解放、戀愛自由、教育平等言論等等。不過，他對五四運動的討論，時而也混入自己寫作當下的社會情狀，也就是說，在時間上，他常視「五四」為不遠的過去，但時而又看似「當代」。

五四史家將自己所處的時代視為一重要的歷史分水嶺，在邁向未來的道路上，回顧歷史。遙遠的「過去」為「傳統、落伍」，現在與未來則是「新生活的時代」。他們將婦女處境作為判別社會文明發展的度量衡，「傳統婦女」等同於中國的落後文明，「傳統」等同於「黑暗」、「封建」、「落後」；「婦女」的過去等同於「受迫」、「受摧殘」，於是他們認為需要將婦女從過往的泥淖中救出，才能讓女性、社會走向「光明的」未來。

陳東原的時代感與敘史，基本上是一種線性史觀。學者王汎森指出，「線性史觀」是非循環式的、退化式的，認為歷史的發展是線性的、有意志的、導向某一個目標的、向上的、不會重複的、前進而不逆轉的。線性史觀將未來從不可知變成可知的，帶領人們思考過去、現階段與下一階段是什麼？此想法一般認為是在晚清受到日本的「文明史學」的影響而起。[7]

陳東原對歷史的看法具有進化的觀點，他曾云：「根據歷史進化的眼光看，無論那一個時代，都是過渡時代。」（〈後序〉，頁二）他覺得一方面要了解世界潮流，另一方面也應該深知過去的歷史，並強調歷史是進化之母。歷史對他而言，其發展是自然的，他說：「婦女之重修飾及修飾之進步，是這時代（魏晉南北朝）重要的表現，然也是歷史的自然所演成。」（頁七九）但在其筆下，清末以前中國婦女生活的發展，呈現越來越悽慘的狀態。他將歷史視作指引明路的作用，他說：「婦女們現在可不站在歧路上嗎？若有人能把回頭的路、現在的路、將來的路，系統的、深切的、明白的指出，在這時候該是如何切要的工作？」（〈自序〉，頁三）

誠如學者研究「時間感」，發現法國大革命時期人們將「現代」視為一種獨特、優越的時間範疇，它開啟了人們的唯意志觀點（voluntarism），即認為人們可以塑造未來，加速時間的進程，形成另一種命定論。[8]陳東原對五四以後婦女的處境，充滿肯定，對未來充滿願景。他眼中的「下一階段」是女性從新的婚姻制度解放出來，最高的一端是「社會主義」的社會。

此種進化史學觀點，在五四時期相當興盛，特別是胡適所談進化論的方法論，認為這是一個「歷史的態度」（genetic method），也就是以歷史發展的態度去看待事物，文學、哲學等都是時代環境的產物。[9]而陳東原從歷史的方式或態度來看待婦女的問題，正是這個思潮的展現。他也抱持社會進化的必然發展，曾云：婦女分工是社會進化的必然結果，他徵引Muller-Lyer的《社會進化史》一書，提及新式小家庭之簡化即是進化的趨勢。（原書頁四二四－四二五）

就婦女與時代感而言，美國學者湯尼・白露（Tani Barlow）認為，近代中國女性主義史學中的「過去未來時」（future anterior），包含在「現在時刻」（或過去中的「現在時刻」）那個隱蔽的或者預期的未來。這種對婦女「曾經」可能是什麼的時間性關注，在女性主義作家著作中相當突出。她提出「過去的未來」這個概念，提醒我們「對『婦女將會是什麼』的強調，實際上動搖了文獻證據中對婦女所指。」[10]而我們從陳東原等人的言論可見，一九二〇年代知識分子檢討過去，實是為了當代之實踐，婦女被作為時間軸上可移動之標的物，檢視婦女過去的處境，乃為了人們對當下和未來婦女情狀之預期，以及提供問題解決之方案。

本書所討論的三部著作呈現的都是「男性的時間感」，不僅作者是生理男性，其所預設的時間與歷史觀，也都是男性、父權式的。無論是《清史稿》中無時間感的女德、《神州女子新史》喚起婦女以解決國族燃眉之急，或是《中國婦女生活史》全盤批判傳統女教。學者杜贊奇（Prasenjit Duara）曾指出，晚清以來國族主義者對婦女問題表現出一種父權態度，其表述方式是將婦女作為恆本永真（authenticity）的核心，放在一個國族的線性歷史描述模式中，呈現的是沒有時間變化且相近的女性面目。[11]

整體而言，婦女史寫作的時間感與歷史觀，在《清史稿·列女傳》中最無變化，其他兩部新式女性史著作中，時代變遷的概念較為重要。徐天嘯雖在每章節末尾「慣性」地放上朝代系統表（帝王世系）供讀者參考，但其實他注意到歷代時局變遷、興亡成敗與婦女的關係；陳東原的著作更不在話下，該書主要即在彰顯婦女地位的時代變遷，站在「五四」，悲憐過去、展望未來。

三、婦德典範選擇與轉移

中國婦女史書寫中一個非常重要的性別文化遺產就是：「婦德」。列女傳記的傳統，兩千年來基本上並未超脫劉向《列女傳》的類型，後世除「辯通」類減少以及「孽嬖」類型十分罕見以外，其他如「母儀」、「賢明」、「仁智」、「貞順」、「節義」等類型，歷朝書寫不衰。民初婦女史寫作的重要主題亦是如此，《清史稿．列女傳》序言中標示傳中包含：「賢母、孝女、孝婦、賢婦、節婦、貞婦、貞女、烈婦義行、邊徼諸婦」這些類型，編者也交代其婦德楷模之蒐羅參考，文曰：

> 清制，禮部掌旌格孝婦、孝女、烈婦、烈女、守節、殉節、未婚守節，歲會而上，都數千人。軍興，死寇難役輒十百萬，則別牘上請。捍強暴而死，爰書定，亦別牘上請，皆謹書於實錄。（頁一四〇二〇）

也就是說，作者引用的根據為：清代旌表制度蒐集表揚的孝婦、孝女、烈婦、烈女、貞女、節婦，另外還有在戰亂之際抗暴守貞而死的婦女之紀錄。

學者季家珍分析二十世紀初期中國所見中西女性記載中的女德論述，以四個時序模式來區分這些資料：永恆主義（eternalist）、社會改良主義（meliorist）、古典現代主義（archeomodern）與當下主義（presentist）。她認為永恆主義者將古典婦德視為永恆不變，反對新的、外來的女德價值；社會改革主義者著重在中國女性典範，但抨擊節烈行為；古典現代主義者則崇拜西方女傑，給予中國女德新的評價，不認同傳統才女，關心國族主義下的女才；當下主義論者則鄙夷過去，將婦女與國家連結，最稱讚巾幗英雄與西方女革命家。[12]

綜觀上述近代中國三部婦女史著作，《清史稿．列女傳》的女德歌頌，明顯屬於季家珍所謂的「永恆主義者」，編史者甚至反對人們對性別角色之「異議」曰：

晚近好異議，以謂女齹於父，妻齹於夫，慼慼求自食。或謂女制於父母，婦制於舅姑，妻制於夫，將一切排決，舍家而躐國，務為閎大，其過不及若殊，要為自棄其所職而害中於家國則均。嗚呼，何其誣也！（頁一四〇二〇）

可見其對當時社會提倡婦女獨立自主之主張，十分不認同，批評這種主張是捨棄婦女本來在家庭的職守。

不過，《神州女子新史》中的女德塑造，似乎無法歸納於上述這四種類型之一，徐天嘯雖然稱美古來的孝女貞婦、賢妻良母，但他非如永恆主義者拒絕新的女德，他鼓勵女子參政權與婚姻自由；他讚美節烈精神，所以也不能算是社會改革論者；他雖稱讚西方女傑，但也歌頌中國傳統才女，亦非屬古典現代主義類；他更沒有像當下主義者那樣鄙夷過去的中國婦女。而《中國婦女生活史》雖類似社會改革論者批評節烈行為，也同當下主義者鄙視過去的中國女性，但書中並不稱頌女英雄與西方女傑。

要之，在二十世紀初期的婦女史寫作當中，婦德表述的類型，不易納入上述框架之中，但確實是作者關注的重要核心，即使陳東原不稱頌節烈婦女這類典範，但從他抨擊那些撰述、施行女教者為罪人，正可見所謂「模範」婦德的變化，以及婦德仍為作者寫作時思考的要項。那麼，晚清民國這些編著者如何書寫婦德？類型化或者非類型化？選擇為何？

（一）類型化

婦女的家庭角色是二十世紀初婦女史書寫的重點。《清史稿．列女傳》內容取自清代傳記史料，基本上強調家庭倫理的統治模式，婦女的家庭角色、家與國之間的對照十分明顯，〈列女傳〉序言首曰：

> 積家而成國，家恆男婦半。女順父母，婦敬舅姑，妻助夫，母長子女，姊妹娣姒，各盡其分。人如是，家和；家如是，國治。（頁一四〇一九）

基本上修史者認為婦女應各盡其職、各守其分，則與士農工商同樣對國家有貢獻，家和則國治。而其中「母長子女」，也就是母儀的古老典範，特別值得我們注意。

1. 賢母

早自劉向《列女傳》首列〈母儀篇〉，占了全書百分之十左右的篇幅。其中有重視胎教的「周室三母」、規誡訓導的「齊女傅母」、視前妻之子如己出的「魏芒慈母」等等。而這些「模範母親」，在晚清民初都不斷被提起，學者指出，中國有豐富的母儀個案，比起法國與日本，都好引史為例，[13]本研究也發現列女傳、女德、賢母等中國性別文化的歷史遺產，對民初婦女史書寫的影響及其重要性。

《清史稿．列女傳》中的母儀類型以課子讀書者或教（助）子為政者為多，慈母較少。清代國家表揚賢母的案例比明代增加，晚清至民初的方志也多有旌表賢母的事例，顯示無論史料援引或當代傳記編寫的體例，修史者都不會遺忘「母儀」這項婦德。

徐天嘯所搜錄的女性，也包括賢母，例如勸勉向善的孟母、何無忌之母；智母王陵陳嬰之母；講求忠義的趙苞母、范滂母，姜敘母、趙昂妻；雋不疑母、嚴延年母寬刑的仁母；勸清廉的崔元瑋母等等。基本上，所選都是教子有成的母親。不過，近代中國知識分子推崇的「賢妻良母主義」，也就是經由教育女性使其為賢妻良母，作為輔助家內使國家走向強國強種的想法，在《神州女子新史》一書中並不明顯。

陳東原《中國婦女生活史》則認為維新時代中國婦女從「女子無才便是德」的生活標準，變為「賢妻良母」的生活標準，稱「良妻賢母主義」為女權思想的反動。書中引用龍江女學的楹聯曰：「孔聖孟賢咸資母教，伏經班史蔚為大家，賢母能為保傅事，雛娃解唱國民歌。」批評維新時代的女子教育是改革虛有其表、守舊其實。（頁三四八）他並徵引胡適的「超於賢妻良母」人生觀，稱讚此種獨立自主的女性。

但矛盾的是，對於母職，陳東原認為社會的改良在於具有優良的分子，此有賴良好的家庭生活與完備的教育，而受高等教育的女子，是優良孩子的最好母親，這個論點似乎又有晚清強國保種論述的影子。再者，他也不贊同完全屏除婦女的「母性」特質，自稱「婦女主義（也就是 feminism）者，也絕不要求免除母性的責任、光榮和困苦。」（頁三九五）他相當肯定培養為人母的教育與家政教育。

從《神州女子新史》、《清史稿·列女傳》到五四時代的陳東原，都可見母親的角色與美德在這些婦女史著作當中，基本上是被肯定的，而且也常被視作家庭與國家之間的橋樑。只是在《神州女子新史》與《清史稿·列女傳》是明顯有類型化的人物介紹，《中國婦女生活史》則無。

2. 女傑

除了賢母形象的突出，民初婦女史書寫延續晚清時期對女傑的崇拜。誠如柯惠鈴也指出：革命運動在宣傳上將民權與女權疊合，將女權衰微與君主專制統治秩序相連，締造出「女傑」這一類新的時代性別範式。[14]

徐天嘯書中尤其凸顯「武德」，他讚譽國家有難時，女子挺身而出或殉國，稱頌外族欺凌時，女界往往有英傑女子，「纖纖玉手支撐半壁江山，赫赫香名壓倒一朝文武。」例如荀灌、秦良玉等人；又讚譽女子革命軍與女子北伐隊等為中國女界之光，他認為這些尚武精神愛國思想，超越法國的貞德為多。（結論，頁五－六）

《清史稿》亦出現武德這種與以往朝代史〈列女傳〉不同類型的女性典範，《清史稿・列女傳》領民抗賊與建立軍功者有七例，尤以沈葆楨之妻林普晴的記載最為詳盡，她助夫守城對抗太平天國（事蹟亦見於《神州女子新史》）。可惜由於清史館員的遺老心態，晚清抗清楷模如洪宣嬌與蕭三娘，都沒有入傳。而《中國婦女生活史》與前兩部書不同，該書撰述主旨並非宣揚女傑，主要在描述婦女被壓迫的悲慘命運；甚至關於女子從軍，陳東原批評她們沒有「徹底」的見解，終至女權運動失敗（頁三五八）。

《神州女子新史》提倡義烈或慈善事蹟，都是有益於社會的女傑，鼓吹別具武德的女勇士，皆為強調對國家社會貢獻己力的女性形象。晚清婦女期刊中的女性傳記即隨著國族意識而轉變，特別以對社會有貢獻的女傑與女勇士兩種形象為主。[15]該書與當時女性傳記書寫的目的與風格相符，二十世紀初期不少報刊雜誌皆登有女性傳記，《女子世界》中即載有節烈孝女、賢母良妻、特立獨行、文章靈秀、俠義與善武之女，柳亞子（一八八七－一九五八）即曾以「亞盧」為筆名在《女子世界》發表過花木蘭、梁紅玉等人的傳記。這些刊物的史傳欄亦試圖藉由女性的傳記來激發讀者的民族與革命情操。

對中國史上女傑的重新挖掘與列舉，可說是革命派知識分子試圖藉由重塑既有的傳統而成其期待之現代。與強調「賢妻良母」異曲同工，都是晚清改革者救國於危機的前提下，改造女性而重新拼裝的性別形象，這些形象在傳統當中都可以找到因子，卻在清末民初被賦以藉此喚起婦女貢獻家國的現代目的。

除了女英雄的出現，才女也是民初婦女史著中相較於過往「列女傳」比較不同的形象之一。《清史稿．列女傳》所載才女人數多達六十二人，她們善於詩詞、博通經傳、曉習史學，甚至精於科學與藝術，[16]有些女子同時為賢母、節婦或才女，專以才學著稱而非婦德而入傳的亦共有十八傳，這是前一部朝代史《明史．列女傳》所未見。《神州女子新史》也褒揚才女，稱之為「吾國史學界之偉女子」，如班昭、謝道蘊、宣文君等等。而陳東原也稱頌才女李清照，但可惜關於清代才女他只列出名單，沒有詳述其事蹟，顯然對此並無太大興趣。

（二）非類型化

過往中國婦女傳記或各種生命史記載，基本上被類型化、標籤化甚至標準化。[17]至二十世紀初期，《神州女子新史》與《清史稿．列女傳》所選的女德範圍，從「貞節烈女」增添了賢母或女傑／才女，雖然或有新的角色與新定義，但這兩部婦女史著仍舊沒有脫離類型化女性人物的寫作框架。

《中國婦女生活史》則不同，曾讀過新式師範學校的陳東原，五四新文化運動期間就讀北大教育系，一九二六年，年僅二十四歲的他完成了《中國婦女生活史》初稿，由於汲取自五四新文化運動時期的養分，他有意識地去除以往歌頌女德、女傑的婦女史寫作，不以后妃女傑為中心，而是針對一般婦女的「生活」，他明白指出：

> 我這本書不是要稱誦什麼聖母、賢母，也不想推尊什麼女皇帝、女豪傑給女性出氣，因為這一班人與大多數的婦女生活沒有什麼關係。我只想指示出來男尊女卑的

觀念是怎樣的施演，女性之摧殘是怎樣的增甚，還壓在現在女性之脊背上的是怎樣的歷史遺蛻！（頁一九）

但與其說本書是記述婦女「生活史」，不如說是論述中國婦女地位的時代變遷。

陳東原曾計畫先撰寫「中國教育史」，他試圖以新的專史寫作方式來面世，脫離過往以人物、婦德類型為核心的傳統，不以類型化約女性人物。然而，他所使用的方式卻是與傳統一刀兩斷，將過去的婦女／婦德一竿子打翻，全盤否定。中國婦女在悠長的列女傳記傳統中，本來多為典範（如貞節、義烈、賢明等），但到了二十世紀初期，在強烈的國族建構與強國保種的論述中，成了男性眼中落後的象徵。至五四時期更成為「社會問題」，需要被檢討改進；婦女看似不被「類型化」，然卻全盤被否定。

四、婦女史觀：閨範、女權與社會改造

上述這三部著作，足見近代中國女性史著論述架構的史觀內涵與轉變，從女德閨範、女

權史到改造社會的基本軌跡，而這三種書寫概念在民初迂迴周旋、時而並存。[18]

（一）閨範教化

前文已經敘明《清史稿．列女傳》與《神州女子新史》對中國女德典範之堅持與選擇。女性傳記的教化功用，到了民初依舊存在，《清史稿．列女傳》傳序即曰：

> 列女入史，始《後漢書》，用其例，擇尤炳著如干人，賢母、孝女、孝婦、賢婦、節婦、貞婦、貞女、烈婦義行、邊徼諸婦，以類相從。其處變事相亞者，厭而比焉。纂昔懿，俵來淑，敬我彤管，宜有助於興觀。（頁一四〇二〇）

史館人員自陳其援引首部朝代史列女傳《後漢書》之體例，擇要編纂過往之懿德，以向女史致敬，最終仍是希望有助於「世道興觀」的作用。

而徐天嘯《神州女子新史》提及自己選的女性人物都是有高尚之旨趣、奇特之思想、獨立之主義、偉大之事業者；他期待這些人物之生平歷史，有「令人感想之、讚美之、謳歌之、崇拜之。」如讀西方批茶等婦女史。（序論，頁四）因此看來，他也是將女性事蹟作為感化人們的工具，尤其是針對「女界同胞」。

那麼徐天嘯的著作與過往女德閨範又有何不同？他認為過往的女教，採摭古代聖賢嘉言（如《女訓》）或者採集古女子行誼（如《列女傳》），都是殘編斷簡、沒頭沒尾的錯落如亂石，或只涉及一人一事，如同無數的墓誌銘，跟時代興亡無關，並不是歷史，只是修身教科書。他自云該書目的不同，他重視以偉大之理想來談民族興亡盛衰的前因後果，他要振起女子之志氣、發揚女子之精神且提倡女權來勸勉婦女，而非用「陰柔卑弱」來束縛女子之身心。（結論，頁二一－三）可見徐天嘯同樣是採選女性人物事蹟來感化婦女，但他是放在時代變遷來描述，且鼓勵女子獨立自主，而不是用婦德來規範婦女。

（二）喚起女權

《清史稿》反對婦女獨立自主之「異議」，寫作主旨自非為女權而作；徐天嘯則明言其著作目的之一為提倡女權，其云「欲發揮吾民族數千年女界偉大優美之歷史，而提倡女權之發展」（正編，頁二）。日本學者須藤瑞代曾歸納近代中國女權論述，要點大致有四：「作國民之母」、「盡與男子一樣義務」、「摸索新角色」與「拒絕做女國民（拒絕在民族國家框架下的女性解放）」，[19]從這些類型看來，徐天嘯的女權言論，比較接近「盡與男子一樣義務」，他所喚起的女性，是要獨立自主並為國家貢獻的女子，他也使用「女國民」一詞。

而且徐天嘯處處將男女一視同仁，強調女子與男子共同擁有、共同建造的世界。其曰「夫天地生人，本無厚薄，豈獨鍾才於男子哉？」（序論，頁四）顯然不贊成男尊女卑，他說：「自陰陽剛柔、尊卑強弱種種之界說發生以後，男女兩界間，遂劃然分一鴻溝。男子既以陰柔卑弱相待，女子亦以陰柔卑弱自居。」（結論，頁一）他哀嘆二十世紀為女子飛躍的時代，但中國女子「病質奄奄，如大睡而不覺，如大醉而不醒。間有少數人拔身醉夢之中，越出範圍之外，求學識、倡平權，而羣且笑而目之曰：此釵而弁者也、此不守閨範之女子也。」（序論，頁三）

不僅如此，徐天嘯更注意到女性為歷史發展的動因，他說：「以一女子投身社會中，其一舉一動之或成或敗，皆於世界之進化，民族之強弱，有絕大之關係。」（序論，頁一）讀者的反應亦如是「予讀女子新史而知女子於國事故有絕大之關係；而後知世人僅僅以德容言工責備女子者，其目光小如豆；而後知古往今來之奇女子、俠女子正不可以悉數。」（陸麗芳，跋，頁二）也就是有別於過往閨範女教的約束，《神州女子新史》突出的是婦女在歷史上的積極貢獻。

相對於《清史稿》強調節烈與相夫教子、《中國婦女生活史》強調傳統婦女受宗法摧殘的柔弱；《神州女子新史》的寫作方向則為積極恢復先民之榮耀，「放萬丈光明於二十世紀中國女子世界黑暗之洞裡」，不拘泥於陰柔卑弱之界說。（結論，頁七）徐天嘯試圖勸勉中國婦女奮起，將女性史作為發起女界革命的利器，他從傳統中國追尋「奇女子」，讚揚這些堅強勇健的女性。他與辛亥革命時期宣傳喚醒婦女、推翻滿清的概念最為相近，即當時女權運動之兩個目的：政治上革命排滿、爭取共和，社會意義上倡導女權，並將兩者相合。[20]

徐天嘯的平權想法，基本上是在民族主義與民權主義的框架下，強調種族革命、國體政體之革命。而或許是受到革命成功、推翻滿清的鼓舞，徐天嘯及其友人對於男女共同製造的中國充滿熱血期盼，女子參政同志會的陸麗芳即讚揚女子參加神州流血史，贊助且實踐革命，於是女子得以「雄飛」、女權得以擴張。（陸麗芳，跋，頁一）

（三）改造社會

學者已指出，民初著作中的五四觀念，隱含了男性的個人問題，卻期望女性通過她們自己的生育能力與家務勞動來強化家國。[21]那麼，五四知識分子如何看待婦女與歷史之間的關係？

1. 歷史的功用

五四時代對於整理歷史、研究歷史頗有狂熱，胡適強調用歷史的眼光來擴大國學研究的範圍。他曾說：

> 無論研究什麼東西，就須從歷史方面著手。要研究文學和哲學，就得先研究文學史和哲學史。政治亦然。研究社會制度，亦宜先研究其制度沿革史，尋出因果的關係，前後的關鍵，要從沒有系統的文學、哲學、政治等等裡邊，去尋出系統來。[22]

意即，他以為歷史能協助人們尋找各種問題的脈絡並系統化知識。陳東原對歷史的看法為：

歷史是「故事，雖然是舊的，但它的意義，卻永遠是新的。」又曰：「有了中國種種舊史，並不妨用新的方法，重寫種種新史。」[23]於是他採取新的方法來寫新的婦女史。

陳東原以為想要解決中國教育問題，不能不研究中國教育史；而研究婦女史則是為解決當前的婦女問題。及至一九三〇年代，陳東原仍說道：「最簡單的歷史作用就是記憶」，「目前中國一切學術思想制度方法都在風雨飄搖的時代，用歷史研究來解決問題，是更切要的貢獻。」[24]他認為歷史是壓在女人身上的負擔，為解除這樣的壓迫，必先從梳理歷史開始。《中國婦女生活史》的寫作用意即為：「指示男尊女卑的觀念是怎樣的施演，女性之摧殘是怎樣的增甚，還壓在現在女性之脊背上的是怎樣的歷史遺蛻。」（頁一九）也就是說，他將歷史視作改革現實、解決問題的工具。

2. 解放婦女

陳東原《中國婦女生活史》曾用一章的篇幅談論近代女權之發展，其論點不是要女人跟男人一樣，而是看到兩性的不同，但是他反對男女的差別待遇。學者提出，一九二〇年代可說是由「女權」論述演變為「婦女運動」的時期，[25]陳東原與晚清知識分子主要在國族與愛國主義的立場下推動婦女運動不同，而且他絲毫沒有以暴力、革命方式來解決問題的意圖。陳東原的撰述，實走向一個以解放婦女為目的、控訴兩性不平等的性別史。

陳東原與國民黨關係密切，曾擔任安徽國民黨部祕書，也曾在中國國民黨主辦的《星期評論》上發表文章，當時國民黨機關報《民國日報》上都有不少婦女解放言論。他關於婦女權益的觀點，大體上與國民黨的婦運方向相近，如：男女教育平等、職業平等、法律平等、保護母性、打破奴隸女性的禮教、反對多妻制、離婚結婚自由等。

然而陳東原的觀點基本上不完全是為了女性權益，他比較著重在解放婦女以改革社會，所以或許應稱之為「社會改革運動」。該書主軸在控訴過往中國婦女受到宗法、經濟與性壓迫之過往。他梳理婦女受害的歷史，期能刺激婦女走向「社會主義天堂」的「新生活」。

五四時期男性知識分子將歷史視作改革現實、解決問題的工具，研究婦女史是為解決當前的婦女問題，婦女史乃為「婦女解放」服務、作為「婦女問題」成立的根源，檢討「傳統」婦女是為了「改革社會、再造文明」。

3. 檢討「傳統」「婦女」以「再造文明」

從晚清到二十世紀初期，史學被看成是喚醒國民意識、激發愛國熱情、促進國家進步的手段，至五四時期，則以過去歷史作為當前改革的藉口，以及朝向未來的願景。[26] 五四時期整理國故是為了把舊道德的「老鬼」整理出來批判，既然打倒了國粹、否定了過去的文明，即面臨到該如何再造文明的問題。

文明與婦女史的關係何在？晚清以來，女性地位即被視為衡量文明化的尺度，[27] 到了五四期間，女性的附屬性又與中國的文明落後、國勢衰弱相連結。[28] 五四是中國文化面臨改造的新時期，人們急於改造「傳統文化」（傳統常常不是指某歷史時期，而是一種狀態，一種持續與停滯的狀態），[29] 而且「婦女」與「婦女的（歷史）處境」正被其認為是傳統文化的重要代表。

陳東原所謂的「中國婦女生活史」，「中國婦女」集體的、不分區域、族群與階級，同受宗法壓迫；本書中僅見少數婦女個體正面的介紹，如李清照等人，其他婦女均呈現面目模糊、悲苦一致的形象。顯然陳東原想強調的是，社會與制度層面的生活史，而不是個體的生活經驗。婦女在他的敘事中成了籌碼，「婦女史」是為「婦女解放」服務，作為「婦女問題」成立的根源，所以過往的婦女處境，一定要有「問題」，否則無法提出其今日改革的正當理由。

他將婦女等同於過往封建的情狀，婦女史等於黑暗的封建史。那麼，婦女的成就對陳東原的意義何在？《中國婦女生活史》雖羅列許多清代才女姓名與作品，卻沒有進一步內容介紹；直到論及近代、五四的部分，才有參政的女性的名字與簡要事蹟，有趣的是，至此他反而增加原不準備撰寫的「傑出女性」。

《中國婦女生活史》一書基本上是「檢討」歷史、「檢討」婦女，試圖引起人們、婦女一起來反省過去的婦女（處境），例如本書讀者曾提到：

婦女欲謀澈〔徹〕底的解放，就得謀整個社會制度的改造不可，要達到這個目的，就得先促進自己的思想。思想改造了，才能去探求過去社會的錯誤在那裡，而謀改造現在的制度。[30]

他強調改造婦女才能改造社會，改造社會才能解放婦女。而香港的女性讀者也說本書是供給婦女「改造的原料」，要求女人反省自己。[31]

陳東原與王皎我等知識分子視女性史寫作的意義在於不僅要「讓一般人看」，也是「要讓婦女們看」，使婦女從此奮發起來。王皎我說，如此一來，明日的中國婦女史才可以不會仍是「舊衣冠」。他將婦女史的寫作、婦女讀者的啟發，看作是新生活的希望，他說：

> 努力呀！努力呀！努力用新生命與新生活的事蹟，塗抹了那一些往日荒謬的記載！用新動力與新生命的光熱來鍛鍊這死沉沉病奄奄的生不得，活不成，死不了的婦女！[32]

也就是說，他寄光明於現在與未來，認為新生活可以掩蓋荒謬的、不具有真正「生活死」的婦女之過往。陳東原欲從寫作女性過去的悲痛來激發當代婦女走向新生活，而王皎我則強調將目光放在當代，由於要「知所趨」與「往日之非」，不得不看、不得不研究所謂的「中國婦女生活史」。

「歷史」與「婦女史」對陳東原來說是什麼？歷史是明燈，婦女是黑暗落伍的歷史成分。如同近代呼籲女權運動的男性一般，他們總認為身為男性知識分子，可以、也必須「解救婦女」，陳東原說：「我現在燃著明犀，照在這一塊大壓石上，請大家看明白這三千年的歷史，究竟是怎樣的一個妖魔古怪，然後便知道新生活的趨向了。」（頁二〇）書中尚有多處提到要幫助婦女走向新生活。

然而，從其論述也可發現，五四男性知識分子較少控訴身為男性的加害身分，他們直接將自己躍居為啟蒙者、教育者與拯救者，他們訴諸過往制度與思想的壓迫（儒家、宗法），以為有「問題」的主要是過去的「傳統」制度文化，不包含維護、實踐這種制度文化來壓迫女性的男人。陳東原無大幅挑戰當代性別權力結構的意識，他的首要敵人是舊制度、舊道德，對他來說，似乎揭發了、打倒了這些「舊制度」，「啟蒙」了婦女以後，社會就自然走上光明。

無論如何，陳東原以寫史來批判制度文化、改造社會，他的重點不是個別女性的生活與生命歷程，而是其所面對的生活情境。帝制時期士人經世以致用（濟民），而五四時人為了改造當前社會制度、再造中華文明，婦女與婦女史亦實為其「經世致用」的主題。

《中國婦女生活史》一書所呈現的是一部否定中國過去的「婦女受迫史」，然其寫作除了前章所及之史學革新以外，也像一種「社會改造運動」。[33]陳東原自稱這本書是為了「將男尊女卑的這種女子不幸的史實，系統地寫出來，使從今以後中華民國婦女們的生活知所向避。」（頁二）然值得注意的是，他的婦女史論述，比較傾向思想啟蒙與社會改造，並非純粹倡議女性福利，他藉由書寫過往傳統男尊女卑的歷史，意圖促進、指導婦女走向新的生活，足見他對未來的期許，以及身為男性的自詡。

以上可見五四知識分子試圖打破封建禮教的貞節牌坊，卻也樹立了新的碑碣，他們將過往塗上黑白，彩繪未來，藉由揭露過往女性的苦痛來激勵當代女性向前進。這種書寫，看起來是打倒傳統，實際上是從過去《列女傳》標舉女性楷模的寫作方式，轉換成書寫女性被摧殘的過程，仍類似一種指導手冊，目的類似，無非為了「教化」、「啟蒙」。

五、小結

《清史稿》延續兩千年來中國史主要的書寫模式，在紀傳體中的傳記部分給女性一個專屬的篇章。而這個女性史的空間在《元史》之後越來越充滿貞節烈女，婦女在紀傳體史書中的作用與其他人物類似，為了褒善貶惡以助風化，這樣的「表揚婦女專欄」越加定型化，「列女傳」成了「烈女傳」。

《清史稿．列女傳》中除了延續貞節烈女為主要收錄標準，也如清代和民初社會重視女性的家庭角色，不僅是賢孝婦女，筆者認為賢母的提倡，是其中值得注意的要點，利用清代史料，民初清史館修史者也呈現了熱衷褒揚女子教子助家、反對女性獨立或者涉入國事的主張。其中的婦女史觀明顯是以婦女行誼為懿德善行的指南，與漢代《列女傳》「一脈相承」。其非以時間為序的編輯方式，全篇顯得無時間感，也就是說，對清史館史家而言，婦女是家庭的穩定力量，他們的表現與國家社會的變遷發展，沒有太大關係，即使是國難戰亂，婦女對歷史的作用還是在那「偉大的情操」。

徐天嘯《神州女子新史》則一反過往紀傳體寫作模式，在二十世紀之初採取新的線性化歷史分期方式來記述中國婦女史。然終究受到傳統女性傳記的影響，《神州女子新史》的內容還是傾向女性傳記與類型化女性人物。該書的婦女史觀展現了晚清國族革命與女權訴求的結合，婦女史的作用不只是作為婦女個人修身的參考，而是與國族脈動緊密連結。

《中國婦女生活史》更打破中國長期以來女性傳記與類型化人物的敘史方式，以章節體的架構，呈現各時代婦女地位的變遷。婦女史的寫作與知識的蒐集與重整，在五四期間成為男性文人改革社會、教育女性、再造文明的工具，也成為日後中國婦女史知識與研究的重要根基。陳東原的言論從現在看來雖顯陳舊，史觀也過於全盤否定「傳統」，但他所編纂的這部中國婦女通史，史料運用與主題寫作鋪陳，卻提供後世對自古以來中國婦女的通盤了解，以及五四時期中國史學「現代轉型」的部分認識。

值得一提的是，這種將過去中國婦女寫成被壓迫的歷史，並非自陳東原才開始首次挖掘。晚清國族危難之際，無政府主義女權運動者，如何震等女士即譴責儒家學說，批判其為女性受壓迫的根源；她們甚至批評清代才女對《列女傳》的註解，倡議婦女應擺脫被動、開展自己的歷史，但她們同樣著力挖掘過往婦女被壓迫的歷史，援引舊例。[34]蔣箸超也在該書序言提到「我中國積弊相承，窳陋之習顛撲不破，而女界之晦盲殆有甚焉。」（序一，頁一）

而讀者或者也會好奇，近代中國所謂的中西文化角力或者融合的主題，在這三本書所見如何？《清史稿》不接受西方女權的觀點自不在話下；然若言近代中國女權論述與婦女運動是在模仿西洋與救國保種雙重考量下展開，[35]徐天嘯的主要觀點為救國保種，認為不必以西方女傑為主題來勸勉中國女性。

而陳東原對西方文化的論點，相較於晚清與一九二〇年代人士對西方婦女運動、女性典範或新時代、新世界的理解，[36]實際上並不十分突出。他曾自陳不熟悉西方學說；其對婦女與歷史之相關概念，有些來自翻譯作品與胡適論說。而且他對過往中國婦女雖然評價不高，但卻罕用對照西方的方式來貶低中國婦女。也就是說，晚清以來的女權運動與論述有相當西洋的影子，然從這三部民初婦女史著看來，其性別觀點，直接受到外國因素的影響較小。

《神州女子新史》的寫作模式在清末民初雖有跨時代的特色，但相較之下，《中國婦女生活史》對後世的影響更為卓著。在出版廣告上，可見上海婦女史著作的出版熱潮，徐天嘯或許在晚清民國轉折之際走得太前衛，當然也跟書籍的出版流通量有密切相關，上海商務印書館畢竟廣告行銷與印刷流通都勝於神州圖書局。

有趣的是，《中國婦女生活史》一書經過多次重印，讀者應該不少，然該書對一九三〇年代的婦女史寫作的影響，似不如對文學史著作明顯。例如杜君慧「婦女問題系列講座」雖曾列《中國婦女生活史》為參考書目，然除了近代婦女運動以外，《婦女問題講話》書中鮮少涉及中國的部分。[37]

但在譚正璧（一九〇一－一九九一）《中國女性的文學生活》（一九三〇年初版）一書

在「敘論」中即明確指出參考了陳東原的《中國婦女生活史》。該書名稱具有女性文學「生活」的主題，開篇也是首論「婦女生活」。譚正璧時時提及女性處在數千年以來男性為中心的宗法組織之下，受男性操縱，他呼籲「覺悟女性們應當奮起，創造偉大的將來」，並以為「中國的女性文學，現正朝著光明的大道前進」。這些言論在在顯示陳東原論點的影子。再者，譚正璧對新文化運動另眼相看，雖然書中未提及當時的女性文學，但他特別強調新文化運動以後，新文學有了顯著的進步以及女性作家之努力，[38]足見其以五四作為一個時代的開端，與陳東原將五四分界的想法，如出一轍。

然在「史觀」方面，陳東原並未用此詞彙，而譚正璧則較清楚指出，所謂「女性史觀」者，「不過是女性力量造成男性機會的歷史觀察而已」；他呼籲中國史家出來提倡「兩性史觀」的歷史哲學，認為此比狹義的「女性史觀」更有意義。[39]也就是說，譚正璧看到過往宗法社會下男性控制的女性史，對之憐憫與義憤，期待用對兩性更為公正的方式來書寫。三〇年代的「婦女與兩性史觀」，值得學界未來進一步探索。

一九二〇至一九三〇年代在打破「傳統」以後，無論在文學或者史學領域，正如火如荼地進行「重新詮釋過去」的工作，知識分子莫不努力將「過去」從「傳統」中「解放」出來，試圖重塑「文化記憶」；學者曾指出一九一八至一九三〇年代有二十本左右的文學史著作，當時文學史著也為陳述「封建的過去」，而忽略不少明清女性的文學成就。[40]這樣的想法，與陳東原的觀點相當吻合。

然至一九三〇年代，婦女史的書寫似非以此為主調，中國婦女史寫作的大方向，從婦女受害的形象，轉為著重無產階級運動與女權運動的敘寫，在表揚勞動婦女的同時，一改五四在思想與教育上解放婦女的口號。不過，雖換了一種角度來統整婦女形象，但論述的主體不是女性，「運動」才是其關心的重點。

第六章　結語：重讀近代中國婦女史

過往研究者通常引用報刊雜誌文章或著作作為婦女史研究的史料，從中挖掘近代中國婦女的處境與意識形態，而筆者本書則是探討近代中國婦女史如何編寫而成、史觀為何，及其與時代環境之間的關係，嘗試拉出「婦女史學史」的脈絡。

從本書所選的案例，我們可以看見婦女史書寫在傳統與現代史學之間的多元操作、變化與延續，以及作者採用之史源、方法、論述之爭競。然而這樣的發展並非單一直線式的，而是曲折反覆，你來我往，跟編著者的個別選擇與撰述主旨，以及時代社會風潮均密切相關。

一九一三年出版的《神州女子新史》是首部運用晚清從日本傳來的西式章節體以及歷史分期的方式來撰述的中國婦女史，為晚清傳統史學到現代史學的過渡。徐天嘯在專制王朝與共和體制的轉折之際，呼籲二十世紀的女性奮起，書中顯露其面對西方帝國主義與反滿的情緒，他將女子啟蒙放在建設新的國族概念中，希望喚起當時婦女如歷史上的女傑投入保衛家國。作者對神州的「想像」、對「女子」的期望，成就了這部以章節為骨架，卻類似紀事本末體與女性傳記的「新史」。

而一九一四年北京清史館開始修纂《清史稿》，修史人員選擇用傳統紀傳體方式來編寫，至一九二八年付梓。筆者由史學編纂的長時段縱軸歷程與橫軸書寫風氣習慣綜合探究，發現《清史稿．列女傳》中母儀書寫的特殊性，與清代旌表婦女制度的階級與婦德範圍放寬、晚清民初主張賢妻良母的風氣，以及史館徵引的方志女性傳記中多有母儀類型相關。

從《清史稿》可見所謂的「列女傳」舊史體例，不僅是相對於「新史」的一種「陳腐」表現，而是有其史學的根源與中國史傳寫作對格式、標準堅持的史法，以及官方修史的體例考量。在「新時代」選擇「舊體例」來寫作婦女史，《清史稿》實難以擺脫中國千年來的敘史模式，但若細讀文本與長時段比較，在「列女傳」這樣的女性生命史合集中，我們仍可發現清代與民初史家，相對於明清多數學者對貞節烈女的關注，轉而對婦女在家庭倫理角色的重視。

再者，從陳東原《中國婦女生活史》我們得以一窺近代「中國婦女史」專著寫作的成形。該書除了源自陳東原自身對女子教育的關注，也是一九二〇年代學術與婦女解放風潮下交織而成的作品，尤以胡適、陳獨秀與國民黨婦女運動對他的啟發。

《中國婦女生活史》從過往女性史著以肯定中華婦女優良美德為主調，著重女性史書寫的婦德閨範教化功能，到晚清時期革命話語下強調巾幗英雄的女權史，轉變為「反傳統」、解放婦女的「五四話語」。而這種史觀被稱為「五四史觀」，但基本上並非五四時期初始即有的想法，而是一九二〇年代末期回顧「五四」，進而建構出時人對「傳統」的見解。「五四史觀」這個詞彙在一九九〇年代後，為中國婦女／性別史研究的一個重要修辭，成為近三十年來研究者反思婦女史知識論之標的。但從史學史的發展來重讀《中國婦女生活史》，我們會發現民初婦女史寫作，從帝王朝代為中心到國族話語與社會問題的「現代轉型」。

「現代性」是近代中國婦女／性別史研究關心的課題，然而呈現在婦女史書寫方面為何？如果中國史學的「現代性」指的是：進化史觀、國族敘事與科學主義，[1]則在本書所選的這些著作中部分得見。西方學者一直積極尋找中國的「現代性」以與市民社會做對照，但學者也提醒我們此舉容易陷入傳統與現代二分法的泥淖。[2]而與其用模糊的「現代性」概念，筆者在此偏好使用「現代轉型」來稱之，以免落入與西方對照的糾葛。

現代中國史學與傳統史學究竟有何不同？劉龍心強調民族國家的出現，是促成現代史學最重要的因素，她認為在民族國家的主權框架下，現代中國史學以西方傳入的「長時段」、線性歷史時間觀念，取代朝代更迭循環的時間；並以「民族」、「國民」作為歷史舞台上的主角，取代帝王將相的位置，從而形構歷史「集體同一」的特質。[3]

確實，我們可以看到《神州女子新史》與《中國婦女生活史》都是以線性的進化歷史時間觀念來敘事。線性進化論的歷史分期，不是僅建立在編年史的時間基礎上，而是建立在對文明形態或歷史形態的特殊理解上；[4]徐天嘯對文明的理解，藉由閱讀了解西方國家歷史文化，認為女子投身於社會與否，實與「世界之進化」、「民族之強弱」關係密切。這種將性別平等作為判定文明高低的標準，是晚清女權論述的基調，例如林樂知的《全地五大洲女俗通考》，以鮮明的文明論立場，將婦女地位作為衡量文明高低的標準。[5]

而相較於徐天嘯，在一九二〇年代北京學界研究文明史學／文明史觀的熱潮下，陳東原研究整理「故紙堆」中的婦女史，也是用文明演化的進步與黑暗觀點來陳述中國婦女的過往。他將「傳統」中國婦女看成為落伍的，將婦女史寫作當作改良社會、教育女性、再造文明的工具，其論述具有明顯的線性進化觀點，把五四作為歷史時段的分界點，婦女群體被置於時代的座標上，面目模糊地在五四時代「從黑暗走向光明」。

其次，在民族國家的形成過程中，婦女史又發揮了怎樣的政治和意識形態作用？《清史稿》強調男女對於家、國的各自責任，認為匹婦與士農工商對國家一樣的重要。《神州女子新史》與《中國婦女生活史》則不約而同地使用了「神州女子」、「中國女子」、「中國女界」與「中國婦女」等詞彙，不再只是「婦女」、「女子」或者「中國」的「婦女」，而是緊密相連的一個詞語「中國婦女」。徐天嘯是在晚清對全球歷史的認識下，反思國族的過去與未來，希望以婦女史刺激當代女子之志氣與精神。《中國婦女生活史》則是以訴說過往婦女被宗法的壓迫來激發女界革新獨立，解決社會問題。

五四時期男性知識分子肯定歷史學的作用，呼籲以歷史來研究各方面，但其研究歷史的目的是為了否定過去，他們時而質疑當下，主要寄望未來。陳東原描寫傳統婦女受迫之過往，實是為了提供一九二〇年代末期打破過去舊制度、舊道德的基石，因此將「過去」描繪得越悽慘、影響越深遠，其改革才會越顯意義、越有挑戰性，也越有正當性。而且五四知識分子眼中的這種光明，不是由女性自身所爭取獲得，而是需要被男子「喚醒」與「拯救」。國族與社會問題在這兩本書中也被放在「集體同一」的論述架構中。

本書所選這三部著作中，尤以《中國婦女生活史》的史學現代轉型最為明顯。在二十世紀初期西方史學思潮引入的衝擊中，疑古史學為一個重要的表現，[6]近代中國史學家也試圖將歷史學「科學化」，運用進化觀等新理論來詮釋中國歷史的發展。[7]五四時代「歷史」被重新整理、詮釋，文明與文化重新被省視。陳東原深受「整理國故」與「古史辨」之薰陶，擴大了史料的應用與對古史之質疑；而文化史觀與社會科學的興起、社會調查與風俗調查的流行，都讓婦女與婚姻等議題，成為熱門的主題，尤其風俗史等專史的出現，更可看出史學研究範圍與學科特色上的轉化。

也就是說，陳東原的「婦女觀」是傳統時代婦女教育低落與婦德受限；而他的「婦女史觀」則是描述婦女受迫的歷史來激勵當代婦女走向新生活、改造社會。他的打倒傳統雖被當代史家稱為「非歷史」的，但從中國史學史的發展觀之，該書在史料運用、史學概念、研究範圍、寫作方式等方面，卻是這三部著作中最顯著的現代轉型。

數十年來中國婦女史研究頗受陳東原一書的影響，無論是課題選擇或者書寫視角，[8]以至中國傳統婦女的「主體性」常無法被彰顯。在反省第二波婦運的啟示下，部分中國婦女史研究成果又力圖走向尋求婦女能動的身影，似易忽略傳統中國社會年齡、輩分、嫡庶等倫理階序關係交織出的複雜性別權力關係，[9]亦恐有以今論古或簡化「傳統」中國婦女性別問題的疑慮。如今我們重讀二十世紀婦女史著作，辨明近代中國的「婦女史觀」大致內涵與趨勢，或許在「五四」百年之後可回頭檢視，如何走出所謂的「五四解放」與「婦女運動」之魔咒，重新寫作一部中國婦女／性別通史。

最後，遺憾的是，由於觀照在二十世紀初期婦女史著的體例發展，本研究所選的三部著作編寫者適巧都是男性。女性作者在一九二〇、三〇年代的性別史相關著作，仍有相當可開發研究的空間，例如施淑儀（一八七六－一九四五）的《清代閨閣詩人徵略》（上海：崇明女子師範講習所，一九二二）、[10]楊之華（一九〇一－一九七三）的《婦女運動概論》（上海：亞東圖書館出版，一九二七）、黃心勉（一九〇三－一九三五）的《中國婦女的過去和將來》（上海：女子書店，一九三二）與《中國歷史婦女演義》（上海：女子書店，一九三五）、談社英的《中國婦女運動通史》（南京：婦女共鳴社，一九三六）、杜君慧的《婦女問題講話》（上海：新知書店，一九三六）等等。這些著作中包含多少新舊史學的交融或對抗？呈現何種婦女史觀？留待同好未來繼續探研。

附錄　上海奇遇

今天上海終於比較涼快一些了。傍晚上海圖書館關門後，我準備覓食，輕易地在附近找著了早上查詢到的煨麵館，想回味一下三年前第一次來上海，在寒冬裡所嚐的那一碗雪菜黃魚煨麵。簡單陳設的小麵館正是我此刻想歇息的地方，不過價格卻並不是十分「平民」，更可惜的是，那條黃魚似乎有著鹹魚的臭味，麵也煨得不夠爛，嚐起來如同臺灣的陽春細麵一般。

今日古籍善本都沒看著，黃梅天裡，上海圖書館善本禁止閱覽，其他相關的資料也沒有特別的發現，令人有些氣餒。連續幾天在溽暑下訪古鎮、冷氣房中查史料，身心俱疲失調。晚餐又大失所望，我告訴自己：得想個辦法讓自己紓壓一下。

「就慢慢走回賓館吧！」

我想著，反正傍晚尖峰時間也很難搭到出租車。途中走進一家快要結束營業的服飾店，正合我意，在臺北沒時間逛街，今晚最想做的事就是讓腦袋空一下。採買之後，滿足地走在塵土飛揚的街頭。

直到宛平南路，我的腳步仍很輕快，一點也不覺得路途遙遠。此時在左手邊突然出現了「宛平南路□□弄」的路牌，心中一驚。

「那不是徐天嘯兒子徐成治家的巷弄嗎？」

今早出門前，我才瞄到之前常熟的周文曉先生留給我的徐家地址、電話。走過了巷口，我猶豫是否該直接登門拜訪？想著如此唐突，很不禮貌，可是三年前與徐家聯絡時，未能依願造訪，上星期託上海當地的朋友打電話嘗試聯繫，也沒著落。此時我想起前兩天復旦大學鄔國平教授談到他研究歸有光婢妾寒花的機緣。

「難道冥冥中注定要我找到徐家？」

就這麼巧，姊姊訂房時找的這家上海賓館，竟然就在徐家巷口斜對面不遠，而我來了上海好幾天，至今才發現。至此，我決定轉身進入小區，突覺熱血澎湃。

「會不會這裡正在進行拆遷，他們已經搬走了？」我看著滿社區的鷹架想。

黃昏時分，零星有幾戶住家露出昏黃的燈光。

「既然還有人住，就去碰碰運氣吧！」我這麼想。

找到了他們的門牌號碼，直接登上樓去，敲了門，正忖度著可能會無人回應，或者來個年輕人說：「查無此人。」沒想到此時門開了，迎面而來的是一位身體硬朗的老婦人，我小心翼翼地問她：

「請問徐成治先生在嗎？」

她猶豫了一會兒，我還沒解釋清楚自己的來歷，她就說：

「你是臺灣來的，研究徐天嘯的是吧？……進來吧！」

大概我們都還記得彼此的聲音。

徐成治先生出現在我眼前時，就像一位準備萬全、等待已久的受訪者，他把近年來自己整理其父與家族的相關筆記拿出來，時而查詢、時而向我說明。由於他近乎全聾，我們藉由筆談，夫人在一旁協助、參與討論，慢慢聊起。我也展示筆記型電腦中所存徐天嘯先生的照片、書影、上海《民權報》之片段，以及自己關於徐天嘯《神州女子新史》研究的會議論文草稿。希望能喚起他更多的回憶，也呈現我對此主題的研究熱誠與成果。

當晚與徐氏夫婦相談甚歡，由於第一次「不請自來」，我不敢逗留太久，他們很熱情地邀請我隔日共進午餐，並且允諾提供徐天嘯先生的一些老照片，著實令人受寵若驚。

不論徐成治先生提供多少關於其父撰寫《神州女子新史》的訊息，在訪問、討論兩次之後，激起我更多的想法，讓我重返上海圖書館時，有了更多的指引。而且這是我第一次感到研究與自己的生命如此巧妙的疊合，歷史似乎真的是「現代與過去的對話」。

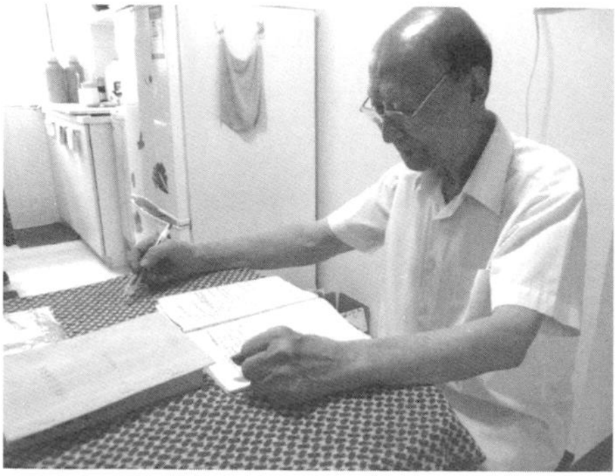

圖附錄 -1：拿出相關筆記提供徐天嘯生平資料的徐成治先生。

圖附錄 -2：徐成治先生孩提時與父親徐天嘯先生、母親鄒志雲女士合影。（徐成治先生提供）

不知是太興奮，還是太投入，連續好幾個在上海的夜晚，徐天嘯的面容一直在我腦海中浮現。上海，一個原本不在我喜好名單中的城市，如今也因為徐家，產生了微妙的變化。（二〇〇九年九月十五日）

附記：文化大革命時，徐家許多書籍被抄走，包括《神州女子新史》，家人僅能在上海圖書館內閱覽。筆者訪談結束返臺後，郵寄數份稻鄉出版社翻印之版本供其留念，以償成治先生尋書之宿願。本文原登於《臺大歷史系學術通訊》第五期，二〇〇九年十一月，頁一八－一九。

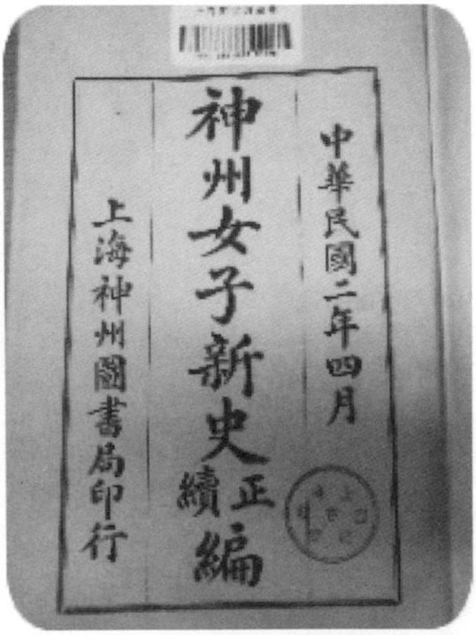

圖附錄-3：《神州女子新史》（稻鄉版）與上海圖書館館藏版（右）

徵引書目

一、史料文獻

（一）傳統文獻

〔漢〕劉向撰，〔清〕梁端校注，《列女傳校注》。臺北：臺灣中華書局，一九七二據汪氏振綺堂補刊本校刊。

〔南朝宋〕范曄，《後漢書》。北京：中華書局，一九六五點校本。

〔北齊〕魏收，《魏書》。北京：中華書局，一九七四點校本。

〔唐〕房玄齡，《晉書》。北京：中華書局，一九七四點校本。

〔唐〕魏徵等撰，《隋書》。北京：中華書局，一九七三點校本。

〔後晉〕劉昫，《舊唐書》。北京：中華書局，一九七五點校本。

〔宋〕歐陽修，《新唐書》。北京：中華書局，一九七五點校本。

〔宋〕王溥，《唐會要》。上海：上海古籍出版社，一九九一影印武英殿聚珍本。

〔元〕脫脫，《宋史》。北京：中華書局，一九七七點校本。

〔元〕脫脫，《遼史》。北京：中華書局，一九七四點校本。

〔元〕脫脫，《金史》。北京：中華書局，一九七五點校本。

〔明〕宋濂，《元史》。北京：中華書局，一九七六點校本。

〔明〕申時行修，《明會典》。北京：中華書局，一九八九影印萬曆重修本。

〔明〕俞汝楫，《禮部志稿》，收入《文淵閣四庫全書》，第五九八冊。臺北：臺灣商務印書館，一九八四。

〔清〕張廷玉，《明史》。北京：中華書局，一九七四點校本。

〔清〕尹會一，《尹太夫人年譜》，收入北京圖書館編，《北京圖書館藏珍本年譜叢刊》，第八十九冊。北京：北京圖書館出版社，一九九九清乾隆十年刻本。

〔清〕王鴻緒，《橫雲山人集明史列傳藁》。北京：北京大學圖書館善本室藏康熙敬慎堂刊本。

〔清〕田雯，《古歡堂集》，《文淵閣四庫全書》第一三二四冊。臺北：臺灣商務印書館，一九八三。

〔清〕崑岡等修，劉啟端等纂，《欽定大清會典事例》。臺北：啟文出版社，一九六三影印清光緒二十五年刻本。

〔清〕完顏惲珠，《蘭閨寶錄》。北京：北京圖書館分館藏清道光十一年紅香館藏版。

〔清〕李桓輯，《國朝賢媛類徵初編》。臺北：國立故宮博物院藏清光緒辛卯（十七）年湘陰李氏刊本。

〔清〕勒德洪，《大清世宗憲（雍正）皇帝實錄》。臺北：華文書局，一九七〇。

〔清〕清世祖御定，傅以漸等奉敕纂，《御定內則衍義》，《文淵閣四庫全書》第七一九冊。臺北：臺灣商務印書館，一九八三。

〔清〕顧炎武，《亭林餘集》，收入《四部叢刊初編》，第三三九冊。臺北：臺灣商務印書館，一九六五據上海商務印書館縮印誦芬樓刊本影印。

《清高宗實錄》。臺北：華文書局，一九七〇。

徐世昌，《大清畿輔列女傳》，收入氏著，《大清畿輔先哲傳》。臺北：大通書局，一九六八影印民國四至六年刊本。

閔爾昌，《碑傳集補》，收入周駿富輯，《清代傳記叢刊》，第一二〇—一二三冊。臺北：明文書局，一九八五。

黃彰健編，《明代律例彙編》。臺北：中央研究院歷史語言研究所，一九七九。

趙爾巽等，《清史稿》。北京：中華書局，一九八一點校本。

國史館校注，《清史稿校註》。臺北：臺灣商務印書館，一九九九。

（二）地方志

〔明〕陳善等修，萬曆《杭州府志》，收入彭澤修編，《明代方志選》。臺北：臺灣學生書局，一九六五影印國立中央圖書館珍藏善本。

〔明〕喻政修，林材纂，萬曆《福州府志》，收入中國科學院圖書館選編，《稀見中國地方志彙刊》，第三十二冊。北京：中國書店，一九九二影印日本內閣文庫藏明萬曆年間刻本。

〔清〕韓文焜纂，康熙《利津縣新志》。臺北：成文書局，一九七六影印清康熙十二年刊本。

〔清〕蔡方炳撰，康熙《長洲縣志》。臺北：漢學研究中心，一九九〇景照日本內閣文庫藏清康熙二十三年序刊本。

〔清〕趙弘恩等監修，黃之雋等編纂，《江南通志》，收入《文淵閣四庫全書》。臺北：臺灣商務印書館，一九八三。

〔清〕和珅等奉敕撰，《欽定大清一統志》，收入《文淵閣四庫全書》。臺北：臺灣商務印書館，一九八三。
〔清〕楊芳燦等撰，嘉慶《四川通志》。臺北：華文出版社，一九六七影印清嘉慶二十一年重修本。
〔清〕陳壽祺等撰，同治《福建通志》。臺北：華文出版社，一九六七影印清同治十年重刊本。
〔清〕狄學耕等修，黃昌蕃等纂，同治《都昌縣志》。臺北：成文書局，一九八九影印清同治十一年二酉堂刊本。
〔清〕王肇渭等修，郭崇輝等纂，同治《龍泉縣志》。臺北：成文書局，一九八九影印日本東洋文庫藏清同治十二年刊本。
〔清〕何治基等撰，光緒《安徽通志》。臺北：華文出版社，一九六七影印清光緒三年重修本。
〔清〕李瑞鍾等纂修，光緒《常山縣志》。臺北：成文書局，一九七五影印清光緒十二年刊本。
〔清〕戴綱孫纂，光緒《雲南省昆明縣志》。臺北：成文書局，一九六七影印清光緒二十七年刊本。
〔清〕鄭鍾祥等重修，龐鴻文等纂，光緒《江蘇省重修常昭合志》。臺北：成文書局，一九七五影印清光緒三十年刊本。
〔清〕劉鎔等修，施景舜纂，宣統《項城縣志》。臺北：成文書局，一九六八影印清宣統三年石印本。
楊中潤纂，《雲南省路南縣志》。臺北：成文書局，一九六七影印民國六年抄本。
夏日璈等修，王韌等纂，《浙江省建德縣志》。臺北：成文書局，一九七〇影印民國八年鉛印本。
符廷銓、蔣應澍纂，《雲南省昭通縣志》。臺北：成文書局，一九六七影印民國十三年刊本。
李鍾嶽等修，孫壽芝纂，《浙江省麗水縣志》。臺北：成文書局，一九七五影印民國十五年鉛印本。
虞山鎮志編纂委員會，《虞山鎮志》。北京：中央文獻出版社，二〇〇〇。

（三）報刊、檔案、史料集

《女子世界》（上海）。

《女學報》（上海）。

《民權報》（上海）。

《婦女雜誌》（上海）。

《新民叢報》（橫濱）。

《大公報》（天津）。

《大公報》（上海）。

《女光半月刊》（香港）。

《女青年月刊》（上海）。

《女聲》（上海）。

《北京大學日刊》（北京）。

《民國日報・覺悟》（上海）。

《申報》（上海）。

《東方雜誌》（上海）。

《國學季刊》（北平）。

《婦女雜誌》（上海）。

《教育通訊》復刊（上海）。

《晨報副刊》（北京）。

《新青年》（上海）。
《雙料伍銅元》（上海）。
《軍機處檔摺件》。臺北：國立故宮博物院藏。
《清國史館續辦儒林文苑循吏孝友列傳檔案》。臺北：中央研究院傅斯年圖書館藏，清光緒年間刊本。
《清史館書庫書籍目錄》。臺北：國立故宮博物院藏。
《政府公報》，第六十九－七十冊。臺北：文海出版社，一九七一據民國元年至十七年出版之政府公報影印。
國立故宮博物院編，《宮中檔雍正朝奏摺》，第二十三輯。臺北：國立故宮博物院，一九七八。
孔繁銀等編，《曲阜孔府檔案史料選編》，第三編「清代檔案史料」，第一冊。濟南：齊魯書社，一九八〇。
國史館藏：〈陳東原〉，入藏登錄號：129000003131A。
國立臺灣大學總務處藏：〈陳東原〉（一九四八年十一月十八日），檔號：0037/2300300/001/0003/008。
《學部奏咨輯要》，宣統元年（一九〇九）春學部總務司案牘科編印。收入璩鑫圭、唐良炎編，《中國近代教育史資料匯編：學制演變》。上海：上海教育出版社，二〇〇七。
中華全國婦女聯合會婦女運動歷史研究室編，《中國近代婦女運動歷史資料（一八四〇－一九一八）》。北京：中國婦女出版社，一九九一。
周文曉編，《徐天嘯與徐枕亞研究資料》。呼和浩特：遠方出版社，二〇〇三。

二、近人著作

（一）中文專書

小濱正子、下倉涉、佐佐木愛、高嶋航、江上幸子編著，《被埋沒的足跡：中國性別史研究入門》。臺北：國立臺灣大學出版中心，二〇二〇。
山川菊榮著，高希聖譯，《婦女自覺史》。上海：泰東圖書局，一九三〇。
王書奴，《中國娼妓史》。上海：生活書店，一九三四。
王國秀，《英國中世婦女生活史：一名中世紀英國中等階級婦女的地位》。上海：女子書店，一九三二。
丘為君，《啟蒙、理性與現代性：近代中國啟蒙運動一八九五－一九二五》。臺北：國立臺灣大學出版中心，二〇一八。
石濱知行著，特偉譯，《女性社會史考》。上海：女子書店，一九三三。版權頁作《女性社會史》。
伊沛霞（Patricia Buckley Ebrey）、姚平、張聰主編，《追懷生命：中國歷史上的墓誌銘》。上海：上海古籍出版社，二〇二一。
朱枕薪編譯，《俄羅斯之婦女》。上海：民智書局，一九二三。
朱師轍編著，《清史述聞》。北京：三聯書店，一九五七。
江勇振，《捨我其誰：胡適【第二部】日正當中一九一七－一九二七》。臺北：聯經出版，二〇一三。
米勒利爾（F. Muller-Lyer）著、陶孟和等譯，《社會進化史》。上海：商務印書館，一九二四。
衣若蘭，《史學與性別：《明史．列女傳》與明代女性史之建構》。太原：山西教育出版社，二〇一一。
余英時，《重尋胡適歷程：胡適生平與思想再認識》。臺北：聯經出版，二〇一四。
呂芳上，《革命之再起——中國國民黨改組前對新思潮的回應，一九一四－一九二四》。臺北：中央研究院近代史研究所，一九八九。
宋少鵬，《「西洋鏡」裡的中國與婦女：文明的性別標準和晚清女權論述》。北京：社會科學文獻出版社，二〇一六。

宋原放主編，《中國出版史料》。濟南：山東教育出版社，二〇〇六。
李木蘭（Louse Edward）著，方小平譯，《性別、政治與民主：近代中國的婦女參政》。南京：江蘇人民出版社，二〇一四。
李孝遷，《西方史學在中國的傳播（一八八二－一九四九）》。上海：華東師範大學出版社，二〇〇七。
李漢俊編譯，《婦女之過去與將來》。上海：商務印書館，一九二七。
李曉紅，《女性的聲音——民國時期上海知識女性與大眾傳媒》。上海：學林出版社，二〇〇八。
杜君慧，《婦女問題講話》。上海：新知書店，一九三六。
孟悅、戴錦華，《浮出歷史地表：中國現代女性文學研究》。臺北：時報出版，一九九三。
季家珍（Joan Judge）著，楊可譯，《歷史寶筏：過去、西方與中國婦女問題》。南京：江蘇人民出版社，二〇一一。
周蕾，《婦女與中國現代性：西方與東方之間的閱讀政治》。上海：三聯書店，二〇〇八。
林志宏，《民國乃敵國也：清遺民與近代中國政治文化的轉變》。臺北：聯經出版，二〇〇九。
金天翮，《女界鐘》。上海：上海古籍出版社，二〇〇三。
亮樂月（Laura Marsden White）編稿，許耐廬筆述，《世界女族進化小史》。上海：廣學會，一九二〇。
姚舜生編，《中國婦女大事年表》。上海：女子書店，一九三二。
施淑儀輯，《清代閨閣詩人徵略》。上海：崇明女子師範講習所，一九二二。
柯惠鈴，《近代中國革命運動中的婦女（一九〇〇－一九二〇）》。太原：山西教育出版社，二〇一二。
柯惠鈴，《她來了：後五四新文化女權觀，激越時代的婦女與革命，一九二〇－一九三〇》。臺北：臺灣商務印書館，二〇一八。

柯惠鈴，《民國女力：近代女權歷史的挖掘、重構與新詮釋》。臺北：臺灣商務印書館，二〇一九。
洪宜婧，《中國國民黨婦女工作之研究（一九二四－一九四九）》。臺北：國史館，二〇一〇。
胡逢祥、張文建，《中國近代史學思想與流派》。上海：華東師範大學出版社，一九九一。
胡適，《胡適文存二集》。上海：亞東圖書館，一九二四。
范培松、金學智主編，《插圖本蘇州文學通史》。南京：江蘇教育出版社，二〇〇四。
夏承堯編，《各國婦女參政運動史》。上海：啟智書局，一九二九。
夏曾佑，《中國古代史》。臺北：臺灣商務印書館，一九六三。
夏曉虹，《晚清女子國民常識的建構》。北京：北京大學出版社，二〇一六。
徐天嘯，《天嘯殘墨》。臺北：廣文書局，一九八〇。
徐天嘯，《神州女子新史》。臺北：稻鄉出版社，一九九三。
海爾博（Adolf Heiborn）著，李季譯，《婦女自然史和文化史的研究》。上海：亞東圖書館，一九三一。
秦方，《晚清天津女子教育與女性形象建構》。北京：中華書局，二〇一九。
茹迺濤，《中國婦女經濟問題》。北平：中華書局，一九二九。
袁文彰（高喬平）編，《世界婦女運動史》。上海：北新書局，一九二九。
馬金科、洪京陵，《中國近代史學發展敘論》。北京：中國人民大學出版社，一九九四。
高彥頤（Dorothy Y. Ko）著，李志生譯，《閨塾師：明末清初江南的才女文化》。南京：江蘇人民出版社，二〇〇五。
高彥頤（Dorothy Y. Ko）著，苗延威譯，《纏足：「金蓮崇拜」盛極而衰的演變》。臺北：左岸文化，二〇〇七。

庾向芳，《近代史學轉型視野下的民國清史學（一九一二—一九四九）》。上海：三聯書店，二〇二一。

傅斯年，《傅斯年全集》。臺北：聯經出版，二〇一八。

張玉法，《民國初年的政黨》。臺北：中央研究院近代史研究所，二〇〇二。

張越，《新舊中西之間——五四時期的中國史學》。北京：北京圖書館，二〇〇七。

梁乙真，《清代婦女文學史》。上海：中華書局，一九二七。

梁乙真，《中國婦女文學史綱》。上海：開明書店，一九三二。

梁啟超，《飲冰室合集》。北京：中華書局，一九八九。

許師慎編，《有關清史稿編印經過及各方意見彙編》。臺北：中華民國史料研究中心，一九七九。

郭松義，《倫理與生活：清代的婚姻關係》。北京：商務印書館，二〇〇〇。

郭長海、郭君兮輯注，《秋瑾全集箋注》。長春：吉林文史出版社，二〇〇三。

陳三井主編，鮑家麟等著，《近代中國婦女運動史》。臺北：近代中國出版社，二〇〇〇。

陳姃湲，《從東亞看近代中國婦女教育：知識份子對「賢妻良母」的改造》。臺北：稻鄉出版社，二〇〇五。

陳明遠，《文化人的經濟生活》。上海：文匯出版社，二〇〇五。

陳明遠，《何以為生——文化名人的經濟背景》。北京：新華書局，二〇〇七。

陳東原，《中國婦女生活史》。上海：商務印書館，一九二八。

陳東原，《中國婦女生活史》。中国占領地の社会調査 I26，東京：近現代資料刊行会，二〇一一，重印一九二八年初版。

陳東原編，《中國教育新論》。上海：商務印書館，一九二八。

陳東原，《鄭板橋評傳》。上海：商務印書館，一九二八。

陳東原，《中國古代教育》。上海：商務印書館，一九三一。
陳東原，《鄭板橋評傳》。上海：商務印書館，一九三三國難後第一版。
陳東原，《中國教育史》。上海：商務印書館，一九三六。
陳東原，《中國婦女生活史》。臺北：臺灣商務印書館，一九九四，臺一版第十刷。
陳鵬仁、林養志編，《中國國民黨黨務發展史料——婦女工作》。臺北：中國國民黨中央委員會黨史委員會，一九九六。
陳顧遠，《中國古代婚姻史》。上海：商務印書館，一九二五。
陳顧遠，《中國婚姻史》。上海：商務印書館，一九三六。
喬治（Walter Lionel George）著，胡學懃譯，《女人的故事》。上海：開明書店，一九二八。
游鑑明，《運動場內外：近代華東地區的女子體育（一八九五－一九三七）》。臺北：中央研究院近代史研究所，二〇〇九。
游鑑明、胡纓、季家珍（Joan Judge）編，《重讀中國婦女生命故事》。臺北：五南圖書，二〇一一。
湯尼·白露（Tani Barlow）著，沈齊齊譯，《中國女性主義思想史中的婦女問題》。上海：上海人民出版社，二〇一二。
湯彬華，《婦女運動ABC》。上海：世界書局，一九二九。
舒衡哲（Vera Schwarcz）著，劉京建譯，《中國啟蒙運動：知識分子與五四遺產》。臺北：桂冠圖書，二〇〇〇。
費絲言，《由典範到規範——從明代貞節烈女的辨識與流傳看貞節觀念的嚴格化》。臺北：國立臺灣大學出版中心，一九九八。

馮客（Frank Dikotter）著，楊立華譯，《近代中國之種族觀念》。南京：江蘇人民出版社，一九九九。
黃心勉，《中國婦女的過去與將來》。上海：女子書店，一九三三。
黃心勉，《中國歷史婦女演義》。上海：女子書店，一九三五。
黃華節，《婦女風俗史話》。上海：商務印書館，一九三三。
奧ムソォ著，高希聖、郭真譯，《婦女問題講話》。上海：太平洋書店，一九二九。
楊之華，《婦女運動概論》。上海：亞東圖書館出版，一九二七。
楊念群，《「五四」九十周年祭——一個「問題史」的回顧與反思》。北京：世界圖書出版公司，二〇〇九。
楊念群，《五四的另一面：「社會」觀念的形成與新型組織的誕生》。上海：上海人民出版社，二〇一九。
賈逸君，《中華婦女纏足考》。北平：北平文化學社，一九二九。
路多維西（Anthony M. Ludovici）著，張友松譯，《婦女的將來與將來的婦女》。上海：北新書局，一九二八。
綠荷女士編，《世界婦女生活史》。上海：商務印書館，一九二九。
綠荷女士編，《中國婦女生活》。上海：商務印書館，一九二九。
趙妍傑，《家庭革命：清末民初讀書人的憧憬》。北京：社會科學文獻出版社。二〇二〇。
趙鳳喈，《中國婦女在法律上之地位》。上海：商務印書館，一九二八。
趙鳳喈著，鮑家麟編，《中國婦女在法律上之地位附補編》。臺北：稻鄉出版社，一九九三。
劉王立明，《中國婦女運動》。上海：商務印書館，一九三四。
劉俐娜，《由傳統走向現代：論中國史學的轉型》。北京：社會科學文獻出版社，二〇〇六。
劉詠聰，《才德相輝：中國女性的治學與課子》。香港：三聯書店，二〇一五。

劉經菴，《歌謠與婦女》。上海：商務印書館，一九二七。
劉龍心，《學術與制度：學科體制與現代中國史學的建立》。臺北：遠流出版公司，二〇〇二。
劉龍心，《知識生產與傳播——近代中國史學的轉型》。臺北：三民書局，二〇一九。
樊仲雲，《婦女解放史》。上海：新生命書局，一九二九。
歐陽祖經，《歐美女子教育史》。上海：商務印書館，一九三〇。
談社英編著，《中國婦女運動通史》。南京：婦女共鳴社，一九三六。
謝旡量，《中國婦女文學史》。上海：中華書局，一九三一。
羅慧蘭、王向梅編著，《中國婦女史》。北京：當代中國出版社，二〇一六。
譚正璧，《中國女性的文學生活》。揚州：江蘇廣陵古籍刻印社，據上海光明書局一九三一版，一九九八。

（二）中文期刊論文

三澤真美恵，〈日本過去三十年「慰安婦」問題研究回顧〉，《女學學誌》第四十九期，二〇二一年十二月，臺北，頁八九－一四八。
王一樵，〈清朝國史館建置與史書編纂研究：以《本紀》為討論中心〉，《政大史粹》第十五期，二〇〇八年十二月，臺北，頁九一－一一九。
王汎森，〈什麼可以成為歷史證據——近代中國新舊史料觀念的衝突〉，《新史學》第八卷第二期，一九九七年六月，臺北，頁九七－一〇一。
王貴仁，〈從傳播「唯物史觀」到建構「民生史觀」——解析一九二〇年代國民黨人對唯物史觀態度的轉變軌跡〉，《社科縱橫》第十一期，二〇〇九年十一月，蘭州，頁九二－九五。

方秀潔，〈性別與傳記：清代自我委任的女性傳記作者〉，《社會科學》，二〇二〇年第一期，上海，頁一七九－一九一。

朱發建，〈史學「科學化」與新世紀中國史學的趨向〉，《學術月刊》第三十八卷，二〇〇六年十一月，上海，頁一四六－一五二。

朱曦林，〈清史館與清學史研究之風的形成——以繆荃孫《清史稿》〈儒學傳〉、〈文學傳〉的編纂為中心〉，《漢學研究》第三十七卷第一期，二〇一九年三月，臺北，頁一九五－二二六。

江勇振，〈男人是「人」、女人只是「他者」：《婦女雜誌》的性別論述〉，《近代中國婦女史研究》第十二期，二〇〇四年十二月，臺北，頁三九－六七。

衣若蘭，〈旌表制度、傳記體例與女性史傳——論《清史稿．列女傳》賢母傳記之復興〉，《臺大歷史學報》第四十一期，二〇〇八年六月，臺北，頁一六五－二〇二。

衣若蘭，〈革命、女權與史學：《神州女子新史》論析〉，《近代中國婦女史研究》第十七期，二〇〇九年十二月，臺北，頁一七五－二二一。

衣若蘭，〈女性「名」分與清初傳記書寫論辯〉，《新史學》第二十六卷第一期，二〇一五年十一月，頁五九－一〇四。

衣若蘭，〈明清夫婦合葬墓誌銘義例探研〉，《臺灣師大歷史學報》第五十八期，二〇一七年十二月，頁五一－九〇。

衣若蘭，〈論中國性別史研究的多元交織〉，《近代中國婦女史研究》第三十期，二〇一七年十二月，臺北，頁一六七－二三〇。

呂芳上，〈娜拉出走以後——五四到北伐青年婦女的活動〉，《近代中國》第九十二期，一九九二年十二月，臺北，頁一〇三－一二八。
沙培德，〈西方學界研究中國近代史的最新動向〉，《漢學研究通訊》第二十二卷第四期，二〇〇三年十一月，臺北，頁一－一二。
宋少鵬，〈革命史觀的合理遺產——圍繞中國婦女史研究的討論〉，《文化縱橫》第四期，二〇一五年八月，北京，頁五〇－五七。
宋少鵬，〈立足問題，無關中西：在歷史的內在脈絡中建構的學科〉，《婦女研究論叢》第五期，二〇一八年，北京，頁三三－五一。
宋青紅，〈抗戰時期國民黨中央婦女部之設立〉，《近代中國婦女史研究》第二十九期，二〇一七年六月，臺北，頁一〇八－一〇九。
李世眾，〈列女書寫、婦德規訓與地域秩序——明清樂清縣志為中心的考察〉，《華東師範大學學報（哲學社會科學版）》二〇一六年第四期，二〇一六年八月，上海，頁八一－九一。
李孝遷，〈論晚清女子歷史教科書〉，《華夏文化》，二〇〇七年第一期，西安，頁二一－二三。
杜成憲，〈二十世紀二、三十年代中國的幾種教育史觀試探〉，《華東師範大學學報（教育科學版）》一九九八年第二期，上海，頁七〇－七六、九六。
杜芳琴，〈中國婦女／性別史研究六十年述評：理論與方法〉，《中華女子學院學報》第二十一卷第五期，二〇〇九年，北京，頁一二－二〇。
沈松僑，〈我以我血薦軒轅——黃帝神話與晚清的國族建構〉，《臺灣社會研究季刊》第二十八期，一九九七年十二月，臺北，頁一－七七。
沈松僑，〈振大漢之天聲——民族英雄系譜與晚清的國族想像〉，《中央研究院近代史研究所集刊》第三十三期，二〇〇〇年六月，臺北，頁七七—一五八。
周海建，〈南京國民政府對《清史稿》的審查及其社會因應〉，《南京大學學報（哲學・人文科學・社會科學）》第一期，二〇一七年二月，南京，頁九八—一〇八、一五九。
周海建，〈地域、政派與文化競爭：《清史稿》被禁事件的再審視〉，《四川大學學報（哲學社會科學版）》第一期，二〇一九年二月，成都，頁四〇—五〇。
林維紅，〈清季的婦女不纏足運動（一八九四—一九一一）〉，《臺大歷史學報》第十六期，一九九一年八月，臺北，頁一三九—一八〇。
林麗月，〈從性別發現傳統：明代婦女史研究的反思〉，《近代中國婦女史研究》第十三期，二〇〇五年十二月，臺北，頁一—二六。
岸本美緒，〈中國史研究中的「近世」概念〉，《新史學》第四卷，二〇一〇，北京，頁八一—九八。
胡逢祥，〈唯物史觀與民國時期的馬克思主義史學〉，《史學理論研究》第四期，二〇一四年八月，北京，頁二五—三七。
胡曉真，〈杏壇與文壇——清末民初女性在傳統與現代抉擇情境下的教育與文學志業〉，《近代中國婦女史研究》第十五期，二〇〇七年十二月，臺北，頁三五—七五。
胡纓，〈歷史書寫與新女性形象的初立：從梁啟超「記江西康女士」一文談起〉，《近代中國婦女史研究》第九期，二〇〇一年八月，臺北，頁一—二九。
夏曉虹，〈晚清女性典範的多元景觀——從中外女傑傳到女報傳記欄〉，《中國現代文學研究叢刊》第三期，二〇〇六年五月，北京，頁一七—四五。
孫昉，〈論《清史稿》對孝欽太后傳記的處理〉，《大連大學學報》第三十八卷第五期，二〇一七年十月，大連，頁六五－七三。
秦方，〈在歷史與性別之間——大陸地區近代中國婦女史研究的知識史路徑〉，《婦女研究論叢》第六期，二〇二〇年十一月，北京，頁七四－八四。
張文建，〈傳統史學現代化的轉捩——論五四時期資產階級史學思潮與流派〉，《探索與爭鳴》，一九九〇年第三期，上海，頁七－一二。
張汝倫，〈史學與中國現代性——以李大釗的史學思想為例〉，《學術月刊》第四十七卷，二〇一五年九月，上海，頁三三－四一。
張晶萍，〈二十世紀上半葉蘭普雷希特「文明史學」在中國的傳播〉，《史學理論研究》第一期，二〇一一年一月，北京，頁七四－八二。
張越，〈「新史學」思潮的產生及其學術建樹〉，《史學月刊》第九期，二〇〇七年九月，開封，頁九四－一〇二。
張越，〈近代新式中國史撰述的開端——論清末中國歷史教科書的形式與特點〉，《南開學報》（哲學社會科學版）第四期，二〇〇八年八月，天津，頁七四－八〇。
張濤，〈被肯定的否定——從《清史稿・列女傳》中的婦女自殺現象看清代婦女境遇〉，《清史研究》第三期，二〇〇一年八月，北京，頁四〇－四九。
莊吉發，〈清史館與清史稿：清史館未刊紀志表傳的纂修及其史料價值〉，《故宮學術季刊》第二十三卷第二期，二〇〇五年冬，臺北，頁一六一－二〇七。
許慧琦，〈一九二〇年代的戀愛與新性道德論述——從章錫琛參與的三次論戰談起〉，《近代中國婦女史研究》第十六期，二〇〇八年十二月，臺北，頁二九－九二。

野村鮎子，〈明清散文中的女性與家庭暴力書寫〉，《近代中國婦女史研究》第十六期，二〇〇八年十二月，臺北，頁二〇九－二三五。

野村鮎子著，涂翠花譯，〈士大夫如何書寫家中女性——試從性別觀點研究古典文學〉，《當代》第二一四期／復刊第九十六期，二〇〇五年六月，臺北，頁七〇－八七。

連玲玲，〈關於婦女的「事實」：民國時期社會調查的性別分析〉，《近代中國婦女史研究》第三十四期，二〇一九年十二月，臺北，頁六八－一二八。

陳曦，〈五四婦女史觀能否解讀趙五貞？——重讀毛澤東對「趙五貞事件」的評論文章〉，《中華女子學院學報》第二期，二〇一八年四月，北京，頁九四－一〇〇。

陶亞敏，〈論清史編修與遜清遺老群體的分化〉，《中國國家博物館館刊》第六期，二〇二〇年六月，北京，頁一〇九－一一七。

彭小妍，〈五四的「新性道德」——女性情慾論述與建構民族國家〉，《近代中國婦女史研究》第三期，一九九五年八月，臺北，頁七七－九七。

彭明輝，〈顧頡剛與中國史學現代化的萌芽：以史料學為中心的探討〉，《國史館館刊》，復刊第十二期，一九九二年六月，臺北，頁九－二四。

彭國忠，〈試論清代列女的文學世界——以《清史稿．列女傳》為論〉，《北京大學學報》第五十二卷第一期，二〇一五年一月，北京，頁一〇六－一一五。

游鑑明，〈中國國民黨改組後的婦女運動〉，《國立臺灣師範大學歷史學報》第十八期，一九九〇年六月，臺北，頁三四三－三九八。

馮明珠，〈國史館人表屬辭則例——兼介國立故宮博物院所藏清國史館檔大臣年表〉，《故宮學術季刊》第二十二卷第三期，二〇〇五年春，臺北，頁九一－一三四。
馮明珠，〈故宮博物院與《清史稿》〉，《故宮學術季刊》第二十三卷第一期，二〇〇五年秋，臺北，頁五七三－六二五。
馮明珠，〈鉅編零簡滙為淵藪——「史館檔」的滄桑與展望〉，《故宮學術季刊》第二十四卷第四期，二〇〇七年夏，臺北，頁一一九－一四八。
黃福得，〈近代德國的世界史觀〉，《國立政治大學歷史學報》第十七期，二〇〇〇年六月，臺北，頁二三五－二五三。
葉韋君、連玲玲、陳建安、林明宜，〈性別、期刊與社會網絡：《婦女期刊作者研究平台》的介紹及應用〉，《數位典藏與數位人文》第七期，二〇一七年四月，臺北，頁三七－七八。
葉韋君，〈後五四時期的知識婦女：《婦女共鳴》的社會網絡（一九二九－一九四四）〉，《近代中國婦女史研究》第三十三期，二〇一九年六月，臺北，頁一一三－一六二。
農傳雄，〈陳東原和安徽省立圖書館〉，《江淮文史》二〇〇二年第三期，安徽，頁一七〇－一七六。
鄒愛蓮，〈《清史稿》體例的討論與確立〉，《清史研究》第三期，二〇〇三年八月，北京，頁一－一〇。
鄒愛蓮、韓永福、盧經，〈《清史稿》纂修始末研究〉，《清史研究》第一期，二〇〇七年二月，北京，頁八六－九四。
劉詠聰，〈「豈惟女儀，志士之師」：尹會一母李氏之生命歷程〉，《中國文化研究所學報》第四十八期，二〇〇八年一月，香港，頁二一一－二四〇。
劉詠聰，〈清代女子課子書舉要〉，《東海中文學報》第二十期，二〇〇八年七月，臺北，頁一八七－二一六。

劉靜貞，〈劉向《列女傳》的性別意識〉，《東吳歷史學報》第五期，一九九九年三月，臺北，頁一－三〇。
劉靜貞，〈歐陽脩筆下的宋代女性——對象、文類與書寫期待〉，《臺大歷史學報》第三十二期，二〇〇三年三月，臺北，頁五七－七六。
劉靜貞，〈正史與墓誌資料所映現的五代女性意象〉，《唐研究》第十一期，二〇〇五年十一月，北京，頁一八七－二〇四。
戴逸，〈《清史稿》的纂修及其缺陷〉，《清史研究》第一期，二〇〇二年二月，北京，頁一－六。
謝進東，〈二十世紀中國歷史思考的現代性情結〉，《史學理論研究》二〇〇八年第四期，北京，頁一四－二四。
謝進東，〈現代性與「古史辨」〉，《古代文明》第三卷第四期，二〇〇九年十月，長春，頁二一－一五。
韓永福，〈《清史稿》的編修過程〉，《歷史檔案》二〇〇四年第一期，北京，頁七－一一。
羅美秀，〈翻譯賢妻良母、建構女性文化空間與訴說女性生命故事——單士釐的「女性文學」〉，《漢學研究》第三十二卷第二期，二〇一四年六月，臺北，頁二〇九－二一〇。

（三）中文專書論文

王汎森，〈近代中國的線性史觀——以社會進化論為中心的討論〉，收入氏著《近代中國的史家與史學》。香港：三聯書店，二〇〇八，頁四九－一〇八。
王汎森，〈晚清的政治概念與新史學〉，收入氏著《近代中國的史家與史學》。香港：三聯書店，二〇〇八，頁五－四八。
王汎森，〈價值與事實的分離？——民國的新史學及其批評者〉，收入氏著《中國近代思想與學術的系譜》。

臺北：聯經出版，二〇〇三，頁三七七－四六二。
王政、高彥頤、劉禾，〈從女界鐘到男界鐘：男性主體、國族主義與現代性（代序）〉，收入王政、陳雁主編，《百年中國女權思潮研究》。上海：復旦大學出版社，二〇〇五，頁一－二九。
王晴佳，〈從整理國故到再造文明：五四時期史學革新的現代意義〉，收入黃俊傑編，《傳統中華文化與現代價值的激盪與調融（二）》。臺北：喜瑪拉雅研究發展基金會，二〇〇二，頁五三－八〇。
衣若蘭，〈「天下之治自婦人始」——試析明清時代的母訓子政〉，收入周愚文、洪仁進主編，《中國傳統婦女與家庭教育》。臺北：師大書苑，二〇〇五，頁九一－一二二。
何烈，〈六十年來《清史稿》與《清史》〉，收入程發軔主編，《六十年來之國學》。臺北：正中書局，一九七六。
余英時，〈二十世紀中國國史概念的變遷〉，收入余英時著，何俊編，程嫩生、羅群等譯，《人文與理性的中國》。臺北：聯經出版，二〇〇八，頁五六五－五七五。
呂芳上，〈五四時期的婦女運動〉，收入陳三井編，《近代中國婦女運動史》。臺北：近代中國出版社，二〇〇〇，頁一五七－二五四。
杜芳琴，〈中國婦女史學科化建設的理論思考〉，收入氏著《中國社會性別的歷史文化尋蹤》。天津：天津社會科學院出版社，一九九八，頁一－二六。
沙培德（Peter Zarrow），〈啟蒙「新史學」——轉型期中的中國歷史教科書〉，收入王汎森等著，《中國近代思想史的轉型時代：張灝院士七秩祝壽論文集》。臺北：聯經出版，二〇〇七，頁五一－八〇。
周予同，〈五十年來中國之新史學〉，收入朱維錚編，《周予同經學史論著選集（增訂本）》。上海：上海人民出版社，一九九六，頁五一三－五七三。

林維紅，〈同盟會時代女革命志士的活動（一九〇五－一九一二）〉，收入李又寧、張玉法編，《中國婦女史論文集》。臺北：臺灣商務印書館，一九八八，頁一二九－一七八。
林維紅，〈明清「貞節」的典型——從顧炎武的母親說起〉，收入氏著《中國婦女史初探——問題的起源與近代特色》。臺北：知音出版社，一九九一，頁八九－九八。
柯麗德（Katherine Carlitz），〈慾望、危險、身體——中國明末女德故事〉，收入李小江、朱虹、董秀玉主編，《性別與中國》。北京：三聯書店，一九九四，頁一五七－一六〇。
夏曉虹，〈晚清女報的性別觀照——《女子世界》研究〉，收入氏著《晚清女性與近代中國》。北京：北京大學出版社，二〇〇四，頁六七－一一三。
高世瑜，〈歷代《列女傳》演變透視〉，收入《中國社會歷史評論》第一卷。天津：天津古籍出版社，一九九九，頁一三六－一四六。
高彥頤，〈把「傳統」翻譯成「現代」：《女界鐘》與中國現代性〉，收入王政、陳雁主編，《百年中國女權思潮研究》。上海：復旦大學出版社，二〇〇五，頁一－三六。
梅嘉樂（Barbara Mittler），〈挑戰／定義現代性：上海早期新聞媒體中的女性（一八七二－一九一五）〉，收入游鑑明、羅梅君、史明主編，《共和時代的中國婦女》。臺北：左岸文化，二〇〇七，頁二五五－三一〇。
莊吉發，〈從現存史館檔看清史的纂修〉，收入陳捷先、成崇德、李紀祥主編，《清史論集》下冊。北京：人民出版社，二〇〇六，頁一〇五七－一〇八一。
野村鮎子，〈明清女性壽序考〉，收於張宏生編，《明清文學與性別研究》，南京：江蘇古籍出版社，二〇〇二，頁一九－三三。

野村鮎子，〈歸有光〈先妣事略〉之系譜——論弔母之古文體的生成與發展〉，收於鮑家麟主編，《中國婦女史論集九集》，新北：稻鄉出版社，二〇一一，頁九一—一一〇。
彭明輝，〈五四史學的方法與方法論意識〉，收入氏著《臺灣史學的中國纏結》。臺北：麥田出版，二〇〇二，頁一—六六。
須藤瑞代，〈近代中國的女權概念〉，收入王政、陳雁編，《百年中國女權思潮研究》。上海：復旦大學出版社，二〇〇五，頁三七—五七。
馮自由，〈上海神州日報小史〉，收入氏著《革命逸史》。北京：中華書局，一九八一。
馮明珠，〈從《清史》到《清史稿校註》——中華民國政府遷臺後編整《清史》之經過〉，收入陳捷先、成崇德、李紀祥主編，《清史論集》下冊。北京：人民出版社，二〇〇六，頁一一〇一—一一三〇。
董家遵，〈明清學者關於貞女問題的論戰〉，收入氏著《中國古代婚姻史研究》。廣州：廣東人民出版社，一九九五，頁三四五—三五一。
熊秉真，〈建構的感情——明清家庭的母子關係〉，收入盧建榮主編，《性別、政治與集體心態：中國新文化史》。臺北：麥田出版，二〇〇一，頁二五五—二八〇。
劉詠聰，〈清代女性的課子詩文〉，收入周愚文、洪仁進主編，《中國傳統婦女與家庭教育》。臺北：師大書苑，二〇〇五，頁一二三—一七一。
劉靜貞，〈性別史研究的回顧與展望〉，收入耿立群主編，《深耕茁壯——臺灣漢學四十回顧與展望：慶祝漢學研究中心成立四十周年》。臺北，國家圖書館，二〇二一，頁三六九—三九四。
劉龍心，〈學科體制與近代中國史學的建立〉，收入羅志田編，《二十世紀的中國：學術與社會（史學卷）》下冊。濟南：山東人民出版社，二〇〇一，頁五四〇—五八〇。

鄭志明，〈五四思潮對文學史觀的影響〉，收入中國古典文學研究會編，《五四文學與文化變遷》。臺北：臺灣學生書局，一九九〇，頁三八一－四〇六。

鄭逸梅，〈《民權報》與民權出版部〉，收入氏著《書報話舊》。北京：中華書局，二〇〇五，頁二五三。

魯迅，〈准風月談後記〉，收入氏著《准風月談》。北京：人民文學出版社，一九七三。

鮑家麟，〈辛亥革命時期的婦女思想〉，收入氏著《中國婦女史論集》。臺北：稻鄉出版社，一九九二，頁二六六－二九五。

（四）中文學位論文

李靜，〈陳東原教育史研究之研究〉。重慶：西南大學碩士論文，二〇一四。

林維紅，〈同盟會時代女革命志士的活動（一九〇五－一九一二）〉。臺北：國立臺灣大學歷史研究所碩士論文，一九七三。

耿建羽，〈民國時期陳東原教育思想探研〉。河北：河北師範大學碩士論文，二〇一二。

陳以愛，〈整理國故運動的興起、發展與流衍〉。臺北：國立政治大學歷史系博士論文，二〇〇二。

韓承樺，〈當「社會」變為一門「知識」：近代中國社會學的形成及發展（一八九〇－一九四九）〉。臺北：臺灣大學歷史學研究所博士論文，二〇一七。

（五）外文專書

〔日〕合山究，《明清時代の女性と文学》。東京：汲古書院，二〇〇六。

〔日〕須藤瑞代，《中国「女権」概念の変容：清末民初の人権とジェンダー》。東京：研文出版，二〇〇七。
〔日〕須藤瑞代，《中国「女権」概念の変容：清末民初の人権とジェンダー》。東京：研文出版，二〇〇七。
〔日〕馬場將三，〈『清史稿』の版本をめぐって〉，《東洋大學大學院紀要（文學研究科）》第三十二集，一九九五，東京。
〔日〕鈴井正孝，《清史稿列女傳通釈》，山形：鈴井正孝自行出版，二〇〇五。
陳顧遠著，藤澤衛彥譯，《支那婚姻史》，支那文化史大系，第十卷。東京：大東出版社，一九四〇。
陳東原著，村田孜郎譯，《支那女性生活史》，支那文化史大系，第十一卷。東京：大東出版社，一九四一。
진동원지음（陳東原）著，최수경、송정화옮김（宋貞和、崔琇景）譯，《중국여성그리고역사（中國婦女與歷史）》。서울（首爾）：박이정，二〇〇五。
Chiang, Yung-chen. *Social Engineering and the Social Sciences in China, 1919-1949*. Cambridge & New York: Cambridge University Press, 2001.
Dryburgh, Marjorie; Dauncey, Sarah, *Writing Lives in China, 1600-2010: Histories of the Elusive Self*. Basingstoke: Palgrave Macmillan, 2013.
Ebrey, Patricia, Ellen Zhang, Cong and Ping, Yao. *Chinese Autobiographical Writing: An Anthology of Personal Accounts*. Seattle: University of Washington Press, 2023.
Glosser, Susan L..*Chinese Visions of Family and State, 1915-1953*. Berkeley,CA: University of California Press, 2003.
Hershatter, Gail. *Women in China's Long Twentieth Century*. Berkeley, CA: University of California Press, 2007.
Hu, Ying.*Tales of Translation: Composing the New Woman in China*, 1899-1918. Stanford, Calif.: Stanford University

Press, 2000.

Hunt, Lynn. *Measuring Time, Making History*. Budapest: Central European University Press, 2008.

Judge, Joan. *Republican Lens: Gender, Visuality, and Experience in the Early Chinese Periodical Press*. Berkeley, CA: University of California Press, 2015.

Judge, Joan. *The Precious Raft of History: The Past, the West, and the Woman Question in China*. Stanford, CA: Sandford University Press, 2008.

Ko, Dorothy. *Teachers of the Inner Chambers: Women and Culture in Seventeenth-Century China*. Stanford: Stanford University Press, 1994.

Lu, Weijing. *True to Her Word: The Faithful Maiden Cult in Late Imperial China*. Stanford: Stanford University Press, 2008.

Mann, Susan. *Precious Records: Women in China's Long Eighteenth Century*. Stanford: Stanford University Press, 1997.

Mou, Sherry J. *Gentlemen's Prescriptions for Women's Lives: A Thousand Years of Biographies of Chinese Women*. Armonk, N.Y.; London: M. E. Sharpe, 2004.

Pidhainy, Ihor, Roger Des Forges and Grace S. Fong, *Representing Lives in China: Forms of Biography in the Ming-Qing Period, 1368-1911*. Ithaca: Cornell University Press, 2018.

Qian, Nanxiu. *Politics, Poetics, and Gender in Late Qing China: Xue Shaohui and the Era of Reform*. Stanford University Press, 2015.

Wang, Q. Edward. *Inventing China through History: The May Fourth Approach to Historiography*. Albany: State

University of New York Press, 2001.

Yates, Robin D.S.. *Women in China from Earliest Times to the Present: A bibliography of Studies in Western Languages*. Leiden & Boston, MA: Brill, 2009.

（六）外文期刊論文

中道邦彥，〈書評鈴井正孝著《清史稿列女傳通釈》〉，《山形大学歷史・地理・人類学論集》第七號，二〇〇六年七月，山形，頁六三－六八。

野村鮎子，〈明清における妾媵をめぐる士大夫の心性：亡妾哀悼文を中心に〉，《歷史學研究》第一〇一七號，二〇一二年十二月，東京，頁一－一一。

野村鮎子，〈明清亡妻哀悼散文考：亡妻墓誌銘から亡妻行狀へ〉，《敘說》第四十八號，二〇二一年三月，奈良市，頁六四－八八。

Bailey, Paul J. "Chinese Women Go Global: Discursive and Visual Representations of the Foreign 'Other' in the Early Chinese Women's Press and Media," *Nan Nü : Men, Women & Gender in Early & Imperial China 19*, no.2 (2017, Leiden), p.213-262.

Carlitz, Katherine. "Shrines, Governing-Class Identity, and the Cult of Widow Fidelity in Mid-Ming Jiangnan," *Journal of Asian Studies* 56, no.3 (August 1997, Cambridge), pp. 612-640.

Carlitz, Katherine. "The Social Uses of Female Virtue in Late Ming Editions of Lienü Zhuan," *Late Imperial China* 12, no.2 (1991, Baltimore), pp. 117-148.

Chen, Hsi-yuan. "Last Chapter Unfinished: The Making of the Official Qing History and the Crisis of Traditional

Chinese Historiography," *Historiography East and West* 2, no.2 (2006, Leiden), pp. 173-204.

Chiu-Duke, Josephine. "Mothers and the Well-being of the State in Tang China," *Nan Nü : Men, Women and Gender in Early and Imperial China* 8, no.1 (2006, Leiden), pp. 55-114.

Duara, Prasenjit. "The Regime of Authenticity: Timelessness, Gender, and National History in Modern China," *History and Theory* 37, no.3(August 1998, Middletown), pp. 299-308.

Hinsch, Bert. "Cross-Genre Influence on the Fictional Aspects of Lienü Narratives," *Journal of Oriental Studies* 41, no.1 (June 2006, Hong Kong), pp. 41-66.

Hu, Ying. "Re-Configuring Nei/Wai: Writing the Woman Traveler in the Late Qing." *Late Imperial China* 18:1 (1997, Baltimore), pp. 72-99.

Holmgren, Jennifer. "Widow Chastity in the Northern Dynasties: The Lieh-nü Biography in the Wei-Shu," *Papers on Far Eastern History* no.23 (1981, Canberra), pp. 165-186.

Judge, Joan. "Expanding the Feminine/National Imaginary: Social and Martial Heroines in Late Qing Women's Journals,"《近代中國婦女史研究》第十五期，二〇〇七年十二月，臺北，頁一—三三。

Judge, Joan. "Meng Mu Meets the Modern: Female Exemplars in Early-Twentieth-Century Textbooks for Girls and Women,"《近代中國婦女史研究》第八期，二〇〇〇年六月，臺北，頁一三三—一七七。

Mann, Susan. "Widows in the Kinship, Class, and Community Structures of Qing Dynasty China," *Journal of Asian Studies* 46, no.1 (1987, Ann Arbor), pp. 37-56.

Qian, Nanxiu. "Borrowing Foreign Mirrors and Candles to Illuminate Chinese Civilization: Xue Shaohui's Moral Vision in the Biographies of Foreign Women," *Nan Nü : Men, Women and Gender in Early and Imperial China* 6, no.1 (2004,

Leiden), pp. 60-102.

Teng, Jinhua Emma. “The Construction of the ‘Traditional Chinese Woman’ in the Western Academy: A Critical Review,” *Signs: Journal of Women in Culture and Society* 22, no.1 (Autumn 1996, Chicago), pp. 111-151.

Wilt, Judith. “Recent Studies in the Nineteenth Century,” *Studies in English Literature, 1500-1900 Nineteenth Century* 35, no.4 (Autumn 1995, Houston), pp. 807-862.

Yang, Binbin.“A Pictorial Autobiography by Zeng Jifen (1852-1942) and the Use of the “Exemplary” in China’s Modern Transformation,” *Nan Nü: Men, Women and Gender in China* 19, no.2 (Dec 2017, Leiden): 263-315.

Yates, Robin D.S.; Cai, Danni. “Bibliography of Studies on Women and Gender in China Since 2008,” *Nan Nü: Men, Women and Gender in Early and Imperial China* 20, no.1 (2018, Leiden), pp. 3-152.

Zarrow, Peter. “Liang Qichao and the Conceptualization of ‘Race’ in Late Qing China.”《中央研究院近代史研究所集刊》第五十二期，二〇〇六年六月，臺北，頁一一一一一六四。

Zurndorfer, Harriet T. “Waves of Publications on Chinese Women and Gender Studies,” *NORA－Nordic Journal of Feminist and Gender Research* 26, no.4 (2018, Copenhagen), pp. 357-366.

（七）外文專書論文

秋山洋子，〈日本における中国女性／ジェンダー史研究：中国女性史研究会の歩みを軸として〉，收入中国女性史研究会著《中国のメディア・表象とジェンダ》，東京：研文出版，二〇一六，頁二八三—三一〇。

松尾洋二，〈梁啓超と史伝——東アジアにおける近代精神史の奔流——〉，收入狭間直樹編，《共同研究梁啓超：西洋近代思想受容と明治日本》。東京：みすず書房，一九九九，頁二五七—二九五。

陳青鳳，〈清朝の婦女旌表制度について——節婦・烈女を中心に——〉，收入《九州大學東洋史論集》十六。福岡：九州大学文学部東洋史研究会，一九八八，頁一〇一—一三一。

Borthwick, Sally. "Changing Concepts of Women from the Late Qing to the May Fourth Period." In *Ideal and Reality: Social and Political Change in Modern China*, edited by David Pong and Edmund Fung, pp.63-91. Lanham, Md.: University Press of America, 1985.

Doleželová-Velingerová, Milena. "Literary Historiography in Early Twentieth-Century China (1904-1928): Constructions of Cultural Memory." In *The Appropriation of Cultural Capital: China's May Fourth Project*, edited by Milena Dolezelova-Velingerova and OldrichKral, pp. 123-166. Cambridge: Harvard University Press, 2001.

Duara, Prasenjit. "Of Authenticity and Woman: Personal Narratives of Middle-Class Women in Modern China." In *Becoming Chinese: Passages to Modernity and Beyond*, edited by Wen-cin Yeh, pp. 342-347. Berkeley: University of California Press, 2000.

Twitchett, Denis. C. "Problems of Chinese Biography." In *Confucian Personalities*, edited by Arthur F. Wright and Denis Twitchett, pp. 24-39. Stanford, Calif.: Stanford University Press, 1962. 中譯本：〈中國傳記的幾個問題〉，收於中央研究院中美人文社會科學合作委員會編譯，《中國歷史人物論集》，臺北：中山學術文化基金董事會，一九七三，頁二八—四五。

Widmer, Ellen. "The Rhetoric of Retrospection: May Fourth Literary History and the Ming-Qing Woman Writer." In *The Appropriation of Cultural Capital: China's May Fourth Project*, edited by Milena Dolezelova-Velingerova and OldrichKral, pp. 193-226. Cambridge: Harvard University Press, 2001.

Yi, Jo-lan. "Social Status, Gender Division and Institutions: Sources relating to Women in Chinese Standard Histories."

In *Overt and Covert Treasures: Essays on the Sources for Chinese Women's History*, edited by Clara Wing-Chung Ho., pp.130-155. Hong Kong: Chinese University of Hong Kong Press, 2012.

Zarrow, Peter. "Introduction: New Discourses and Everyday Life in Modern China." In *Creating Chinese Modernity: Knowledge and Everyday Life, 1900-1940*, edited by Peter Zarrow, pp. 1-21. New York: Peter Lang, 2006.

Zurndorfer, Harriet. "Wang Zhaoyuan (1763-1851) and the Erasure of 'Talented Women' by Liang Qichao." In *Different Worlds of Discourse: Transformations of Gender and Genre in Late Qing and Early Republican China*, edited by Nanxiu Qian, Grace S. Fong, and Richard J. Smith, pp. 29-56. Leiden: Brill, 2008.

三、網路資源

吳潤凱，〈被扶持的自殺：「五四」婦女史觀的製作〉，《二十一世紀》網絡版第七十二期，二〇〇八年三月，香港，http://www.cuhk.edu. hk/ics/21c/media/online/0709080.pdf（二〇一九年十月二十一日檢索）。

陳道元，〈陳東原大事紀〉，http://jyxb.swu.edu.cn/u/cms/jyxb/201605 /09112513amm4_%E9%99%88%E4%B8%9C%E5%8E%9F%E5%A4%A7%E4%BA%8B%E8%AE%B0.doc（二〇一七年十二月八日檢索）。

中央研究院近代史研究所，「婦女期刊作者研究平臺」http://mhdb. mh.sinica.edu.tw/ACWP（二〇一九年五月一日檢索）。

註釋

第一章

1 最近的研究如柯惠鈴，《她來了：後五四新文化女權觀，激越時代的婦女與革命，一九二〇－一九三〇》（臺北：臺灣商務印書館，二〇一八）、《民國女力：近代女權歷史的挖掘、重構與新詮釋》（臺北：臺灣商務印書館，二〇一九）。關於臺灣性別史研究回顧，見劉靜貞，〈性別史研究的回顧與展望〉，收於耿立群主編，《深耕茁壯——臺灣漢學四十回顧與展望：慶祝漢學研究中心成立四十周年》（臺北：國家圖書館，二〇二一），頁三六九－三九四。

2 如參葉韋君，〈後五四時期的知識婦女：《婦女共鳴》的社會網絡（一九二九－一九四四）〉，《近代中國婦女史研究》第三十三期（二〇一九年六月，臺北），頁一一三－一六二；葉韋君、連玲玲、陳建安、林明宜，〈性別、期刊與社會網絡：《婦女期刊作者研究平台》的介紹及應用〉，《數位典藏與數位人文》二〇二一年第七期（臺北），頁三七－七八。

3 杜芳琴，〈中國婦女／性別史研究六十年述評：理論與方法〉，《中華女子學院學報》第二十一卷第五期（二〇〇九，北京），頁一一二－一二〇。

4 秦方，〈在歷史與性別之間——大陸地區近代中國婦女史研究的知識史路徑〉，《婦女研究論叢》二〇二〇年第六期（北京），頁七四－八四；宋少鵬，〈立足問題，無關中西：在歷史的內在脈絡中建構的學科〉，《婦女研究論叢》二〇一八年第五期（北京），頁三三－五一。

5 見 Harriet T. Zurndorfer, "Waves of Publications on Chinese Women and Gender Studies," *NORA – Nordic Journal of Feminist and Gender Research* 26, no.4 (2018, Copenhagen), pp. 357-366. 相關英文著作目錄亦可參 Robin D.S. Yates, *Women in China from earliest times to the present: A bibliography of studies in Western Languages* (Leiden & Boston, MA: Brill, 2009). Robin D.S. Yates & Danni Cai, "Bibliography of studies on women and gender in China since 2008," *Nan Nü: Men, Women and Gender in Early and Imperial China* 20, no.1 (2018, Leiden), pp. 3-152. 賀蕭（Gail Hershatter）精要的二十世紀中國婦女史 *Women in China's Long Twentieth Century* (Berkeley, CA: University of California Press, 2007)，延續其對農村婦女的研究，提醒我們進一步從邊緣草根女性來觀察近現代中國史。

6 日本近年的相關研究詳見秋山洋子，〈日本における中国女性／ジェンダー史研究：中国女性史研究会の歩みを軸として〉，《中国のメディア・表象とジェンダ》（東京：研文出版，二〇一六），頁二八三－三一〇。另外，最近三澤真美恵整理〈日本過去三十年「慰安婦」問題研究回顧〉，相當全面且有深入的省思，見《女學學誌》二〇二一年第四十九期（臺北），頁八九－一四八。

7 小濱正子、下倉涉、佐佐木愛、高嶋航、江上幸子編著，《被埋沒的足跡：中國性別史研究入門》（臺北：國立臺灣大學出版中心，二〇二〇）。

8 陳三井主編，鮑家麟等著，《近代中國婦女運動史》（臺北：近代中國出版社，二〇〇〇），頁六七。

9 柯惠鈴，《近代中國革命運動中的婦女（一九〇〇－一九二〇）》（太原：山西教育出版社，二〇一二）。

10 高彥頤，〈把「傳統」翻譯成「現代」：《女界鐘》與中國現代性〉，收於王政、陳雁主編，《百年中國女權思潮研究》（上海：復旦大學出版社，二〇〇五），頁一一三六。

11 見梅嘉樂（Barbara Mittler），〈挑戰／定義現代性：上海早期新聞媒體中的女性（一八七二一一九一五）〉，收於游鑑明、羅梅君、史明主編，《共和時代的中國婦女》（臺北：左岸文化，二〇〇七），頁二五五一三二〇。

12 Joan Judge, *The Precious Raft of History: The Past, the West, and the Woman Question in China* (Stanford, CA: Sandford University Press, 2008). 中文版《歷史寶筏：過去、西方與中國婦女問題》（江蘇人民出版社，二〇一一）。

13 見周蕾，《婦女與中國現代性：西方與東方之間的閱讀政治》（上海：三聯書店，二〇〇八）。

14 Gail Hershatter, *Women in China's Long Twentieth Century*, chapter 3, "National Modernity".

15 Dorothy Ko, *Teachers of the Inner Chambers: Women and Culture in Seventeenth-Century China* (Stanford: Stanford University Press, 1994), p. 2.

16 Dorothy Ko, Teachers of the Inner Chambers: Women and Culture in Seventeenth-Century China, pp. 1, 3, 4, 7-8. 高氏偶用「五四遺產」（May Fourth legacy）、「五四公式」（May Fourth formulations）、「五四史觀」（May Fourth view of history）或「五四模式」（May Fourth model）、「五四反偶像崇拜」（May Fourth iconoclasm）等。

17 見高彥頤（Dorothy Ko）著，李志生譯，《閨塾師：明末清初江南的才女文化》（南京：江蘇人民出版社，二〇〇五）。

18 Dorothy Ko, *Teachers of the Inner Chambers: Women and Culture in Seventeenth-Century China*, pp. 2-4, 8.

19 呂芳上提及學者如王政等人對一九二〇－一九二五年這段「新文化期」的探討，「是對近年學界『截斷傳統、另建新猷』之『五四史觀』否定的再否定。」見呂芳上，〈導言〉，《近代中國婦女史研究》第十二期（《婦女雜誌》專號）（二〇〇四年十二月，臺北），頁ii。林麗月回顧明代婦女史研究時，也點到性別史學界對「五四傳統」的回應與「五四婦女史觀」的反省，見林麗月，〈從性別發現傳統：明代婦女史研究的反思〉，《近代中國婦女史研究》第十三期（二〇〇五年十二月，臺北），頁一－二六。二文由於寫作主旨不在討論五四，也就無須對「五四史觀」與「五四婦女史觀」加以定義與探研。

20 見吳潤凱，〈被挾持的自殺：「五四」婦女史觀的製作〉，《二十一世紀》網絡版第七十二期（二〇〇八年三月，香港），http://www.cuhk.edu.hk/ics/21c/ media/online/0709080.pdf（二〇一九年十月二十一日檢索）；陳曦，〈五四婦女史觀能否解讀趙五貞？——重讀毛澤東對「趙五貞事件」的評論文章〉，《中華女子學院學報》第二期（二〇一八年四月，北京），頁九四－一〇〇。

21 參宋少鵬，〈革命史觀的合理遺產——圍繞中國婦女史研究的討論〉，《文化縱橫》第四期，頁五〇－五七。

22 湯尼・白露（Tani Barlow）著，沈齊齊譯，《中國女性主義思想史中的婦女問題》（上海：上海人民出版社，二〇一二）。

23 難得有學者利用『大清實錄』『大清會典事例』等史料作日文翻譯註解，見鈴井正孝，《清史稿列女傳通釈》（山形：鈴井正孝自行出版，二〇〇五）。書評見中道邦彥，〈書評鈴井正孝著《清史稿列女傳通釈》〉，《山形大学歴史・地理・人類学論集》二〇〇六年第七号（山形），頁六三－六八。

24 鮑家麟，〈序　中國第一部婦女史——天嘯的神州女子新史〉，《神州女子新史》（臺北：稻鄉出版社，一九九三），頁五。

25 Katherine Carlitz, "The Social Uses of Female Virtue in Late Ming Editions of Lienü Zhuan," *Late Imperial China* 12, no. 2 (1991, Baltimore), pp. 117-148.

26 Hsi-yuan Chen, "Last Chapter Unfinished: The Making of the Official Qing History and the Crisis of Traditional Chinese Historiography," *Historiography East and West* 2, no. 2 (2006, Leiden), pp. 177.

27 高彥頤著，李志生譯，《閨塾師：明末清初江南的才女文化》，〈緒論〉。

28 其中劉靜貞一系列的研究，無論在方法與性別意識上，都對筆者頗有啟發，例如：〈劉向《列女傳》的性別意識〉，《東吳歷史學報》一九九九年第五期（臺北），頁一－三〇；〈歐陽脩筆下的宋代女性——對象、文類與書寫期待〉，《臺大歷史學報》二〇〇三年第三十二期（臺北），頁五七－七六；〈正史與墓誌資料所映現的五代女性意象〉，《唐研究》二〇〇五年第十一期（北京），頁一八七－二〇四。還有野村鮎子從文學史的角度，論明清時代不同體裁的女性生命史書寫，讓我們得以將其與傳記對比，例如野村鮎子，〈明清女性壽序考〉，收於張宏生編，《明清文學與性別研究》（南京：江蘇古籍出版社，二〇〇二年十月），頁一九－三三；〈士大夫如何書寫家中女性——試從性別觀點研究古典文學〉，《當代》第二一四期／復刊第九十六期（二〇〇五年六月，臺北），頁七〇－八七；〈明清散文中的女性與家庭暴力書寫〉，《近代中國婦女史研究》十六（二〇〇八年十二月，臺北），頁二〇九－二二五；〈歸有光〈先妣事略〉之系譜——論弔母之古文體的生成與發展〉，收於鮑家麟主編，《中國婦女史論集九集》（新北：稻鄉出版社，二〇一一），頁九一－一一〇；〈明清亡妻哀悼散文考：亡妻墓誌銘から亡妻行状へ〉，《敘說》第四十八號，二〇二一年三月，頁六四－八八；〈明清における妾婢をめぐる士大夫の心性：亡妾哀悼文を中心に〉，《歷史學研究》第一〇一七號，二〇二一年十二月，頁一－一一。筆者也曾探析明清女性傳記與合葬墓誌銘體例之差異，衣若蘭，〈女性「名」分與清初傳記書寫論辯〉，《新史學》第二十六卷第一期（二〇一五年三月，臺北），頁五九一一〇四、〈明清夫婦合葬墓誌銘義例探研〉，《臺灣師大歷史學報》第五十八期（二〇一七年十二月，臺北），頁五一一九〇。

29 Harriet T. Zurndorfer, "Waves of Publications on Chinese Women and Gender Studies", p. 360. 游鑑明、胡纓、季家珍（Joan Judge）編，《重讀中國婦女生命故事》（臺北：五南圖書，二〇一一）、Marjorie Dryburgh and Sarah Dauncey, eds. *Writing Lives in China, 1600-2010: Histories of the Elusive Self* (Basingstoke: Palgrave Macmillan, 2013)、Ihor Pidhainy, Roger Des Forges and Grace S. Fong eds., *Representing Lives in China: Forms of Biography in the Ming-Qing Period, 1368-1911* (Ithaca: Cornell University Press, 2018)、伊沛霞、姚平、張聰主編，《追懷生命：中國歷史上的墓志銘》（上海：上海古籍出版社，二〇二一）、Patricia Buckley Ebrey, Cong Ellen Zhang and Ping Yao eds. *Chinese Autobiographical Writing: An Anthology of Personal Accounts* (Seattle: University of Washington Press, 2023)。

30 衣若蘭，《史學與性別：《明史．列女傳》與明代女性史之建構》（太原：山西教育出版社，二〇一一），〈導論〉。Yi, Jo-lan, "Social Status, Gender Division and Institutions: Sources relating to Women in Chinese Standard Histories," in *Overt and Covert Treasures: Essays on the Sources for Chinese Women's History*, ed. Clara Wing-Chung Ho. (Hong Kong: Chinese University of Hong Kong Press, 2012), pp. 130-155.

31 該會議論文收於《近代中國婦女史研究》二〇〇四年第十二期《婦女雜誌》專號。

32 Joan Judge, "Introduction," *The Precious Raft of History: The Past, the West, and the Woman Question in China; Republican Lens: Gender, Visuality, and Experience in the Early Chinese Periodical Press* (Berkeley, CA: University of California Press, 2015).

33 夏曉虹，《晚清女子國民常識的建構》（北京：北京大學出版社，二〇一六）。

34 方秀潔，〈性別與傳記：清代自我委任的女性傳記作者〉，《社會科學》二〇二〇年第一期（上海），頁一七九－一九一。

35 Nanxiu Qian, "Borrowing Foreign Mirrors and Candles to Illuminate Chinese Civilization: Xue Shaohui's Moral Vision in the Biographies of Foreign Women", *Nan Nü: Men, Women & Gender In Early & Imperial China* 6, no.1 (2004, Leiden), pp. 60-102. *Politics, Poetics, and Gender in Late Qing China: Xue Shaohui and the Era of Reform* (Stanford University Press, 2015).

36 Binbin Yang, "A Pictorial Autobiography by Zeng Jifen (1852-1942) and the Use of the "Exemplary" in China's Modern Transformation," *Nan Nü: Men, Women and Gender in China* 19.2 (Dec 2017): 263-315.

37 參胡逢祥、張文建，《中國近代史學思想與流派》（上海：華東師範大學出版社，一九九一），頁一八五－一八六。

38 梁啟超，〈中國史敘論・第一節 史之界說〉（一九〇一），收於《飲冰室文集》之六，頁一。本書所引梁啟超之《飲冰室文集》、《飲冰室專集》，皆採用下列版本：《飲冰室合集》（北京：中華書局，一九八九）。

39 梁啟超，〈中國歷史研究法・第一章　史之意義及其範圍〉（一九二二），收於《飲冰室專集》之七十三，頁三七－四四。

40 參沈松僑，〈振大漢之天聲——民族英雄系譜與晚清的國族想像〉，《近代史研究所集刊》二〇〇〇年第三十三期，頁九六－九七。另王汎森曾論「國民」、「國家」等詞彙與晚清新史學的關係，從政治概念來看梁啟超的新史學，見〈晚清的政治概念與新史學〉，收於氏著，《近代中國的史家與史學》（香港：三聯書店，二〇〇八），頁五－四八。

41 參見張越，〈「新史學」思潮的產生及其學術建樹〉，《史學月刊》二〇〇七年第九期（開封），頁九四－一〇二。

42 Harriet Zurndorfer 曾以清代才女王照圓為例，說明梁啟超由於性別偏見以致對才女貶低，並忽略王照圓對清代考證學的貢獻。見 Harriet Zurndorfer, "Wang Zhaoyuan (1763-1851) and the Erasure of 'Talented Women' by Liang Qichao," in Qian Nanxiu, Grace S. Fong, and Richard J. Smith ed., *Different Worlds of Discourse: Transformations of Gender and Genre in Late Qing and Early Republican China* (Leiden: Brill, 2008), pp. 29-56.

43 張越，〈論清末中國歷史教科書的形式與特點〉，《南開學報（哲學社會科學版）》二〇〇八年第四期（天津），頁七四－八〇。

44 庾向芳，《近代史學轉型視野下的民國清史學（一九一二－一九四九）》（上海：三聯書店，二〇二一），頁二六八－二七九。

45 許師慎編，《有關清史稿編印經過及各方意見彙編》（臺北：中華民國史料研究中心，一九七九），頁一三四。

46 傅斯年，〈關於清史稿事敬述所見〉（一九三五），收於許師慎編，《有關清史稿編印經過及各方意見彙編》，頁二四五－二四六。

47 周海建，〈南京國民政府對《清史稿》的審查及其社會因應〉，《南京大學學報（哲學．人文科學．社會科學）》二〇一七年第一期（南京），頁九八。

48 庾向芳，《近代史學轉型視野下的民國清史學（一九一二－一九四九）》，第五章〈新史觀的興起與清史著述〉。

49 《有關清史稿編印經過及各方意見彙編》，頁一七六。

50 參杜芳琴，〈中國婦女史學科化建設的理論思考〉，收於氏著，《中國社會性別的歷史文化尋蹤》（天津：天津社會科學院出版社，一九九八），頁一。

第二章

1 《政府公報》第六六〇號，民國三年三月九日「大總統令」，頁二六九。

2 容庚，〈清史稿解禁議〉，收入朱師轍，《清史述聞》（北京：三聯書店，一九五七），第十八卷，頁四二四。

3 朱師轍，《清史述聞》。

4 鄒愛蓮，〈《清史稿》體例的討論與確立〉，《清史研究》二〇〇三年第三期（北京），頁一－一〇；韓永福，〈《清史稿》的編修過程〉，《歷史檔案》二〇〇四年第一期（北京），頁七－一一；鄒愛蓮、韓永福、盧經，〈《清史稿》纂修始末研究〉，《清史研究》二〇〇七年第一期（北京），頁八六－九四。

5 馮明珠，〈故宮博物院與《清史稿》〉，《故宮學術季刊》第二十三卷第一期（二〇〇五年秋，臺北），頁五七三－六二四。〈從《清史》到《清史稿校註》——中華民國政府遷臺後編整《清史》之經過〉，收入陳捷先、成崇德、李紀祥主編，《清史論集》下冊（北京：人民出版社，二〇〇六），頁一一〇一－一一三〇。《清史稿校註》（臺北：臺灣商務印書館，一九九九）。為國史館與故宮博物院合作，參考清史館原稿、清國史館稿本、清宮檔案、官書等史料，用「以稿校稿」之方式歷經十年完成校勘。

6 戴逸，〈《清史稿》的纂修及其缺陷〉，《清史研究》二〇〇二年第一期（北京），頁一－六。另見何烈，〈六十年來《清史稿》與《清史》〉，收入程發軔主編，《六十年來之國學》（臺北：正中書局，一九七六），第三冊，頁四五三－五一六。

7 林志宏認為修史給予遺民自我形塑政治認同的空間，參林志宏，《民國乃敵國也：清遺民與近代中國政治文化的轉變》（臺北：聯經出版，二〇〇九），第三章第一節，〈清史稿和王朝的最後記憶〉，頁一三四－一四三；另見陶亞敏，〈論清史編修與遜清遺老群體的分化〉，《中國國家博物館館刊》二〇二〇年第六期（北京），頁一〇九－一一七。一九三〇年國民政府稱《清史稿》謬誤百出、對革命黨人的誣詬而禁售之，參周海建，〈南京國民政府對《清史稿》的審查及其社會因應〉，《南京大學學報（哲學・人文科學・社會科學）》二〇一七年第一期（南京），頁九八－一〇八；而且也反映北伐後國民黨的派系政治，見周海建，〈地域、政派與文化競爭：《清史稿》被禁事件的再審視〉，《四川大學學報（哲學社會科學版）》二〇一九年第一期（成都），頁四〇－五〇。

8 例如本紀刪去教案與外交事務的紀載，見王一樵，〈清朝國史館建置與史書編纂研究：以《本紀》為討論中心〉，《政大史粹》第十五期（二〇一八年十二月，臺北），頁一一一－一一三。戴逸，〈《清史稿》的纂修及其缺陷〉，《清史研究》二〇〇二年第一期（北京），頁三。

9 Hsi-yuan Chen, "Last Chapter Unfinished: The Making of the Official Qing History and the Crisis of Traditional Chinese Historiography," *Historiography East and West* 2, no.2 (2006, Leiden), pp. 173-204.

10 關於《清史稿》版本成形與差異，參朱師轍，〈清史稿關內本與關外本〉，收入許師慎編，《有關清史稿編印經過及各方意見彙編》（臺北：中華民國史料研究中心，一九七九），頁一九九－二一八；〔日〕馬場將三，〈『清史稿』の版本をめぐって〉，《東洋大學大學院紀要（文學研究科）》第三十二集（一九九五，東京），頁二五七－二六七；鄒愛蓮、韓永福、盧經，〈《清史稿》纂修始末研究〉，頁九四。

11 中華書局點校本與國防研究院出版的《清史》簡易對照，參鈴井正孝，《清史稿列女傳通釈》，頁六－七。

12 馮明珠，〈從《清史》到《清史稿校註》──中華民國政府遷臺後編整《清史》之經過〉。

13 朱曦林，〈清史館與清學史研究之風的形成——以繆荃孫《清史稿》〈儒學傳〉、〈文學傳〉的編纂為中心〉，《漢學研究》第三十七卷第一期，(二〇一九年三月，臺北)，頁一九七－一九八。

14 如趙晨嶺，〈從對辛亥革命的表述看《清史稿·宣統皇帝本紀》編纂〉，《清史研究》二〇一一年第〇〇期(北京)，頁二一六－二二二；〈《清史稿·太祖本紀》編纂過程及失誤原因〉，《明清論叢》二〇一一年第一期(北京)，頁一四六－一五二；〈《清史稿·天文志》纂修考〉，《明清論叢》二〇一四年第一期(北京)，頁三五五－三六一。李典蓉，〈《清史稿·刑法志》史源問題探析〉，《清史研究》二〇一二年第四期(北京)，頁九一－一〇三。秦翠紅，〈《清史稿·忠義傳》入傳標準探析——兼論《清史稿》所涉清遺民的忠義觀〉，《史學史研究》二〇二一年第四期(北京)，頁二六－四〇。馮玉榮，〈「授受源流」：《清史稿》醫者傳的編纂與醫史的承啟書寫〉，《近代史研究》二〇二二年第三期(北京)，頁二二－三五。

15 少數研究如：從傳中婦女的「自殺現象」論清代婦女的境遇，可惜該文並不論及傳記的編纂與書寫的時代特質，見張濤，〈被肯定的否定——從《清史稿·列女傳》中的婦女自殺現象看清代婦女境遇〉，《清史研究》二〇〇一年第三期(北京)，頁四〇－四九。或聚焦在才女文學的探索，參彭國忠，〈試論清代列女的文學世界——以《清史稿·列女傳》為論〉，《北京大學學報》第五十二卷第一期(二〇一五，北京)，頁一〇六－一一五。

16 值得一提的是，孝欽太后(慈禧)的立傳問題。民初學者爭議的焦點在於，應為孝欽單獨立於本紀或列入后妃傳中，參孫昉，〈論《清史稿》對孝欽太后傳記的處理〉，《大連大學學報》第三十八卷第五期(二〇一七，大連)，頁六五－七三。

17 梁啟超，〈清史商例第一書〉，收入朱師轍編著，《清史述聞》，頁一三六。〈清史商例初稿〉甚至稱「烈女傳」，見《飲冰室專集》第三十一卷，頁一六，收入《飲冰室合集》（北京）中華書局，二〇一五。

18 燕雛（張蔭麟），〈評〈清史稿〉〉，《大公報·文學副刊》第二十期（一九二八）。

19 見〈故宮博物院呈請嚴禁清史稿發行文〉，收入朱師轍編著，《清史述聞》，頁四二二。實際上，根據馮明珠的研究，民國十七年故宮請禁的原因，實與其欲與南京國民政府爭藏清史館之館藏有關，見馮明珠，〈故宮博物院與《清史稿》〉，《故宮學術季刊》第二十三卷第一期，頁五七三－六二四。

20 傅振倫，〈清史稿評論上〉，收入朱師轍編著，《清史述聞》，頁三二三，原載《史學年報》第一卷第三期（一九三一，北平）。

21 參見莊吉發，〈清史館與清史稿：清史館未刊紀志表傳的纂修及其史料價值〉，《故宮學術季刊》第二十三卷二期，頁一八六。

22 莊吉發，〈清史館與清史稿：清史館未刊紀志表傳的纂修及其史料價值〉，《故宮學術季刊》第二十三卷第二期（二〇〇五年冬，臺北），頁一六一－一九九、〈從現存史館檔看清史的纂修〉，收入陳捷先、成崇德、李紀祥主編，《清史論集》下，頁一〇五七－一〇九二；馮明珠，〈國史館人表屬辭則例——兼介國立故宮博物院所藏清國史館檔大臣年表〉，《故宮學術季刊》第二十二卷第三期（二〇〇五年春，臺北），頁九一－一三〇、〈鉅編零簡匯為淵藪——「史館檔」的滄桑與展望〉，《故宮學術季刊》第二十四卷第四期（二〇〇七年夏，臺北），頁一一九－一四八。鈔曉鴻，〈臺灣故宮「史館檔」與《清史稿·災異志》〉，《清史研究》二〇〇三年第三期（北京），頁一〇七－一一三。

23 張爾田，〈《清史稿》的纂修之經過〉，收入朱師轍編著，《清史述聞》，頁二八三－二九七；韓永福，〈《清史稿》的編修過程〉，《歷史檔案》二〇〇四年第一期（北京），頁七－一一。關於冷家驥參與修史的情形，據朱師轍云，在民國八年所鈔館員錄中，尚有冷家驥，然館中卻未存其所撰修之文稿，他認為冷氏有可能是擔任校勘兼協修之類的工作，見朱師轍編著，《清史述聞》，頁二九二。

24 朱師轍，〈清史稿關內本與關外本〉，收入《有關清史稿編印經過及多方意見彙編》，頁二一六。

25 《清史稿》《數位典藏與數位學習聯合目錄》。http://catalog.digitalarchives.tw/item/00/47/0f/ef.html（二〇一三年三月十七日瀏覽）。

26 趙爾巽等，《清史稿》，第五〇八卷，〈列女傳〉，頁一四〇二〇。

27 趙爾巽等，《清史稿》，第五〇九卷，〈列女傳〉，「李豁然妻楊氏」，頁一四〇七四。

28 見 Bert Hinsch (韓獻博), "Cross-Genre Influence on the Fictional Aspects of Lienü Narratives," *Journal of Oriental Studies* 41, no.1 (2006, Hong Kong), pp. 41-66.

29 Yi, Jo-lan, "Social Status, Gender Division and Institutions: Sources relating to Women in Chinese Standard Histories," in *Overt and Covert Treasures: Essays on the Sources for Chinese Women's History*, ed. Clara Wing-Chung Ho.(Hong Kong: Chinese University of Hong Kong Press, 2012), pp. 130-155.

30 見鈴井正孝，《清史稿列女傳通釈》，頁二。

31 詳參拙著，《史學與性別：《明史‧列女傳》與明代女性史之建構》，第五章第一節。

32 趙爾巽等，《清史稿》，第五〇八卷，〈列女傳〉，頁一四〇一九。

33 趙爾巽等，《清史稿》，第五〇八卷，〈列女傳〉，頁一四〇二〇－一四〇二一。第二期稿本在「徒增我悲耳」後加上「且我何可以蕭太夫人比也，蕭太夫人年躋八十，於古謂之上壽，蕭封君即世不過十餘年，為白首夫婦，汝父之亡，吾年未四十，今更三十一年，亦僅古之中壽耳，何可以蕭太夫人比？且其子侍讀君居里已十七年，德望高善行被於鄉黨，鄉黨德其子而慶及其母宜也，汝曹中外薄宦，偶歸里閭，無善及人而亦偃然，受鄉先生里父老之捧觴拜跽，其又何以為情？頃者米價翔貴，邑井蕭然，親故素多貧乏，若復合錢市饔為未亡人進一日之甘，未亡人更罪戾是矣」這段文字主要來自〔清〕田雯，《古歡堂集》，《文淵閣四庫全書》（臺北：臺灣商務印書館，一九八三），第一三二四冊，第三十六卷，〈先太恭人述略〉，頁四a。第三期又刪減成我們今日所看到排印本的段落。

34 〔清〕田雯，《古歡堂集》，《文淵閣四庫全書》（臺北：臺灣商務印書館，一九八三），第一三二四冊，第三十六卷，〈先太恭人述略〉，頁一－七a。

35 關於清代婦女的課子詩文，可參見劉詠聰，〈清代女性的課子詩文〉，收入周愚文、洪仁進主編，《中國傳統婦女與家庭教育》（臺北：師大書苑，二〇〇五），頁一二三－一七一；劉詠聰，〈清代女子課子書舉要〉，《東海中文學報》第二十期（二〇〇八年七月，臺北），頁一八七－二一六。以上二文收入氏著，《才德相輝：中國女性的治學與課子》（香港：三聯書店，二〇一五）。

36 趙爾巽等，《清史稿》，第五〇八卷，〈列女傳〉，頁一四〇二五。

37 趙爾巽等，《清史稿》，第五〇八卷，〈列女傳〉，頁一四〇二六。

38 趙爾巽等，《清史稿》，第五〇八卷，〈列女傳〉，頁一四〇二五－一四〇二六。

39 趙爾巽等，《清史稿》，第五〇八卷，〈列女傳〉，頁一四〇二七。

40 趙爾巽等，《清史稿》，第五〇八卷，〈列女傳〉，頁一四〇二八。

41 趙爾巽等，《清史稿》，第五〇八卷，〈列女傳〉，頁一四〇二三。尹會一並曾為母親編纂年譜，方苞稱「為母編年譜，古未之有」。〔清〕尹會一編，《尹太夫人年譜》，收入北京圖書館編，《北京圖書館藏珍本年譜叢刊》（北京：北京圖書館出版社，一九九八影印清乾隆十年刻本），第八十九冊，〈論編年譜書〉，頁四一七。關於尹會一母李氏的討論，可參劉詠聰，〈「豈惟女儀，志士之師」：尹會一母李氏之生命歷程〉，《中國文化研究所學報》二〇〇八年第四十八期（香港），頁二一一－二四〇，亦收入氏著，

《才德相輝：中國女性的治學與課子》。

42 趙爾巽等，《清史稿》，第五〇八卷，〈列女傳〉，頁一四〇二九。

43 詳參拙著，〈「天下之治自婦人始」——試析明清時代的母訓子政〉，收入周愚文、洪仁進主編，《中國傳統婦女與家庭教育》，頁九一－一二二。

44 趙爾巽等，《清史稿》，第五〇八卷，〈列女傳〉，頁一四〇二一－一四〇二二。

45 關於明清時代母子之情，可參見熊秉真，〈建構的感情——明清家庭的母子關係〉，收入盧建榮主編，《性別、政治與集體心態：中國新文化史》（臺北：麥田出版，二〇〇一），頁二五五－二八〇。

46 趙爾巽等，《清史稿》，第五〇九卷，〈列女傳〉，頁一四〇七一。

47 參見彭國忠，〈試論清代列女的文學世界——以《清史稿・列女傳》為論〉，《北京大學學報》第五十二卷第一期（二〇一五，北京），頁一〇六－一一五。

48 Sherry J. Mou, *Gentlemen's Prescriptions for Women's Lives: A Thousand Years of Biographies of Chinese Women* (Armonk, N.Y.; London: M.E. Sharpe, 2004), p. 172.

49 相關討論，可參見董家遵，〈明清學者關於貞女問題的論戰〉，收入氏著，《中國古代婚姻史研究》（廣州：廣東人民出版社，一九九五），頁三四五－三五一。又，Weijing Lu（盧葦菁）從家庭衝突、政府政策、士人意識形態的矛盾與個人情緒來看「貞女崇拜」的現象。Weijing Lu, *True to Her Word: The Faithful Maiden Cult in Late Imperial China* (Stanford: Stanford University Press, 2008).

50 〔漢〕劉向撰，〔清〕梁端校注，《列女傳校注》（臺北：臺灣中華書局，一九七二據汪氏振綺堂補刊本校刊），〈目錄〉，頁一a。

51 關於劉向《列女傳》母儀類之討論，可參閱蔡依靜，〈劉向《列女・母儀傳》中的母親〉，《中國文學研究》第二十一期（二〇〇五，臺北），頁四三－六四。作者提出母慈的定義主要強調在助子成就功業。由此看來，歷代對母親形象的建立與母儀之定義，值得我們進一步探索。

52 〔南朝宋〕范曄，《後漢書》（北京：中華書局，一九六五點校本），第八十四卷，〈列女傳〉，「程文矩妻李穆姜」，頁二七九三－二七九四。

53 范曄，《後漢書》，第八十四卷，〈列女傳〉，「董祀妻」，頁二八〇一－二八〇三。

54 〔北齊〕魏收，《魏書》（北京：中華書局，一九七四點校本），第九十二卷，〈列女傳〉，「房愛親妻崔氏」，頁一九八〇。

55 魏收，《魏書》，第九十二卷，〈列女傳〉，「魏溥妻房氏」，頁一九七九。

56 Jennifer Holmgren, "Widow Chastity in the Northern Dynasties: The Lieh-nü Biography in the Wei-Shu," *Papers on Far Eastern History* 23 (1981, Canberra), p. 175.

57 〔唐〕魏徵等撰，《隋書》（北京：中華書局，一九七三點校本），第八十卷，〈列女傳〉，頁一八〇六－一八〇七。

58 〔唐〕魏徵等撰，《隋書》，第八十卷，〈列女傳〉，頁一八〇六。

59 〔唐〕房玄齡，《晉書》（北京：中華書局，一九七四點校本），第九十六卷，〈列女傳〉，頁二五一一、二五二六。

60 〔唐〕房玄齡，《晉書》，第九十六卷，〈列女傳〉，頁二五〇七、二五一二、二五二一、二五一八。

61 房玄齡，《晉書》，第九十六卷，〈列女傳〉，頁二五〇九－二五一〇、二五一三－二五一四。

62 魏徵等撰，《隋書》，第八十卷，〈列女傳〉，頁一八〇四－一八〇五。

63 房玄齡，《晉書》，第九十六卷，〈列女傳〉，頁二五〇九－二五一〇、二五一三－二五一四。

64 〔後晉〕劉昫，《舊唐書》（北京：中華書局，一九七五點校本），第一九三卷，〈列女傳〉，「李湍妻董昌齡母楊氏」，頁五一四九。
65 〔宋〕歐陽修，《新唐書》（北京：中華書局，一九七五點校本），第二〇五卷，〈列女傳〉，頁五八二二－五八二三。
66 歐陽修，《新唐書》，第二〇五卷，〈列女傳〉，頁五八二一。
67 歐陽修，《新唐書》，第二〇五卷，〈列女傳〉，頁五八二四。
68 Sherry J. Mou, *Gentlemen's Prescriptions for Women's Lives*, p. 173.
69 Josephine Chiu-Duke, "Mothers and the Well-being of the State in Tang China," *Nan Nü: Men, Women and Gender in* Early and Imperial *China* 8, no.1 (March 2006, Leiden), pp. 56-114.
70 〔元〕脫脫，《遼史》（北京：中華書局，一九七四點校本），第一〇七卷，〈列女傳〉，頁一四七一－一四七二。
71 脫脫，《宋史》（北京：中華書局，一九七七點校本），第四六〇卷，〈列女傳〉，頁一三四八九。
72 脫脫，《金史》（北京：中華書局，一九七五點校本），第一三〇卷，〈列女傳〉，頁二八〇二。
73 〔明〕宋濂，《元史》（北京：中華書局，一九七六點校本），第二〇一卷，〈列女傳〉，頁四四九九。
74 宋濂，《元史》，第二〇一卷，〈列女傳〉，頁四五〇六。
75 〔清〕張廷玉，《明史》（北京：中華書局，一九七四點校本），第三〇三卷，〈列女傳〉，「洗馬畈婦」，頁七七五六。
76 張廷玉，《明史》，第三〇二卷，〈列女傳〉，頁七七二六－七七二七。
77 張廷玉，《明史》，第三〇二卷，〈列女傳〉，頁七七一四。

78 《明史》稿本的修纂，約經過三一三卷本萬斯同《明史紀傳》，四一六卷本《明史》，王鴻緒《橫雲山人集明史列傳藁》，武英殿本《明史》與四庫本《明史》等階段。

79 張廷玉，《明史》，第三〇二卷，〈列女傳〉，「玉亭縣君」，頁七七二九－七七三〇。

80 〔清〕王鴻緒，《橫雲山人集明史列傳藁》（北京：北京大學圖書館善本室藏康熙敬慎堂刊本），第一七七卷，〈列女中．玉亭縣君〉，頁一三a。

81 〔清〕顧炎武，《亭林餘集》，《四部叢刊初編》（臺北：臺灣商務印書館，一九六五據上海商務印書館縮印誦芬樓刊本影印），第三三九冊，〈先妣王碩人行狀〉，頁一八b、二一b。關於顧炎武母子關係的討論，參見林維紅，〈明清「貞節」的典型——從顧炎武的母親說起〉，收入氏著，《中國婦女史初探——問題的起源與近代特色》（臺北：知音出版社，一九九一），頁八九－九八。

82 《金氏如心堂族譜》，頁一一四。

83 魏橋主編，《浙江省人物志》（杭州：浙江人民出版社，二〇〇五），頁二六三。

84 《清史稿．列女三》，頁一四一二八。

85 趙爾巽等纂，《清史稿》，第五〇八卷，〈列傳．列女一〉，頁一四〇一九。

86 曼素恩提出盛清時期國家褒揚"familistic moralism"，筆者認為或許可翻譯成家庭倫理觀，見 Susan Mann, Precious Records: Women in China's Long Eighteenth Century (Stanford: Stanford University Press, 1997), pp.22, 27.

87 參姚毅，〈中国における賢妻良母言説と女性観の形成〉，收入《中国女性史論集》（東京：吉川弘文館，一九九九），頁一一四－一三一；陳妍湲，《從東亞看近代中國婦女教育——知識分子對「賢妻良母」的改造》（臺北：稻鄉出版社，二〇〇五），第一第二章。夏曉虹也指出相較於南方《女子世界》對外國女傑之推崇，《北京女報》依循學部制定的女學章程，重視家國共構的儒家倫理，標舉「賢母良妻」，見氏著〈晚清女性典範的多元景觀——從中外女傑傳到女報傳記欄〉，《中國現代文學研究叢刊》二〇〇六年第三十二期（北京），頁三三一－四五，後收入氏著，《晚清女子國民常識的建構》。另，不只男性知識分子提倡良妻賢母，晚清才女單士釐（一八五八－一九四五）曾於一八九九－一九〇六年隨丈夫出使日本，也引入日本的「賢妻良母」概念，尤其是具實用能力與知識的形象。參羅秀美，〈翻譯賢妻良母、建構女性文化空間與訴說女性生命故事——單士釐的「女性文學」〉，《漢學研究》，第三十二卷二期（二〇一四年六月，臺北），頁二〇九－二一〇。

88 梁啟超，〈倡設女學堂啟〉（一八九七）收入梁啟超著，湯志鈞、湯仁澤編，《梁啟超全集》（北京：中國人民大學出版社，二〇一八），頁二八二。

89 梁啟超，〈論學校六（〈變法通議〉三之六）．女學〉（一八九七），收入《梁啟超全集》，頁七一－七六。陳陳姃媛，《從東亞看近代中國婦女教育 知識分子對賢妻良母的改造》，頁七一、七四。其實梁啟超並沒有使用過「賢妻良母」的詞彙，他的女兒梁思順才更重視賢妻良母教育與相夫。見〔日〕須藤瑞代著，〔日〕須藤瑞代、姚毅譯，《中國「女權」概念的變遷：清末民初的人權和社會性別》（北京：社會科學文獻出版社，二〇一〇），頁一八八。

90 〔日〕須藤瑞代、姚毅譯，《中國「女權」概念的變遷：清末民初的人權和社會性別》，頁一七九－一八四。

91 Joan Judge, The Precious Raft of History: The Past, the West, and the Woman Question in China (Stanford: Stanford University Press, 2008). 中文版《歷史寶筏：過去、西方與中國婦女問題》，第四章〈賢母與國民之母〉。

92 關於「國民之母」顯現家／國、中／西價值之間概念的緊張，見 Joan Judge," Citizens or Mothers of Citizens?

"Gender and the Meaning of Modern Chinese Citizenship," in *Changing Meanings of Citizenship in Modern China*, ed. Merle Goldman, Elizabeth J. Perry (Harvard University Press, 2002), pp. 23-43.

93 趙爾巽等撰，《清史稿》（北京：中華書局，一九九八），第五〇八卷，〈列傳二九五・列女一・洪翹妻蔣〉，頁一四〇二五。參 Joan Judge, "Meng Mu Meets the Modern: Female Exemplars in Early-Twentieth-Century Textbooks for Girls and Women,"《近代中國婦女史研究》第八期（二〇〇〇年八月，臺北），頁一二九－一七七。

94 〔明〕陳善等修，萬曆《杭州府志》，收入彭澤修編，《明代方志選》（臺北：臺灣學生書局，一九六五影印國立中央圖書館珍藏善本），〈凡例〉，頁四 a。

95 《唐會要》載：「孝義旌表，戶部有即錄報。……碩學異能，高人逸士，義夫節婦，州縣有此色，不限官品，勘知的實，每年附送考使送。……以上事，並依本條所由，有即勘報史館，修入國史。如史官訪知事由堪入史者，雖不與前件色同，亦任直牒索，承牒之處，即依狀勘，並限一月內報。」〔宋〕王溥，《唐會要》（上海：上海古籍出版社，一九九一影印武英殿聚珍本），第六十三卷，〈史館上・諸司應送史館事例〉，頁一二八六。

96 《軍機處檔摺件》（臺北：國立故宮博物院藏），第二七六三箱，第十六－一包，第一五八七三五號，湖南巡撫趙爾巽，〈奏烈婦王黎氏殉節請付館入列女傳並請旌〉，光緒二十九年－二月二十日；《軍機處檔摺件》，第二七七七箱，第三十四包，第一八六八七八號，河南巡撫吳重熹，〈奏烈婦孔潘氏殉夫請旌並付史館〉，宣統二年三月十五日。

97 〔清〕趙弘恩等監修，黃之雋等編纂，《江南通志》，收入《文淵閣四庫全書》，第一七六卷，頁一〇 a、頁一一。〔清〕和珅等奉敕撰，《欽定大清一統志》，收入《文淵閣四庫全書》，第十二卷，頁三一；二二八卷，頁二七。

98 《明史・列女傳》所收錄事蹟即符合國家旌表以節烈、布衣百姓為主的精神。詳參拙著，《史學與性別：《明史・列女傳》與明代女性史之建構》。

99 〔清〕勒德洪，《大清世宗憲（雍正）皇帝實錄》（臺北：華文書局，一九七〇），第四卷，頁一三a，雍正元年二月癸亥條。其實根據郭松義對清代旌表婦女之研究，清代政府旌表婦女存有兩大問題，一是被旌表者多集中在有錢有勢者，二是區域分佈不均。他統計幾部方志發現，受旌者多集中在有職、功名之家者，官員紳衿之家，見郭松義，《倫理與生活：清代的婚姻關係》（北京：商務印書館，二〇〇〇），頁四〇五－四一一。又關於清代旌表婦女的問題，可參見陳青鳳，〈清朝の婦女旌表制度について——節婦・烈女を中心に——〉，《九州大學東洋史論集》十六（一九八八，福岡），頁一〇一－一三一。

100 〔明〕申時行修，《明會典》（北京：中華書局，一九八九影印萬曆重修本），第七十九卷，〈旌表〉，頁四五七。

101 〔明〕俞汝楫，《禮部志稿》，收入《文淵閣四庫全書》，第五九八冊，第二十四卷，〈旌表〉，頁三四b。

102 俞汝楫，《禮部志稿》，第五九八冊，第二十四卷，〈旌表〉，頁三四b－三五a。

103 關於明代國家貞節表揚制度，詳參費絲言，《由典範到規範——從明代貞節烈女的辨識與流傳看貞節觀念的嚴格化》（臺北：國立臺灣大學文學院，一九九八），第一章第二節。

104 〔明〕喻政修，林材纂，萬曆《福州府志》，收入中國科學院圖書館選編，《稀見中國地方志彙刊》（北京：中國書店，一九九二影印日本內閣文庫藏明萬曆年間刻本），第三十二冊，第六十九卷，〈列女〉，頁二五。

105 〔清〕崑岡等修，劉啟端等纂，《欽定大清會典事例》，（臺北：啟文出版社，一九六三影印光緒二十五年刻本），第四〇三卷，〈禮部・風教〉，頁一〇b，「旌表節孝條」。

106 崑岡等修，劉啟端等纂，《欽定大清會典事例》，第四〇五卷，〈禮部・風教〉，頁一a，「旌表百歲條」。但在順治十年（一六五三）已准「宗室內節孝者，各依等第頒發恩賜」，然未建坊表揚。由此看來，朝廷對宗室的乞求，恐怕較難以拒絕。見崑岡等修，劉啟端等纂，《欽定大清會典事例》，第四〇三卷，〈禮部・風教〉，頁九a，「旌表節孝條」。

107 〔清〕協理山東道事福建道監察御史沈懋華，〈奏為請增定節孝祠祀以廣皇仁以培風化事〉，雍正十二年五月二十日，收入國立故宮博物院編，《宮中檔雍正朝奏摺》（臺北：國立故宮博物院，一九七八），第二十三輯，頁五九。

108 崑岡等修，劉啟端等纂，《欽定大清會典事例》，第四〇三卷，〈禮部・風教〉，頁一三b，「旌表節孝條」。

109 《清高宗實錄》（臺北：華文書局，一九七〇），第三四一卷，頁七二一a，乾隆十四年五月癸酉。

110 《清高宗實錄》，第三四一卷，頁七二一a，乾隆十四年五月癸酉。

111 《軍機處檔摺件》，第二七三九箱，第七十五包，第一四〇六六八號，巡視南城山西道監察御史潘慶瀾，〈奏請獎賢母以維風化〉，光緒二十三年七月十八日。

112 〔清〕韓文焜纂，康熙《利津縣新志》（臺北：成文書局，一九七六影印康熙十二年刊本），第八卷，〈人物誌・貞烈〉，頁一a。

113 〔清〕劉鎔等修，施景舜纂，宣統《項城縣志》（臺北：成文書局，一九六八影印宣統三年石印本），第二十六卷，〈列女志・賢母〉，頁一a。

114 〔清〕李瑞鍾等纂修，光緒《常山縣志》（臺北：成文書局，一九七五影印光緒十二年刊本），第六十五卷，〈列女・賢母〉，頁一a。

115 符廷銓、蔣應澍纂，《雲南省昭通縣志》（臺北：成文書局，一九六七影印民國十三年刊本），第七卷，〈列女志・賢母〉，頁三八。

116 孔繁銀等編，《曲阜孔府檔案史料選編》（濟南：齊魯書社，一九八〇），第三編「清代檔案史料」，第一冊，頁五〇。

117 崑岡等修，劉啟端等纂，《欽定大清會典事例》，第六卷，〈宗人府六・優恤・旌表節孝〉，頁一九b。而除了旌表，清初君主也透過編纂女教書籍，勉勵女性做教子忠義的母親，例如曾編纂《御定內則衍義》的清世祖，視「訓忠」為母親的重要職分之一，強調慈訓之有俾效忠，即是最明顯的例子。《御定內則衍義》在〈教之道〉篇所論者，乃為人母之「教子」、「勉學」與「盡忠」。關於教子，則要求人母教子勿過於慈，必合於道。見清世祖御定，傅以漸等奉敕纂，《御定內則衍義》，《文淵閣四庫全書》，第七一九冊，第四卷，〈教之道〉，頁八a。

118 明代政府強調宗室本為一方之表率，不待旌表立坊即顯其身分之殊，不過宗室對於是否得以立坊榮身仍十分在意，不斷地求請，至萬曆年間則取消了一貫禁止建坊的規定。參見俞汝楫，《禮部志稿》，第七十八卷，〈旌表備考・旌表總例〉，頁四七，旌表不開建坊例；第十六卷，〈儀制司職掌・獎諭〉，頁四一b－四二a。

119 《政府公報》（臺北：文海出版社，一九七一據民國元至十七年出版之政府公報影印），第六十九－七十冊，頁一七〇、二〇五。

120 李鍾嶽等修，孫壽芝纂，《浙江省麗水縣志》（臺北：成文書局，一九七五影印民國十五年鉛印本），第十二卷，〈列女〉，頁一a。

121 柯麗德（Katherine Carlitz），〈慾望、危險、身體——中國明末女德故事〉，收入李小江、朱虹、董秀玉主編，《性別與中國》（北京：三聯書店，一九九四），頁一六二、一八〇。

122 吳士鑑，〈陳纂修體例〉，收入朱師轍編著，《清史述聞》，頁一九八。

123 《清國史館續辦儒林文苑循吏孝友列傳檔案》（臺北：中央研究院傅斯年圖書館藏，清光緒年間刊本）。

124 見〈各省志書總目〉，《清史館書庫書籍目錄》（臺北：國立故宮博物院藏）。

125 〔清〕完顏惲珠，《蘭閨寶錄》（北京：北京圖書館分館藏道光十一年紅香館藏版），〈例言〉，頁一b。

126 〔清〕陳壽祺等撰，同治《福建通志》（臺北：華文出版社，一九六七影印清同治十年重刊本），〈凡例〉，頁五a。

127 〔清〕何治基等撰，光緒《安徽通志》（臺北：華文出版社，一九六七影印光緒三年重修本），〈凡例〉，頁四。

128 〔清〕楊芳燦等撰，嘉慶《四川通志》（臺北：華文出版社，一九六七影印嘉慶二十一年重修本），〈凡例〉，頁一四a。

129 筆者所查閱的明代方志以《天一閣藏明代方志選刊》（臺北：新文豐出版，一九八五），與中國科學院圖書館選編之《稀見中國地方志彙刊》所影印各省、府、縣方志為主。

130 〔清〕蔡方炳撰，康熙《長洲縣志》（臺北：漢學研究中心，一九九〇景照日本內閣文庫藏康熙二十三年序刊本），第二十一卷，〈列女〉，頁一a。

131 例如光緒《昆明縣志》即將明人嚴恭肅妻施氏傳記從「貞烈傳」，改列入「賢母類」傳記。〔清〕戴絅孫纂，光緒《雲南省昆明縣志》（臺北：成文書局，一九六七影印光緒二十七年刊本），第七卷，〈列女·閨媛．賢母〉，頁二二。

132 筆者所查閱的清代方志以《中國方志叢書》（臺北：成文書局，一九六六－一九六七）、《中國省志彙編》（臺北：華文出版社，一九六八），以及《中國地方志集成》（南京：鳳凰出版社，二〇〇四）為主。

133 〔清〕狄學耕等修，黃昌蕃等纂，同治《都昌縣志》（臺北：成文書局，一九八九影印同治十一年二酉堂刊本），第十卷，〈列女〉，頁一a。

134 李瑞鍾等纂修，光緒《常山縣志》，第六十五卷，〈列女．賢母〉，頁一a。

135 〔清〕鄭鍾祥等重修，龐鴻文等纂，光緒《江蘇省重修常昭合志》（臺北：成文書局，一九六七影印光緒三十年刊本），第三十四卷，〈列女志一．賢母．壽母．附才媛〉，頁一。

136 戴綱孫纂，光緒《雲南省昆明縣志》，第七卷，〈閨媛．賢母〉，頁二三a。

137 〔清〕王肇渭等修，郭崇輝等纂，同治《龍泉縣志》（臺北：成文書局，一九八九影印日本東洋文庫藏清同治十二年刊本），第十三卷，〈列女志上〉，頁一a。

138 Susan Mann, "Widows in the Kinship, Class, and Community Structures of Qing Dynasty China," *Journal of Asian Studies* 46, no.1 (1987, Ann Arbor), pp. 42, 47-48. 相關研究亦見李世眾，〈列女書寫、婦德規訓與地域秩序——明清樂清縣志為中心的考察〉，《華東師範大學學報（哲學社會科學版）》二〇一六年第四期（上海），頁八一－九一。

139 夏日璈等修，王韌等纂，《浙江省建德縣志》（臺北：成文書局，一九七〇影印民國八年鉛印本），〈編纂條例〉，頁四a。

140 楊中潤纂，《雲南省路南縣志》（臺北：成文書局，一九六七影印民國六年抄本），第八卷，〈人物．賢母〉，頁一五。

141 筆者所查閱的民初方志以《中國方志叢書》（臺北：成文書局，一九六六－一九六七）為主。

142 〔清〕完顏惲珠，《蘭閨寶錄》，〈例言〉，頁一 a。

143 Susan Mann, *Precious Records: Women in China's Long Eighteenth Century* (Stanford: Stanford University Press, 1997), Ch. 4, p. 209.

144 〔清〕李桓輯，《國朝賢媛類徵初編》（臺北：國立故宮博物院藏清光緒辛卯〔十七〕年湘陰李氏刊本），〈例言〉，頁一 b。

145 閔爾昌，《碑傳集補》，收入周駿富輯，《清代傳記叢刊》（臺北：明文書局，一九八五），第一二〇－一二三冊，〈序〉，頁一 b。

146 徐世昌，《大清畿輔列女傳》，收入氏著，《大清畿輔先哲傳》（臺北：大通書局，一九六八影印民國四至六年刊本），〈序〉，頁二 b。

147 例如高世瑜分析歷代〈列女傳〉即未列此類型。見高世瑜，〈歷代《列女傳》演變透視〉，《中國社會歷史評論》第一卷（一九九九，天津），頁一三六－一四六。

148 詳參陳姃湲，〈導論〉，收入氏著，《從東亞看近代中國婦女教育》。

第三章

1 鮑家麟，〈重印前言〉，《神州女子新史》，頁三。

2 鮑家麟，〈序　中國第一部婦女史——天嘯的神州女子新史〉，《神州女子新史》，頁五。

3 見鮑家麟，〈序　中國第一部婦女史——天嘯的神州女子新史〉，《神州女子新史》，頁五－一二。

4 徐天嘯，〈悼秋詞〉，《天嘯殘墨》（臺北：廣文，一九八〇），頁六五。

5 周文曉，《徐天嘯與徐枕亞研究資料》（呼和浩特：遠方出版社，二〇〇三），序，頁二。

6 徐鄒志雲，〈先夫徐天嘯事略〉，收入周文曉編，《徐天嘯與徐枕亞研究資料》，頁八。

7 該報被視為自由黨之喉舌。自由黨屬同盟會系中較為激進者，主張地方自治與倡導實業等，主要人物有：《天鐸報》社長李懷霜、周浩、戴傳賢（天仇）、孫文、黃興等人。參張玉法，《民國初年的政黨》（臺北：中央研究院近代史研究所，二〇〇二，再版），頁五五四。然《民權報》自稱其重要編輯人員多未入自由黨，屬獨立性質，見《民權報》，一九一二年四月十七日，版一，廣告。

8 鄭逸梅，〈《民權報》與民權出版部〉，收入氏著，《書報話舊》（北京：中華書局，二〇〇五），頁二五三。

9 徐鄒志雲，〈先夫徐天嘯事略〉，收於《徐天嘯與徐枕亞研究資料》，頁一四－一五。

10 范培松、金學智主編，《插圖本蘇州文學通史》（南京：江蘇教育出版社，二〇〇四），頁一五一三－一五一四。

11 吳雙熱題，民國元年四月，見《神州女子新史》，卷頭，未標明頁碼。

12 林維紅，〈同盟會時代女革命志士的活動（一九〇五－一九一二）〉（臺北：國立臺灣大學歷史研究所碩士論文，一九七三）；林維紅，〈同盟會時代女革命志士的活動（一九〇五－一九一二）〉，收入李又寧、張玉法編，《中國婦女史論文集》（臺北：臺灣商務印書館，一九八八），頁一二九－一七八；林維紅，〈清季的婦女不纏足運動（一八九四－一九一一）〉，《臺大歷史學報》第十六期（一九九一年八月，臺北），頁一三九－一八〇。

13 鮑家麟，〈辛亥革命時期的婦女思想〉，收入鮑家麟編著，《中國婦女史論集》（臺北：稻鄉出版社，一九九二），頁二六六－二九五；另陳三井主編，鮑家麟等著，《近代中國婦女運動史》，第一章。

14 柯惠鈴，《近代中國革命運動中的婦女（一九〇〇—一九二〇）》。

15 高彥頤，〈把「傳統」翻譯成「現代」：《女界鐘》與中國現代性〉，收入王政、陳雁主編，《百年中國女權思潮研究》，頁一—三六。

16 參杜芳琴，〈中國婦女史學科化建設的理論思考〉，收入氏著，《中國社會性別的歷史文化尋蹤》，頁一。

17 夏曉虹，〈晚清女報的性別觀照——《女子世界》研究〉，收入氏著，《晚清女性與近代中國》（北京：北京大學，二〇〇四），頁六七—一一三。

18 夏曉虹，〈晚清女性典範的多元景觀——從中外女傑傳到女報傳記欄〉，《中國現代文學研究叢刊》，二〇〇六年三期（二〇〇六年五月，北京），頁一七—四五。

19 Joan Judge, *The Precious Raft of History: The Past, the West, and the Woman Question in China* (Stanford: Stanford University Press, 2008).

20 見《民權報》，一九一二年八月一日及八月八日，版一，廣告。相關清末民初出版研未提及本出版社，如宋原放主編，《中國出版史料》（濟南：山東教育出版社，二〇〇六）。

21 參魯迅，〈准風月談後記〉，收入氏著，《准風月談》（北京：人民文學出版社，一九七三），頁一七九。

22 徐成治口述，衣若蘭訪問，二〇〇九年六月二十三日，上海徐宅。

23 《民權報》，一九一二年十一月十四日，版一，廣告。

24 吳雙熱，〈序二〉，《神州女子新史》，頁一。

25 一九一三年上海銀圓的購買力，一銀圓可以買三十斤大白米，八斤豬肉、十尺棉布，見陳明遠，《文化人的經濟生活》（上海：文匯出版社，二〇〇五），頁三四八、三五四。又，一大洋約同七十元人民幣（二〇〇七年為準），見陳明遠，《何以為生——文化名人的經濟背景》（北京：新華書局，二〇〇七），頁二二三。

26 見商務印書館女子必讀之書廣告，《婦女雜誌》，第一卷第六期（一九一五年六月五日），而徐天嘯的劇本《夢裡鴛鴦》定價則為三角，見《雙料伍銅元》第十六期（一九一四年十二月一日），廣告。另，一九一五年創刊的《婦女雜誌》半年份共一元三角半，見李曉紅，《女性的聲音——民國時期上海知識女性與大眾傳媒》（上海：學林出版社，二〇〇八），頁四八。關於書價，感謝新加坡國立大學中文系許齊雄教授提醒。

27 見《民權報》，一九一二年四月二十六日，版四，廣告。

28 相關研究見夏曉虹，〈晚清女報的性別觀照——《女子世界》研究〉。

29 湯雪珍，〈女界革命〉，《女子世界》第四期（一九〇四年四月十六日）。

30 參虞山鎮志編纂委員會，《虞山鎮志》（北京：中央文獻出版社，二〇〇〇），第二十四編〈人物〉，頁八七一、八八二。

31 見《民權報》，一九一二年四月三日，版五。

32 徐天嘯，〈結論〉，《神州女子新史》，正編，頁二。

33 《學部奏咨輯要》，第三卷，宣統元年（一九〇九）春學部總務司案牘科編印。收入璩鑫圭、唐良炎編，《中國近代教育史資料匯編：學制演變》（上海：上海教育出版社，二〇〇七），頁五八五－五八六。

34 Joan Judge, "Meng Mu Meets the Modern: Female Exemplars in Early-Twentieth-Century Textbooks for Girls and Women,"《近代中國婦女史研究》第八期（二〇〇〇年六月，臺北），頁一三三－一七七。

35 徐天嘯，〈結論〉，《神州女子新史》，正編，頁三。

36 徐天嘯，〈發端〉，《神州女子新史》，續編，頁四。

37 見《學部奏咨輯要》，第三卷，宣統元年（一九〇九）春學部總務司案牘科編印，收入璩鑫圭、唐良炎編，

《中國近代教育史資料匯編：學制演變》，頁五九四、五八六。另可參李孝遷，〈論晚清女子歷史教科書〉，《華夏文化》，二〇〇七年第一期（西安）。

38 吳雙熱，〈序二〉，《神州女子新史》，頁二。

39 李孝遷，〈論晚清女子歷史教科書〉，《華夏文化》，二〇〇七年第一期（西安），頁二三。

40 見《民權報》，一九一三年七月十五日，版一。且本書當時可能未經教育部審定，在《申報》、《民權報》等報紙廣告中所列審定教科書書目中均未見之。

41 包含明末抗清、南明政權與鄭成功亡後到太平天國時代（康熙二十二年－道光三十年）一百餘年的歷史。

42 參王汎森，〈近代中國的線性歷史觀——以社會進化論為中心的討論〉，收入氏著，《近代中國的史家與史學》，頁四九－五八。

43 沙培德（Peter Zarrow），〈啟蒙「新史學」——轉型期中的中國歷史教科書〉，收入王汎森等著，《中國近代思想史的轉型時代：張灝院士七秩祝壽論文集》（臺北：聯經出版，二〇〇七），頁六四－六五。

44 徐天嘯，「女史氏曰」，《神州女子新史》，正編，頁二。

45 徐天嘯，〈發端〉，《神州女子新史》，續編，頁四。

46 神州女子新史廣告，見《民權報》，一九一三年七月九日，版一。

47 見周予同，〈五十年來中國之新史學〉，收入朱維錚編，《周予同經學史論著選集（增訂本）》（上海：上海人民出版社，一九九六），頁五三五。

48 見李孝遷，《西方史學在中國的傳播（一八八二－一九四九）》（上海：華東師範大學出版社，二〇〇七），頁九。

49 一九三三年國民政府將之訂為大學歷史教科書，更名為《中國古代史》。

50 夏曾佑，《中國古代史》（臺北：臺灣商務印書館，一九六三），頁五。

51 馬金科、洪京陵，《中國近代史學發展敘論》（北京：中國人民大學出版社，一九九四），頁一九二。

52 見張越，〈近代新式中國史撰述的開端——論清末中國歷史教科書的形式與特點〉，《南開學報》（哲學社會科學版）第四期（二〇〇八年八月，天津），頁六八。

53 徐天嘯，《神州女子新史》，續編，頁五七。

54 徐天嘯，「女史氏曰」，《神州女子新史》，續編，頁五八。

55 胡逢祥、張文建，《中國近代史學思想與流派》，頁一八五－一八六。

56 梁啟超興女學之言論見，〈變法通議．論女學〉（一八九六），收入《飲冰室文集》之一，頁三七－四四；〈倡設女學堂啟〉（一八九七），收入《飲冰室文集》之二，頁一九－二〇。本文所引梁啟超之《飲冰室文集》、《飲冰室專集》，皆採用下列版本：《飲冰室合集》（北京：中華書局，一九八九）。至於梁啟超的女權概念，另可參須藤瑞代，《中国「女権」概念の変容：清末民初の人権とジェンダー》（東京：研文出版，二〇〇七），第一章與補論。

57 梁啟超，〈中國史敘論．第一節 史之界說〉（一九〇一），收入《飲冰室文集》之六，頁一。

58 梁啟超，《中國歷史研究法．第一章 史之意義及其範圍》（一九二二），收入《飲冰室專集》之七十三，頁三七－四四。

59 梁啟超，〈新史學．中國之舊史〉（一九〇二），收入《飲冰室文集》之九，頁七。

60 參沈松僑，〈振大漢之天聲——民族英雄系譜與晚清的國族想像〉。另王汎森曾論「國民」、「國家」等詞彙與晚清新史學的關係，從政治概念來看梁啟超的新史學，見〈晚清的政治概念與新史學〉，收入氏著，《近代中國的史家與史學》，頁五一－四八。

61 梁啟超，〈記江西康女士〉（一八九七），收入《飲冰室文集》之一，頁一一九－一二〇。關於本傳記之討論，可參胡纓，〈歷史書寫與新女性形象的初立：從梁啟超「記江西康女士」一文談起〉，《近代中國婦女史研究》第九期（二〇〇一年八月，臺北），頁一－二九。而梁啟超所寫的女性傳記中，最為知名的是〈近世第一女傑羅蘭夫人傳〉，《新民叢報》，號一七、一八（一九〇二年九月），日本學者松尾洋二曾將此傳放在東亞的脈絡中考察比較，見〈梁啟超と史伝──東アジアにおける近代精神史の奔流──〉，收入狹間直樹編，《共同研究梁啟超：西洋近代思想受容と明治日本》（東京：みすず書房，一九九九），頁二七三－二八一。有關梁啟超對女性史傳之寫作與觀點，涉及層面廣，值得進一步探討。

62 見 Harriet Zurndorfer, "Wang Zhaoyuan (1763-1851) and the Erasure of 'Talented Women' by Liang Qichao," in Nanxiu Qian, Grace S. Fong, and Richard J. Smith ed., *Different Worlds of Discourse: Transformations of Gender and Genre in Late Qing and Early Republican China*, (Leiden: Brill, 2008), pp. 29-56.

63 梁啟超，〈清史商例第一書〉，收入朱師轍編著，《清史述聞》（北京：三聯書店，一九五七），頁一三六。

64 余英時，〈二十世紀中國國史概念的變遷〉，收入余英時著，何俊編，程嫩生、羅群等譯，《人文與理性的中國》（臺北：聯經出版，二〇〇八），頁五六五－五七五。

65 見《民權報》，一九一三年七月十二日，版一。

66 見《民權報》，一九一三年七月十二日，版一。

67 見吳雙熱，〈序二〉，《神州女子新史》，頁一。

68 徐天嘯，「女史氏按」，《神州女子新史》，正編，頁一〇九。

69 徐天嘯，「女史氏曰」，《神州女子新史》，續編，頁五八。

70 吳雙熱題，民國元年四月，見徐天嘯著，鮑家麟編，《神州女子新史》（臺北：稻鄉出版社，一九九三），卷頭，未標明頁碼。

71 吳雙熱，〈序二〉，《神州女子新史》，頁二。

72 徐天嘯，《神州女子新史》，正編，頁二。

73 徐天嘯，〈序論〉，《神州女子新史》，正編，頁一。

74 宋少鵬，《「西洋鏡」裡的中國與婦女：文明的性別標準與晚清女權論述》（北京：社會科學文獻出版社，二〇一六），第一章與第二章。

75 Joan of Arc，當時也翻譯作如安、若安、若安達克、如安打克孃。

76 徐天嘯，〈序論〉，《神州女子新史》，正編，頁二－三。

77 Paul J. Bailey, "Chinese Women Go Global: Discursive and Visual Representations of the Foreign 'Other' in the Early Chinese Women's Press and Media," *Nan Nü : Men, Women & Gender in Early & Imperial China* 19, no.2 (2017, Leiden), p.237.

78 徐天嘯，「女史氏曰」，《神州女子新史》，正編，頁二。

79 見《神州女子新史》，續編，頁五五。

80 參馮客（Frank Dikotter）著，楊立華譯，《近代中國之種族觀念》（南京：江蘇人民出版社，一九九九），頁一〇〇、一一二－一一四。而關於近代種族論述在中國的傳播與影響，詳參沈松僑，〈我以我血薦軒轅——黃帝神話與晚清的國族建構〉，《臺灣社會研究季刊》第二十八期（一九九七年十二月，臺北），頁一－七七。

81 徐天嘯，《神州女子新史》，續編，頁八四。

82 馮自由，〈上海神州日報小史〉，《革命逸史》（北京：中華書局，一九八一），頁二四七。

83 陸麗芳，〈書後〉，徐天嘯，《神州女子新史》，續編，頁二。

84 關於二十世紀初期中國史界革命與國族概念之間的關係，沈松僑已有精彩之論述，見氏著，〈振大漢之天聲——民族英雄系譜與晚清的國族想像〉，《中央研究院近代史研究所集刊》第三十三期（二〇〇〇年六月，臺北），頁八九－一〇七。

85 徐天嘯，「女史氏曰」，《神州女子新史》，正編，頁二。

86 徐天嘯，「女史氏曰」，《神州女子新史》，正編，頁一四四。

87 徐天嘯，「女史氏曰」，《神州女子新史》，正編，頁一四三。晚清知識分子重新寫作中國史時，往往將國家人民與中國的位置放在新的種族知識架構之中，梁啟超即是一例。參 Peter Zarrow, "Liang Qichao and the Conceptualization of 'Race' in Late Qing China,"《中央研究院近代史研究所集刊》第五十二期（二〇〇六年六月，臺北），頁一一一－一六四。

88 徐天嘯，「女史氏曰」，《神州女子新史》，正編，頁六六。

89 徐天嘯，「女史氏曰」，《神州女子新史》，正編，頁一四二。

90 徐天嘯，「女史氏曰」，《神州女子新史》，正編，頁一四九。

91 徐天嘯，〈發端〉，《神州女子新史》，續編，頁一。

92 徐天嘯，「女史氏曰」，《神州女子新史》，續編，頁二。

93 徐天嘯，〈發端〉，《神州女子新史》，續編，頁二。

94 徐天嘯，〈書太平建國史後〉，收入《天嘯殘墨》，頁一九－二〇。

95 徐天嘯，〈書太平建國史後〉，收入《天嘯殘墨》，頁二〇。

96 二十世紀初「太平天國」被納入攘斥異族的「民族英雄」系譜之內，洪秀全常被塑造為漢族種魂之表徵。參沈松僑，〈振大漢之天聲——民族英雄系譜與晚清的國族想像〉，頁一一三—一一五。

97 徐天嘯，〈發端〉，《神州女子新史》，續編，頁三。

98 徐天嘯，「女史氏曰」，《神州女子新史》，續編，頁三三。

99 徐天嘯，「女史氏曰」，《神州女子新史》，正編，頁一二九。

100 徐天嘯，「女史氏曰」，《神州女子新史》，續編，頁二三。

101 徐天嘯，「女史氏曰」，《神州女子新史》，續編，頁四一。

102 徐天嘯，「女史氏曰」，《神州女子新史》，續編，頁八五。

103 徐天嘯，《神州女子新史》，續編，頁六七。

104 見徐天嘯，「女史氏按」，《神州女子新史》，正編，頁一二五。

105 見徐天嘯，「女史氏按」，《神州女子新史》，正編，頁一四八。

106 徐天嘯，〈序論〉，《神州女子新史》，正編，頁一。

107 徐天嘯，〈序論〉，《神州女子新史》，正編，頁三。

108 作者不詳，〈革命與女權〉，《復報》，第二卷（一九〇七年三月四日），收入中華全國婦女聯合會婦女運動歷史研究室編，《中國近代婦女運動歷史資料（一八四〇—一九一八）》（北京：中國婦女出版社，一九九一），頁二三五。

109 初我，〈女子世界頌詞〉，《女子世界》第一期（一九〇四年一月），頁一。

110 金一，〈女子世界發刊詞〉，《女子世界》第一期（一九〇四年一月），頁二—三。

111 楚南女子（陳擷芬），〈中國女子之前途〉，《女學報》第四期（一九〇三），頁二、五—六。

112 徐天嘯，〈序論〉，《神州女子新史》，正編，頁三。

113 徐天嘯，〈序論〉，《神州女子新史》，正編，頁二。

114 徐天嘯，〈結論〉，《神州女子新史》，正編，頁一。

115 徐天嘯，「女史氏曰」，《神州女子新史》，正編，頁一三八。

116 關於近代中國婦女參政權，詳見李木蘭著，方小平譯，《性別、政治與民主：近代中國的婦女參政》（南京：江蘇人民出版社，二〇一四），頁八五－九四。

117 徐天嘯，「女史氏曰」，《神州女子新史》，續編，頁九九－一〇〇。

118 徐天嘯，「女史氏曰」，《神州女子新史》，正編，頁三三－三四。

119 徐天嘯，「女史氏曰」，《神州女子新史》，正編，頁九三。

120 徐天嘯，《神州女子新史》，正編，頁九四。

121 徐天嘯，「女史氏曰」，《神州女子新史》，正編，頁一五三。

122 徐天嘯，「女史氏曰」，《神州女子新史》，正編，頁一三五。

123 徐天嘯，《神州女子新史》，正編，頁一二三。

124 除了男子對女德有這樣的看法，當時的女性參政運動者也站在文化傳統的道德制高點，竭力與娼妓保持距離。李木蘭著，方小平譯，《性別、政治與民主：近代中國的婦女參政》（南京：江蘇人民出版社，二〇一四），頁九三。

125 鮑家麟，〈辛亥革命時期的婦女思想〉，收入鮑家麟編著，《中國婦女史論集》，頁二八九。由於傳統科舉文化的影響，參政者的資格與教育程度密切連結，保守派主張女子多數未受教育，不具參政能力，強力拒絕女性擁有投票權，成為二十世紀初主流論述。見李木蘭著，方小平譯，《性別、政治與民主：近代中國的婦女參政》，頁六四。

126 徐天嘯，「女史氏曰」，《神州女子新史》，續編，頁五七。

127 徐天嘯，「女史氏曰」，《神州女子新史》，正編，頁一六。

128 徐天嘯，「女史氏曰」，《神州女子新史》，續編，頁一九。

129 關於近代中國纏足論述的建構，詳參高彥頤著，苗延威譯，《纏足：「金蓮崇拜」盛極而衰的演變》（臺北：左岸文化，二〇〇七）。

130 徐天嘯，「女史氏曰」，《神州女子新史》，續編，頁五四。

131 須藤瑞代，〈近代中國的女權概念〉，收入王政、陳雁主編，《百年中國女權思潮研究》，頁三七－五七。另氏著須藤瑞代，《中国「女権」概念の変容：清末民初の人権とジェンダー》，第二、三章。

132 秋瑾，〈《中國女報》發刊辭〉（一九〇六），收入郭長海、郭君兮輯注，《秋瑾全集箋注》（長春：吉林文史出版社，二〇〇三），頁三七二。

133 秋瑾，〈《中國女報》發刊辭〉（一九〇六），《秋瑾全集箋注》，頁三七二－三七三。

134 秋瑾，〈敬告姊妹們〉（《中國女報》第一期，一九〇六），收入《秋瑾全集箋注》，頁三七七。

135 徐天嘯，〈結論〉，《神州女子新史》，正編，頁七。

136 參王政、高彥頤、劉禾，〈從女界鐘到男界鐘：男性主體、國族主義與現代性（代序）〉，收入王政、陳雁主編，《百年中國女權思潮研究》，頁四。

137 金一，〈女子世界發刊詞〉，《女子世界》期一（一九〇四年一月），頁一。

138 參金天翮，《女界鐘》（上海：上海古籍出版社，二〇〇三），第二節〈女子之道德〉、第四節〈女子之能力〉與第六節〈女子之權利〉。

139 參王政、高彥頤、劉禾，〈從女界鐘到男界鐘：男性主體、國族主義與現代性（代序）〉，收入王政、陳雁主編，《百年中國女權思潮研究》，頁六。

140 夏曉虹，〈晚清女報的性別觀照——《女子世界》研究〉，頁一〇七。

141 徐天嘯，〈結論〉，《神州女子新史》，正編，頁七。

142 陳三井主編，鮑家麟等著，《近代中國婦女運動史》，頁六九。

143 沙培德（Peter Zarrow），〈啟蒙「新史學」——轉型期中的中國歷史教科書〉，頁五三－五四。

144 柯惠鈴，《近代中國革命運動中的婦女（一九〇〇－一九二〇）》，頁三九、六七。

145 柯惠鈴，《近代中國革命運動中的婦女（一九〇〇－一九二〇）》，頁七。

146 徐天嘯，〈結論〉，《神州女子新史》，正編，頁一。

147 徐天嘯，〈結論〉，《神州女子新史》，正編，頁一。

148 徐天嘯，《神州女子新史》，正編，頁一三二。

149 徐天嘯，「女史氏曰」，《神州女子新史》，正編，頁一九。

150 徐天嘯，「女史氏曰」，《神州女子新史》，正編，頁六七。

151 徐天嘯，「女史氏曰」，《神州女子新史》，正編，頁七九。

152 徐天嘯，「女史氏曰」，《神州女子新史》，正編，頁一三九。

153 徐天嘯，「女史氏曰」，《神州女子新史》，正編，頁一七一。

154 徐天嘯，「女史氏曰」，《神州女子新史》，續編，頁三六、四一。

155 徐天嘯，「女史氏曰」，《神州女子新史》，正編，頁六七。

156 徐天嘯，〈發端〉，《神州女子新史》，續編，頁三。

157 徐天嘯，〈發端〉，《神州女子新史》，續編，頁三。
158 陸麗芳，〈書後〉，徐天嘯，《神州女子新史》，續編，頁二。陸麗芳為女子參政同志會會員，見《神州女子新史》，續編，頁一〇一。
159 詳參沈松僑，〈振大漢之天聲——民族英雄系譜與晚清的國族想像〉，頁七七—一五八。
160 近代中國民族英雌之塑造，是否也有前述學者所稱類似的民族英雄系譜，及其書寫與社會文化、史學之關連性，實值得進一步深入探究。
161 詳參拙著，《史學與性別：《明史・列女傳》與明代女性史之建構》，第二章第二節。
162 見《民權報》，一九一二年四月五日，版十，廣告。至於中國自古到明清時代女子尚武的書寫，可參合山究，《明清時代の女性と文学》（東京：汲古書院，二〇〇六），第四篇第一章，〈明清時代における巾幗鬚眉の系譜——女將軍・從軍女性・女武芸者・女豪傑とその文化〉，頁五一九—五七五。
163 季家珍（Joan Judge）著，楊可譯，《歷史寶筏：過去、西方與中國婦女問題》，頁一七〇—一八一。
164 參見游鑑明，《運動場內外：近代華東地區的女子體育（一八九五—一九三七）》（中央研究院近代史研究所，二〇〇九）。
165 徐天嘯，〈結論〉，《神州女子新史》，正編，頁六。
166 徐天嘯，「女史氏按」，《神州女子新史》，正編，頁一六九。
167 徐天嘯，〈《茜窗淚影》說部序〉（一九一四），收入《天嘯殘墨》，頁四五—四六。
168 徐天嘯，〈《茜窗淚影》說部序〉（一九一四），收入《天嘯殘墨》，頁四五—四六。
169 季家珍（Joan Judge）著，楊可譯，《歷史寶筏》頁二〇一—二〇七。
170 徐天嘯，「女史氏曰」，《神州女子新史》，正編，頁一八。

171 徐天嘯，「女史氏曰」，《神州女子新史》，續編，頁八。

172 徐天嘯，「女史氏曰」，《神州女子新史》，正編，頁六。

173 徐天嘯，「女史氏曰」，《神州女子新史》，正編，頁一八－一九。

174 徐天嘯，「女史氏曰」，《神州女子新史》，正編，頁一四。

175 徐天嘯，〈結論〉，《神州女子新史》，正編，頁三。

176 徐天嘯，〈結論〉，《神州女子新史》，正編，頁四。

177 徐天嘯，〈結論〉，《神州女子新史》，正編，頁四。

178 徐天嘯，〈結論〉，《神州女子新史》，正編，頁四。

179 徐天嘯，「女史氏又曰」，《神州女子新史》，正編，頁一〇。

180 徐天嘯，「女史氏曰」，《神州女子新史》，正編，頁九七。

181 〈徵求革命女子事實〉，見《民權報》，一九一二年十一月十四日，版一，廣告。然此廣告一連刊登了一個半月之久。

182 徐天嘯，《神州女子新史》，正編，頁二九－三一。

183 徐天嘯，《神州女子新史》，正編，頁三五－三六。

184 本書廣告即自云：「本集搜輯雖廣，遺漏之處在所難免，還乞海內大家有真知確見，或貞節、或淑德，凡有益於世道者，不妨開具事實函告。俟本局調查得實，即於再版補入。」《民權報》，一九一三年七月九日，版一。

185 徐天嘯，「女史氏曰」，《神州女子新史》，續編，頁一一一。

186 徐天嘯，《神州女子新史》，續編，頁四。

187 參林維紅，〈同盟會時代女革命志士的活動（一九〇五－一九一二）〉，頁一二九－一七八。

188 參林維紅，〈同盟會時代女革命志士的活動（一九〇五－一九一二）〉，頁一三二。

189 楚南女子（陳擷芬），〈中國女子之前途〉，《女學報》第四期（一九〇三），頁一－四。

190 而誠如柯惠鈴所言，女傑實是革命運動中的一種婦女典型想像，「俠」的精神之強調，見氏著，《近代中國革命運動中的婦女（一九〇〇－一九二〇）》，頁五一－五九。

191 陳東原，《中國婦女生活史》（臺北：臺灣商務印書館，一九九四，臺一版第十刷），頁三五一－三五二、三五五－三五六。

192 陳三井主編，鮑家麟等著，《近代中國婦女運動史》，頁六七。

193 蔣箸超，〈序一〉，《神州女子新史》，頁二。

194 Peter Zarrow, "Introduction: New Discourses and Everyday Life in Modern China," in Peter Zarrow, ed., *Creating Chinese Modernity: Knowledge and Everyday Life, 1900-1940* (New York: Peter Lang, 2006), pp. 7-10. Joan Judge 也認為二十世紀初期的幾年，實為我們了解當代中國的基礎，見氏著，"Conclusion," *The Precious Raft of History: The Past, the West, and the Woman Question in China.*

195 參 Joan Judge, "Expanding the Feminine/National Imaginary: Social and Martial Heroines in Late Qing Women's Journals,"《近代中國婦女史研究》第十五期（二〇〇七年十二月，臺北），頁五－七。

第四章

1 一般認為五四時期指一九一五－一九二八年間，少數如楊念群認為五四是個全方位的革新運動，其影響至少到一九四〇年代，見楊念群，《五四的另一面：「社會」觀念的形成與新型組織的誕生》（上海：上海人民出版社，二〇一九），頁一。

2 呂芳上曾扼要整理五四時期的婦女運動，見呂芳上，〈五四時期的婦女運動〉，收入陳三井編，《近代中國婦女運動史》（臺北：近代中國出版社，二〇〇〇），頁一五七－二五四。

3 參彭明輝，〈五四史學的方法與方法論意識〉，《台灣史學的中國纏結》（臺北：麥田出版，二〇〇二），頁一－六六；Q. Edward Wang, *Inventing China through History: The May Fourth Approach to Historiography* (Albany: State University of New York Press, 2001); 王晴佳，〈從整理國故到再造文明：五四時期史學革新的現代意義〉，收入黃俊傑編，《傳統中華文化與現代價值的激盪與調融（二）》（臺北：喜瑪拉雅研究發展基金會，二〇〇二），頁五三－八〇；張越，《新舊中西之間——五四時期的中國史學》（北京：北京圖書館，二〇〇七）。

4 陳東原先世來自福建，妻子蔣心儀女士為小學教師，一直承擔相當家計，育有子女七人。本文關於陳東原生平，係根據陳東原子陳道元先生所編之〈陳東原大事紀〉，http://jyxb.swu.edu.cn/u/cms/jyxb/201605/09112513amm4_%E9%99%88%E4%B8%9C%E5%8E%9F%E5%A4%A7%E4%BA%8B%E8%AE%B0.doc（二〇一七年十二月八日檢索）、〈陳東原先生學術年表〉，《中國婦女生活史》（北京：北京商務印書館，二〇一五）。「國史館檔案」，國史館藏，〈陳東原〉，入藏登錄號129000003131A，以及「國立臺灣大學總務處檔案」，國立臺灣大學總務處藏，〈陳東原〉（一九四八年十一月十八日），檔號0037/2300300/001/0003/008。感謝陳重方同學提醒檔案利用。

5 陳東原，《中國教育新論》（上海：商務印書館，一九二八）；《鄭板橋評傳》（上海：商務印書館，一九二八）；《羣眾心理ＡＢＣ》（上海：世界書局，一九二九）；《中國古代教育》（萬有文庫，上海：商務印書館，一九三一）；《中國科舉時代之教育》（師範小叢書，上海：商務印書館，一九三四）；《中國教育史》（上海：商務印書館，一九三六）。

6 杜成憲，〈二十世紀二、三十年代中國的幾種教育史觀試探〉，《華東師範大學學報（教育科學版）》，一九九八年第二期（上海），頁七〇－七一。

7 詳參陳道元，〈陳東原大事紀〉與國史館檔案：〈陳東原〉。值得一提的是，一九四八年，他受臺灣省教育廳邀請赴臺講學，並被教育部委任視察，當時他發現臺省教育頗為普及。見〈陳東原談台省教育觀感〉，《教育通訊》（上海），復刊第六卷第三期（一九四八年十月一日），頁三八－三九。

8 例如農傳雄，〈陳東原和安徽省立圖書館〉，《江淮文史》二〇〇二年第三期（安徽），頁一七〇－一七六；耿建羽，〈民國時期陳東原教育思想探研〉（河北師範大學碩士論文，二〇一二）；李靜，〈陳東原教育史研究之研究〉（西南大學碩士論文，二〇一四）。

9 《申報》（上海），一九二八年七月二十二日，第八版。

10 《申報》（上海），一九二八年九月二十日，第五版。

11 〈「中國婦女生活史」作者陳東原來函〉，《大公報》（上海），一九四七年十一月七日，第八版。

12 《申報》（上海），一九二八年二月二十七日，第五版。由於廣告原文不清，圖4-1引自一九二八年三月六日。本書初版為精裝硬布面，古色道林紙精印，彩圖包封，以李清照為圖，定價三元。

13 「《中國婦女生活史》二版」，見《申報》廣告，一九三三年一月八日，第三版。後書價降價為一元，見《申報》（上海），一九三五年四月二十日，第七版。養愚聲稱一九三三年十二月有國難後第一版，《女聲》（上海），第二卷第二十三期（一九三四），頁二六－二七。所謂的「國難後第一版」，指的應是一九三二年一月二十九日，上海商務印書館印刷所、編譯所均被炸毀後，「各界慰問督促望速恢復」，才先行覆印，見陳東原，《鄭板橋評傳》（上海：商務印書館，一九三三國難後第一版），版權頁。

14 見《申報》（上海），一九三四年十二月一日，第二版，廣告。

15 定價調整為一元八角，《申報》（上海），一九三七年六月十五日，第三版。而一九三七年版取消插圖，其後臺灣商務印書館雖根據此版重印，無插圖外，亦未錄〈後序〉。

16 《申報》（上海），一九二九年七月六日，第四版，廣告。《中國婚姻史》則被列於家庭問題類。

17 〈「中國婦女生活史」作者陳東原來函〉，《大公報》（上海），一九四七年十一月七日，第八版。

18 見陳東原著，村田孜郎譯，《支那女性生活史》（支那文化史大系，第十一卷，東京：大東出版社，一九四一）。感謝 Joe Deniss 教授協助取得日文版書影。《中國婦女生活史》，收入「中国占領地の社会調査I.26」（東京：近現代資料刊行会，二〇一一）。

19 진동원지음（陳東原）著，최수경、송정화옮김（宋貞和、崔琇景）譯，《중국여성그리고역사（中國婦女與歷史）》（서울〔首爾〕：박이정，二〇〇五），頁五七二。

20 關於晚清西方女傑如何從日本傳入中國報刊，參夏曉虹，《晚清女子國民常識的建構》（北京：北京大學出版社，二〇一六）。

21 陳東原，《中國婦女生活史》（臺北：臺灣商務印書館，一九八六），頁四。

22 一九六五年十一月臺灣商務印書館臺一版即刪除。當時「中國文化史叢書」編者為王雲五、傅緯平。

23 養愚，〈書報介紹：中國婦女生活史〉，《女聲》（上海），第二卷第二十三期（一九三四），頁二六—二七。

24 王皎我，〈評「中國婦女生活史」以後〉，《女青年月刊》（上海），第七卷第六期（一九二八），頁二二。

25 當時也有一些外國人對中國婦女生活的紀錄，但大多是由「直接觀察」而來，例如 *The Life of Chinese Women*

中有不少中國婦女「缺陷」的照片，頗有民族獵奇之味。見王皎我，〈評「中國婦女生活史」以後〉，《女青年月刊》（上海），第七卷第六期（一九二八），頁二六。

26 趙鳳喈，〈敘言〉，收入鮑家麟編，《中國婦女在法律上之地位附補編》（臺北：稻鄉出版社，一九九三），頁一－二。

27 王皎我，〈評「中國婦女生活史」以後〉，《女青年月刊》（上海），第七卷第六期（一九二八），頁二三、二六。王皎我（一九〇五－一九八九），燕京大學畢業，新文學作家，參中央研究院近代史研究所，「婦女期刊作者研究平臺」，http://mhdb.mh.sinica.edu.tw/ACWP/author.php?no=1171（二〇一九年五月一日檢索）

28 王皎我，〈評「中國婦女生活史」以後〉，《女青年月刊》（上海），第七卷第六期（一九二八），頁一九－二六。

29 王皎我，〈評「中國婦女生活史」以後〉，《女青年月刊》（上海），第七卷第六期（一九二八），頁五七－六三。

30 陳東原，《鄭板橋評傳》，頁一－二、五。他主強調宗法阻礙了社會進化，在《中國古代教育》（一九三一）一書中亦首先談宗法社會最大的特色是「男性中心」。陳東原編，《中國教育新論》，頁二；陳東原，《中國古代教育》，頁三。

31 楊之華，《婦女運動概論》（上海：亞東圖書館出版，一九二七）。感謝學友張肇祥先生提點本書。

32 參杜君慧，《婦女問題講話》（上海：新知書店，一九三六）。

33 許慧琦，〈一九二〇年代的戀愛與新性道德論述——從章錫琛參與的三次論戰談起〉，《近代中國婦女史研究》第十六期（二〇〇八年十二月，臺北），頁二九－九二。而關於五四性道德之研究，參彭小妍，〈五四的『新性道德』──女性情慾論述與建構民族國家〉，《近代中國婦女史研究》第三期（一九九五年八月，臺北），頁七七－九七。

34 例如《民國日報》的副刊《覺悟》曾談論廢除婚姻制度，而一九〇七年無政府主義刊物《新世紀》則提議實行反對崇拜祖宗革命（ancestor revolution），他們認為政治革命必須從家庭開始，因為家庭是壓迫與不平等的首要工具。參舒衡哲（Vera Schwarcz）著，劉京建譯，《中國啟蒙運動：知識分子與五四遺產》（臺北：桂冠圖書，二〇〇〇），頁一一六－一一七。

35 他僅在「社會主義」那一節，曾輕描淡寫地說道男性也該學習「賢父良夫」的知識，見本書，頁四二九。

36 詳參江勇振，〈男人是「人」、女人只是「他者」：《婦女雜誌》的性別論述〉，《近代中國婦女史研究》第十二期（二〇〇四年十二月，臺北），頁四七－四八。而章錫琛同樣也認為歷來婦女，大抵意志薄弱，萎靡不振；見瑟盧，〈婦女之解放與改造〉，《婦女雜誌》（上海），第五卷第十二期（一九一九年十二月），頁三。但與之不同的是，陳東原認為女子應受教育，章錫琛則稱女學生上學是為了當嫁妝。章錫琛，〈女學生的人生觀〉，《婦女雜誌》（上海），第十一卷第六期（一九二五年六月），頁八六二－八六八。

37 江勇振，〈男人是「人」、女人只是「他者」：《婦女雜誌》的性別論述〉，《近代中國婦女史研究》，第十二期（二〇〇四年十二月，臺北），頁四七－四八。

38 參杜芳琴，〈中國婦女史學科化建設的理論思考〉，收入氏著，《中國社會性別的歷史文化尋蹤》，頁一。

39 張友鸞、陳東原記，〈女子問題（一）胡適之先生演講〉，《婦女雜誌》（上海），第八卷第五期（一九二二年五月一日），頁六。

40 張友鸞、陳東原記，〈女子問題（一）胡適之先生演講〉，頁六－九。

41 見江勇振，《捨我其誰：胡適【第二部】日正當中一九一七－一九二七》（臺北：聯經出版，二〇一三），頁五五四－五六〇。Judith Wilt, “Recent Studies in the Nineteenth Century,” *Studies in English Literature, 1500-1900 Nineteenth Century* 35, no.4 (Autumn 1995, Houston), pp. 810.

42 〈一九一六年〉，《新青年》（上海），第一卷第五期（一九一六年一月），頁三。

43 湯尼・白露（Tani Barlow）認為，近代中國新興女性主義中的「人格」概念，是意識形態的一個成果，它的意義不斷地被重述，以致成了一個複雜的知識庫，這種意識型態，實貫穿了一九二〇年代女性主義理論，值得注意。見湯尼・白露（Tani Barlow）著，沈齊齊譯，《中國女性主義思想史中的婦女問題》，頁一五〇－一六一。

44 參季家珍（Joan Judge）著，楊可譯，《歷史寶筏：過去、西方與中國婦女問題》（南京：江蘇人民出版社，二〇一一）；夏曉虹，《晚清女子國民常識的建構》。又如徐天嘯《神州女子新史》中讚嘆美哉世界，對於二十世紀的來臨充滿期望。

45 他在自傳中曾自陳對西方學說並不熟悉。

46 見柯惠鈴，《她來了：後五四新文化女權觀，激越時代的婦女與革命，一九二〇－一九三〇》，頁二九一。

47 參呂芳上，《革命之再起——中國國民黨改組前對新思潮的回應，一九一四－一九二四》（臺北：中研院近史所，一九八九）。陳東原曾在《星期評論》上投稿。

48 關於一九二四年後國民黨的婦女運動，參游鑑明，〈中國國民黨改組後的婦女運動〉，《國立臺灣師範大學歷史學報》第十八期（一九九〇年六月，臺北），頁三四三－三九八；洪宜嫃，《中國國民黨婦女工作之研究（一九二四－一九四九）》（臺北：國史館，二〇一〇）。

49 參柯惠鈴，《她來了：後五四新文化女權觀，激越時代的婦女與革命，一九二〇－一九三〇》，頁四七－四八。一九二七年隨著國共合作結束，國民黨將中央婦女部取消，婦女機構地位下降，婦女工作失去了獨立性。參宋青紅，〈抗戰時期國民黨中央婦女部之設立〉，《近代中國婦女史研究》第二十九期（二〇一七年六月，臺北），頁一〇八－一〇九。

50 「國史館檔案」，國史館藏，〈陳東原〉，入藏登錄號 129000003131A。

51 參陳鵬仁、林養志編，《中國國民黨黨務發展史料——婦女工作》（臺北：中國國民黨中央委員會黨史委員會，一九九六），頁九－一〇。

52 摘自〈第二次全國代表大會中央婦女部婦女運動概要報告〉，參陳鵬仁、林養志編，《中國國民黨黨務發展史料——婦女工作》，頁二；呂芳上，〈娜拉出走以後——五四到北伐青年婦女的活動〉，《近代中國》第九十二期（一九九二年十二月，臺北），頁一一三。

53 關於當時國共兩黨婦運的合作與分立，參柯惠鈴的精采分析，見柯惠鈴，《她來了：後五四新文化女權觀，激越時代的婦女與革命，一九二〇－一九三〇》，第三章第一、二節。

54 陳東原編，《中國教育新論》，頁一六－二六；《中國婦女生活史》，〈後序〉，頁二。

55 柯惠鈴，《她來了：後五四新文化女權觀，激越時代的婦女與革命，一九二〇－一九三〇》，頁一〇六－一〇八。

56 陳東原編，《中國教育新論》，頁一〇四。

57 見陳獨秀，〈講演：婦女問題與社會主義〉，《民國日報．覺悟》（上海），第二卷第十四期（一九二一），頁一－二。

58 一戰時期傳入中國的主要為馬克思社會主義與國家社會主義，陳獨秀認為社會主義基本精神在反對與批判社會不平等，參丘為君，《啟蒙、理性與現代性：近代中國啟蒙運動一八九五－一九二五》（臺北：國立臺灣大學出版中心出版，二〇一八），頁一〇一－一〇三。五四新文化運動時期國民黨辦的《覺悟》、《建設》、《星期評論》、上海《民國日報》副刊等等均刊載多篇介紹唯物史觀與社會主義的文章，國民黨中尤以胡漢民、戴季陶用唯物史觀與經濟來解釋中國史，試圖解決社會問題，參王貴仁，〈從傳播「唯物史觀」到建構「民生史觀」——解析一九二〇年代國民黨人對唯物史觀態度的轉變軌跡〉，《社科縱横》二〇〇九年第十一期（蘭州）。

59 陳東原編，《中國教育新論》，頁三、七、一〇五。

60 趙妍杰，《家庭革命：清末民初讀書人的憧憬》第五章，〈兒童公育及其爭議〉，頁一〇二—一一一。

61 〈中國婦女生活史廣告〉，《申報》（上海），一九二八年二月二十七日，第五版。

62 胡適，〈新思潮的意義〉，《新青年》（上海），第七卷第一號（一九一九年十二月），頁五—一三。又參王晴佳，〈從整理國故到再造文明：五四時期史學革新的現代意義〉；陳以愛，〈整理國故運動的興起、發展與流衍〉（國立政治大學歷史系博士論文，二〇〇二）。

63 胡適演講、沈薪記錄，〈研究國故的方法〉，《民國日報．覺悟》（上海），第八卷第四期（一九二一），頁二。

64 陳獨秀，〈講演：婦女問題與社會主義〉，《民國日報．覺悟》（上海），第二卷第十四期，頁二—三。

65 養愚，〈書報介紹：中國婦女生活史〉，《女聲》（上海），第二卷第二十三期，頁二六。

66 胡適，〈《中古文學概論》序〉（一九二三年九月二十四日），《胡適文存二集》（上海：亞東圖書館，一九二四），第四卷，頁二六二。

67 彭明輝，〈五四史學的方法與方法論意識〉，收入氏著《台灣史學的中國纏結》，頁三四—三五。

68 江勇振，《捨我其誰：胡適【第二部】日正當中一九一七—一九二七》（臺北：聯經出版，二〇一三），頁六七一—六八一。

69 原見胡適，〈與陳世棻論中國教育史〉，《晨報副刊》（北京），一九二四年十一月十六日，第二版。

70 參彭明輝，〈顧頡剛與中國史學現代化的萌芽：以史料學為中心的探討〉，《國史館館刊》復刊第十二期（一九九二年六月，臺北），頁一三。民初胡適、傅斯年等之新史料觀點，反對經書中心主義、對文字史料的迷戀而忽略實物史料、對宋版書的迷戀，見王汎森，〈什麼可以成為歷史證據——近代中國新舊史料觀念的衝突〉，《新史學》第八卷第二期（一九九七年六月，臺北），頁九七－一〇一。

71 Dorothy Ko, *Teachers of the Inner Chambers: Women and Culture in Seventeenth–Century China*, p. 3.

72 彭明輝，〈五四史學的方法與方法論意識〉，收入氏著《台灣史學的中國纏結》，頁三〇。

73 參「國史館檔案」，國史館藏，〈陳東原〉，入藏登錄號 129000003131A。

74 參劉龍心，〈學科體制與近代中國史學的建立〉，收入羅志田編，《二十世紀的中國：學術與社會（史學卷）》（濟南：山東人民出版社，二〇〇一），下冊，頁五四〇－五八〇。

75 胡適，〈國學季刊發刊宣言〉，《國學季刊》（北平），第一卷第一號（一九二三年一月），頁三－六。

76 中等學校史地科參考用書，則將本書列為「雜史」一類。見《申報》（上海），一九二九年十月七日，第四版。

77 參鄭先興，《二十世紀的文化史研究》（成都：電子科技大學出版社，二〇一四），頁一九〇。

78 參鄭先興，《二十世紀的文化史研究》，第二－三章。

79 劉龍心，〈學科體制與近代中國史學的建立〉，頁五一〇－五四〇。又近代中國史學學科的建立，參劉龍心，《學術與制度：學科體制與現代中國史學的建立》（臺北：遠流出版公司，二〇〇二）；而當時北大等史學教育與研究之轉向，參劉俐娜，《由傳統走向現代：論中國史學的轉型》（北京：社會科學文獻出版社，二〇〇六），頁八七－九二。

80 張昌萍，〈二十世紀上半葉蘭普雷希特「文明史學」在中國的傳播〉，《史學理論研究》，二〇一一年第一期，頁七四－八二。關於蘭普勒赫的學說，另可參考黃福得，〈近代德國的世界史觀〉，《國立政治大學歷史學報》第十七期（二〇〇〇年六月，臺北），頁二三五－二五三。

81 陳東原，《中國教育新論》，頁一七。

82 參韓承樺，〈當「社會」變為一門「知識」：近代中國社會學的形成及發展（一八九〇－一九四九）〉（臺灣大學歷史學研究所博士論文，二〇一七）。關於社會學在二十世紀上半葉中國的興盛與如何形成知識學門，可參 Yung-chen Chiang, *Social Engineering and the Social Sciences in China, 1919-1949* (Cambridge & New York: Cambridge University Press, 2001).

83 參 F. Muller-Lyer 著，陶孟和等譯，《社會進化史》（上海：商務印書館，一九二四），〈著者原序〉。

84 陳顧遠，《中國古代婚姻史》，〈序言〉，頁一、三。陳顧遠後來修改的《中國婚姻史》（上海：商務印書館，一九三六）附帶一提的是，本書一九四〇年有日文版，見陳顧遠著，藤澤衛彥譯，《支那婚姻史》（支那文化史大系，第十卷，東京：大東出版社，一九四〇）。

85 〈研究所國學門啟事：為籌備風俗調查會事〉，《北京大學日刊》，一九二三年五月十九日，第二版。

86 見趙鳳喈，《中國婦女在法律上之地位》。

87 劉龍心，《知識生產與傳播——近代中國史學的轉型》（臺北：三民書局，二〇一九），第五章。

88 見連玲玲，〈關於婦女的「事實」：民國時期社會調查的性別分析〉，《近代中國婦女史研究》第三十四期（二〇一九年十二月，臺北），頁六八－一二八。

89 Dorothy Ko, *Teachers of the Inner Chambers: Women and Culture in Seventeenth-Century China*, pp. 7-8.

90 Dorothy Ko, *Teachers of the Inner Chambers: Women and Culture in Seventeenth-Century China*, p. 1.

91 類似論述可參孟悅、戴錦華，《浮出歷史地表：中國現代女性文學研究》（臺北：時報出版，一九九三），〈緒論〉。

92 見高彥頤，《閨塾師：明末清初江南的才女文化》，〈緒論〉。然宋少鵬則認為：「五四史觀」也是值得注意的遺產，特別是將婦女、性別放入社會架構中考量。宋少鵬，〈革命史觀的合理遺產——圍繞中國婦女史研究的討論〉，《文化縱橫》（北京，二〇一五），第四期，頁五〇－五七。

93 韓文譯者認為即便八十年後，本書部分內容雖與當下社會不符，但她們仍覺得有義務將一九二〇－三〇年代知識分子懷抱女性主義理想的思想，如實地呈現出來。見진동원지음（陳東原）著，최수경、송정화옮김（宋貞和、崔琇景）譯，《중국여성그리고역사》（中國婦女與歷史），頁五七一－五七二。感謝李孟衡先生協助本段韓文翻譯。

第五章

1 鄭志明，〈五四思潮對文學史觀的影響〉，收入中國古典文學研究會編，《五四文學與文化變遷》（臺北：臺灣學生書局，一九九〇），頁三八一－四〇六。文中亦提及五四文學史觀是以「歷史進化論」為主，認為胡適、周作人等即以此來討論文學之變遷，見頁三八一－四〇六，特別是頁三九一。

2 Dorothy Ko, *Teachers of the Inner Chambers: Women and Culture in Seventeenth-Century China*, p. 1.

3 Denis. C. Twitchett, "Problems of Chinese Biography." In Confucian Personalities, edited by Arthur F. Wright and Denis Twitchett, 24-39. Stanford, Calif.: Stanford University Press, 1962. 中譯本：〈中國傳記的幾個問題〉，收於中央研究院中美人文社會科學合作委員會編譯，《中國歷史人物論集》（臺北：中山學術文化基金董事會，一九七三），頁二八－四五。相關舉例亦可參衣若蘭，〈論中國性別史研究的多元交織〉，《近代中國

婦女史研究》第三十期，二〇一七年十二月，頁一七六－一八一。

4 參劉龍心，《知識生產與傳播——近代中國史學的轉型》，頁一三四－一三七。

5 見傅斯年，〈中國歷史分期之研究〉，原載《北京大學日刊》一一三一一一七號，一九一八年四月十七日－二十三日，收於《傅斯年全集》（臺北：聯經出版，二〇一八），第一卷，頁二九－三六。

6 參劉龍心，《知識生產與傳播——近代中國史學的轉型》，頁一三四－一三七。

7 參王汎森，〈近代中國的線性史觀——以社會進化論為中心的討論〉，《近代中國的史家與史學》，頁五〇、五二－五三、一〇一－一〇二。

8 Lynn Hunt, *Measuring Time, Making History* (Budapest: Central European University Press，2008), pp. 70, 76.

9 參見余英時，《重尋胡適歷程：胡適生平與思想再認識》（臺北：中央研究院、聯經出版，二〇一四，增訂版），頁二一九；王汎森，〈價值與事實的分離？——民國的新史學及其批評者〉，《中國近代思想與學術的系譜》（臺北：聯經出版，二〇〇三），頁三七七。

10 湯尼・白露（Tani Barlow）著，沈齊齊譯，《中國女性主義思想史中的婦女問題》，頁三。

11 參 Prasenjit Duara, "The Regime of Authenticity: Timelessness, Gender, and National History in Modern China," *History and Theory* 37, no.3 (August, 1998), pp. 299-308. 關於婦女與恆本永真的關係尤可參氏著, "Of Authenticity and Woman: Personal Narratives of Middle-Class Women in Modern China," in Wen-cin Yeh, ed., *Becoming Chinese: Passages to Modernity and Beyond* (Berkeley: University of California Press, 2000), pp. 342-347.

12 Joan Judge, *The Precious Raft of History: the Past, the West, and the Woman Question in China*, pp. 12-16. 中文版季家珍（Joan Judge）著，楊可譯，《歷史寶筏：過去、西方與中國婦女問題》，頁一五－一八。

13 季家珍（Joan Judge）著，楊可譯，《歷史寶筏：過去、西方與中國婦女問題》，頁一四〇－一四二。

14 柯惠鈴，《近代中國革命運動中的婦女（一九〇〇－一九二〇）》，頁三九。

15 Joan Judge, "Expanding the Feminine / National Imaginary: Social and Martial Heroines in Late Qing Women's Journals,"《近代中國婦女史研究》第十五期（二〇〇七年十二月，臺北），頁一－三三。

16 參彭國忠，〈試論清代列女的文學世界——以《清史稿・列女傳》為論〉，《北京大學學報》第五十二卷第一期（二〇一五，北京），頁一〇六－一一五。

17 相關研究指出在明代即如此，見 Katherine Carlitz, "Shrines, Governing-Class Identity, and the Cult of Widow Fidelity in Mid-Ming Jiangnan," *Journal of Asian Studies* 56, no.3 (August 1997), pp. 612-640. 費絲言，《從典範到規範：從明代貞節烈女的辨識與流傳看貞節觀念的嚴格化》（臺北：國立臺灣大學出版委員會，一九九八）。

18 歷史的發展總不是單線進展，近代中國也不都是新舊抗爭，如同秦方研究晚清女學所揭示一般，其發展充滿對話、磋商甚至矛盾。一方面，參與者讚譽女學之現代性；另一方面，卻借助傳統的性別意識、社會規範以及文化慣例將女學「去陌生化」。見秦方，《晚清天津女子教育與女性形象建構》（北京：中華書局，二〇一九）。

19 須藤瑞代，〈近代中國的女權概念〉，收於王政、陳雁主編，《百年中國女權思潮研究》，頁三七－五七。另見氏著，《中国「女権」概念の変容：清末民初の人権とジェンダー》，第二、三章。

20 陳三井主編，鮑家麟等著，《近代中國婦女運動史》，頁六九。

21 Susan L. Glosser, Chinese Visions of Family and State, 1915-1953. (Berkeley: University of California Press. 2003)

22 胡適演講，沈薪記錄，〈研究國故的方法〉，《民國日報・覺悟》（上海），第八卷第四期（一九二一），頁二。

23 陳東原，《中國教育史》，〈序〉，頁一－二。

24 陳東原，〈中國教育之歷史研究的重要〉，《東方雜誌》（上海），第二十九卷第六號（一九三二年十一月十六日），頁八。

25 見柯惠鈴，《她來了：後五四新文化女權觀，激越時代的婦女與革命，一九二〇－一九三〇》，頁二九一。

26 張越，《新舊中西之間——五四時期的中國史學》，頁一一一七。

27 宋少鵬，《「西洋鏡」裡的中國與婦女：文明的性別標準和晚清女權論述》，頁一二－一三。

28 Sally Borthwick, “Changing Concepts of Women from the Late Qing to the May Fourth Period.” In *Ideal and Reality: Social and Political Change in Modern China*, ed. David Pong and Edmund Fung(Lanham, Md.: University Press of America, 1985), 63-91.

29 見 Jinhua Emma Teng (鄧津華), “The Construction of the ‘Traditional Chinese Woman’ in the Western Academy: A Critical Review,” *Signs: Journal of Women in Culture and Society* 22, no.1 (Autumn 1996), p. 134.

30 養愚，〈書報介紹：中國婦女生活史〉，《女聲》（上海），第二卷第二十三期，頁二六。

31 小帆，〈中國婦女生活史〉，《女光半月刊》（香港），第四期（一九四一年十月一日），頁三九。文末提到本書作者是男性。

32 王皎我，〈評「中國婦女生活史」以後〉，《女青年月刊》（上海），第七卷第六期，頁二六。

33 楊念群曾提醒五四以後掀起的社會改造運動是五四重要的歷史遺產，且其影響程度比個體自由觀念還深遠。見楊念群，《「五四」九十周年祭——一個「問題史」的回顧與反思》（北京：世界圖書出版公司，二〇〇九），頁五。他期待從過度思想史分析的「五四解釋學」，修正為社會史分析的方式，以描繪出社會改造的圖式。見楊念群，《五四的另一面：「社會」觀念的形成與新型組織的誕生》，第一章。

34 參李家珍（Joan Judge），《歷史寶筏》，頁二三九—二四六。胡纓也認為，我們現在習慣上稱之為五四的壓迫/傳統和解放/現代的故事，實際上在晚清就已經形成了。Hu Ying, "Re-Configuring Nei/Wai: Writing the Woman Traveler in the Late Qing." Late Imperial China 18:1 (1997):72-99. *Tales of Translation: Composing the New Woman in China, 1899-1918* (Stanford, Calif.: Stanford University Press, 2000).

35 柯惠鈴，《近代中國革命運動中的婦女（一九〇〇—一九二〇）》，頁七。

36 可參李家珍（Joan Judge）《歷史寶筏：過去、西方與中國婦女問題》、夏曉虹，《晚清女子國民常識的建構》。

37 見沈玆九，〈序〉，收入杜君慧，《婦女問題講話》，頁二。

38 譚正璧，《中國女性的文學生活》，頁五、一六、二五、三三—三四。

39 譚正璧，《中國女性的文學生活》，頁三、一四。

40 參 Milena Doleželová-Velingerová, "Literary Historiography in Early Twentieth-Century China (1904-1928): Constructions of Cultural Memory," in Milena Dolezelova-Velingerova and Oldrich Kral, ed., *The Appropriation of Cultural Capital: China's May Fourth Project* (Cambridge, Mass.: Harvard University Press, 2001), pp. 123-166 (esp. 125-149).另參Ellen Widmer, "The Rhetoric of Retrospection: May Fourth Literary History and the Ming-Qing Woman Writer," in *The Appropriation of Cultural Capital: China's May Fourth Project*, pp. 193-226.

第六章

1 謝進東，〈二十世紀中國歷史思考的現代性情結〉，《史學理論研究》二〇〇八年第四期，頁一四—二四。

2 沙培德即反對用現代性來談梁啟超，認為這樣容易陷入傳統與現代的斷裂二分法，見氏著，〈西方學界研究中國近代史的最新動向〉《漢學研究通訊》第二十二卷第四期（二〇〇三年十一月），頁七。

3 劉龍心，《知識生產與傳播——近代中國史學的轉型》，第二章，〈形塑「中國近代史」：民族主義與現代化〉。

4 見岸本美緒，〈中國史研究中的「近世」概念〉，《新史學》，第四卷《再生產的近代知識》（北京：中華書局，二〇一〇），頁八一－九八。

5 宋少鵬，《「西洋鏡」裡的中國與婦女：文明的性別標準與晚清女權論述》，第一章與第二章。

6 張文建，〈傳統史學現代化的轉捩——論五四時期資產階級史學思潮與流派〉，《探索與爭鳴》一九九〇年第三期，頁一一（總七－一二）；謝進東，〈現代性與「古史辨」〉，《古代文明》，二〇〇九年第四期。

7 朱發建，〈史學「科學化」與新世紀中國史學的趨向〉，《學術月刊》第三十八卷（二〇〇六年十一月），頁一四六－一五二；張汝倫，〈史學與中國現代性——以李大釗的史學思想為例〉，《學術月刊》第四十七卷（二〇一五年九月），頁三四（總三三－四一）。

8 例如羅慧蘭、王向梅編著，《中國婦女史》（北京：當代中國出版社，二〇一六），仍是與陳東原的架構相近，只是書末補上一點三姑六婆職業婦女的部分。

9 筆者曾建議將性別獨立出來與多種不同的身分（因素）交會觀察，並且發展中華文化自身脈絡的交織變項，嘗試描繪立體動態的交織圖像，以助於中國性別史的進一步發展。參衣若蘭，〈論中國性別史研究的多元交織〉，《近代中國婦女史研究》第三十期（二〇一七年十二月，臺北），頁一六七－二三〇。

10 胡曉真曾論及施淑儀，見氏著，〈杏壇與文壇——清末民初女性在傳統與現代抉擇情境下的教育與文學志業〉，《近代中國婦女史研究》第十五期（二〇〇七年十二月，臺北），頁三五－七五。

歷史與現場 336

從列女傳到婦女史：近代中國女性史書寫的蜿蜒之路

作者 衣若蘭
人文線主編 王育涵
美術設計 吳郁嫻
內頁排版 張靜怡
總編輯 胡金倫
董事長 趙政岷
出版者 時報文化出版企業股份有限公司
108019 臺北市和平西路三段 240 號 7 樓
發行專線｜ 02-2306-6842
讀者服務專線｜ 0800-231-705 ｜ 02-2304-7103
讀者服務傳真｜ 02-2302-7844
郵撥｜ 1934-4724 時報文化出版公司
信箱｜ 10899 臺北華江橋郵政第 99 信箱
時報悅讀網 www.readingtimes.com.tw
人文科學線臉書 http://www.facebook.com/humanities.science
法律顧問 理律法律事務所｜陳長文律師、李念祖律師
印刷 勁達印刷有限公司
初版一刷 2023 年 6 月 2 日
定價 新臺幣 450 元

ISBN 978-626-353-876-4 ｜ Printed in Taiwan

時報文化出版公司成立於一九七五年，並於一九九九年股票上櫃公開發行，於二〇〇八年脫離中時集團非屬旺中，以「尊重智慧與創意的文化事業」為信念。

從列女傳到婦女史：近代中國女性史書寫的蜿蜒之路／衣若蘭 .
-- 初版 . -- 臺北市：時報文化出版企業股份有限公司，2023.06 ｜ 336 面；14.8×21 公分 .
ISBN 978-626-353-876-4（平裝）｜ 1. CST：女性 2. CST：歷史 3. CST：中國
544.592 ｜ 112007466